冤罪 女たちのたたかい

里見 繁
Satomi Shigeru

インパクト出版会

冤罪 女たちのたたかい

目次

第2章

袴田秀子さん・袴田事件……119

第3章

第4章

青木惠子さん・東住吉事件……275

はじめに

「立ち上がって、ガンガン机たたかれたけどね、知らんよ、そんなん。私たちは人間同士なんだから、座って理性的に話をしましょう、あなたが立ってガンガン言っているうちは、私はあなたと口を利きたくない。命令される立場にないから、座りなさい、と言ったよ」

特捜部の検事が怒鳴り散らしながら立ち上がった時、その女性は、目の前の男を静かに諭したという。取調室という密室での出来事だ。検事の激高、調べられる女性の落ち着きぶりが伝わってくる。この事件では、実に一四七人の全く無実の人々が嘘の自白に追い込まれている。それだけでも、取調べのすさまじさが窺えるはずだ。そんな中で、この女性だけは自分の主張を曲げなかった。

一九八六年に初めて冤罪の取材をした。選挙違反事件だった。夏の衆参ダブル選挙で、衆議院大阪選挙区から立候補した候補者が次点に泣いた。その際に、支援者らに現金を渡したり接待をして、候補者の票の取りまとめを依頼した、というものだった。この時、検事六人、大阪府警の捜査官四二人が動員された。投票翌日の七月七日から取り調べが始まり、一四七人全員の自白調書が揃ったのは七月二八日だった。

後の裁判で、現金の授受はなく、違法な接待もなく、そもそもその宴席に候補者本人が出席していなかった、ということが判明した。全くの事実無根だった。しかし、一四七人、一人の例外もなく全員が嘘の自白をしたという、その異常さに興味を抱いて取材を始めた。

多くの人がインタビューに答えてくれたが、それは「取調室では、人は誰でも、いとも簡単にウソの自白をする」ということを思い知るための取材だった。以後、筆者は冤罪の取材にのめり込み、その度にその認識を新たにしていくのだが、「一四七人の自白調書」はその原点でもあった。

前置きが長くなったが、一四七人は全員男性だった。そして女性で取り調べられたのは、冒頭の女性と、その義理の母親だけだった(二人は参考人で、被疑者ではなかった)。四〇代から七〇代までの社会的地位の定まった男性が、一旦は否認するが、取調室の威圧的な空気、夏の暑さ(大阪府警の取調室にはエアコンがなかった)、そして、人格を否定するような罵声、脅し、その逆の懐柔やそそのかしの中で、ウソの自白に転じていった。支援者らの暮らす地域の中でも、「あまり粘らんでも、早よ済ませよ」という空気が醸し出されていった。ある人は、次のように語っている。

「知らんと言うても通りませんし、そうなってくると早よ済ませてもらったほうがええと思いまして、私の方から『一万円でしたか』と(刑事に)聞いたら『違う』と。二万円でしたかと言うたら『違う』『五万円でしたか』『違う』そこで『三万円でしたか』と言うと『そや』と教えてもらいました」

こうして、現金の受領額は三万円で決着がついたという。しかし、こうした自白調書が次々と積み上げられていく中で、一人の女性だけは、最後まで検事に迎合しなかった。人から叱られたことなどない検事は、彼女の言葉にますます怒り狂ったはずだ。

「怒ったけどね、でも私は人間や。喧嘩しに来たんと違うから、お座り。それでなかったら私は喋れへんよ、と言ってやった」

最後まで、検事に対して一歩も引かなかったという。彼女の義理の父にあたる大物市議がこの事件の中心人物とされていたが、ご本人は三〇歳代のごく普通の主婦だった。彼女に検事の印象を聞いた。

「検事さんて、日本で一番難しい試験を通りはって最高の知識レベルの人やと思っていたのに、意外に、その辺にいる人より、うんと子供っぽくて、つまらない人が多いと思った、悪いけどね。それで、普通のサラリーマンですよ。二言目には、早く終わって夏休みを取りたい、そればっかり。情けなかったわ。こんなんに税金払って、偉そうにされて。あの人らは、職業というのをどのように思っているのかねえ。ああいう人らが変なことしたら、ひとりの一生をメチャメチャにしてしまうのに。そういうことをもっと考えてほしかった」

正論であり、痛快だった。重苦しい取材が続く中で、そこだけ雲の隙間から日差しがのぞいたように感じた。

以後二五年以上にわたって冤罪の取材を続けてきたが、どのような事件でも、いつも女性の存在を意識するようになった。当時の資料を調べていたら、この女性のインタビューについて「唯々黙って拝聴」とメモしていた。最初の冤罪取材の時点から、女性の存在感に敬服していたのだと、再認識した。

「犯罪の陰に女あり」という言葉がある。犯罪に手を染めるのは男だが、その動機や事件の裏側を探っていくと女がどこかで絡んでいる、というほどの意味だ。一方で、(この言葉からの借用だが)冤罪を取材しているとしばしば「冤罪の陰に女あり」と実感することが多い。冤罪に巻き込まれるのは男だが、それを支えるのはたいてい女性である。支援団体に参加した女性であったり、母であったり、妻であったり、姉妹であったりする。もちろん支援をする人の中には男性も多くいるが、女性の支援とは少し違う。何が違うのかうまく言えないが、事件への関わり方が少し違うように思える。冤罪の理不尽さが許せない、法治国家としてあるまじき司法のふるまいを糾弾する、掲げる理念に違いはないが、男性の支援者は「勝利」にこだわる。女性の支援者は遥か先の「勝利」よりは、今の「心の安らぎ」のようなものに重点を置いている。あるいは、男性はある論点が定まるとそこにのめり込む。一方、女性はいつも俯瞰しているような悠揚せまらぬところがある、そんなふうに思う時がある。個性の差であって、男女の違いではないという人がいるかもしれないが……。

『冤罪　女たちのたたかい』には二つの立場の女性が登場する。一つ目は、自らが事件の犯人とされ、その冤罪を晴らすために闘った女性。二つ目は、逮捕された男性の冤罪を晴らすために一緒に闘った女性。もともと凶悪犯罪で冤罪に巻き込まれるのは圧倒的に男性が多い。このため、第一のケースに相当する女性は数えるほどしかいない。本稿で紹介する冨士茂子さんは、一九五三年に徳島市で発生した殺人事件の犯人として逮捕された（第一章）。また青木恵子さんは、一九九五年に大阪市内で発生した火災により娘を失ったが、警察は保険金目当ての殺人事件として青木さんを逮捕した（第四章）。いずれもその後冤罪であることが裁判で証明され、無罪判決を得ている。

一方、第二のケース。それぞれの冤罪事件には必ずと言っていいほど、窮地に立たされた男性を最後まで支える献身的な女性の存在がある。もしその人がいなければ、長い雪冤までの日々を闘い抜くことは難しかったのではないかと思わせるような女性がいつも男性のそばにいる。本稿では一九六六年に静岡県で発生した強盗殺人事件の犯人とされた袴田巖さんの姉の秀子さん（第二章）、また一九六七年に茨城県で発生した強盗殺人事件の犯人とされた桜井昌司さんの妻、恵子さん（第三章）の二人を紹介する。

第1章

冨士茂子さん・徳島事件

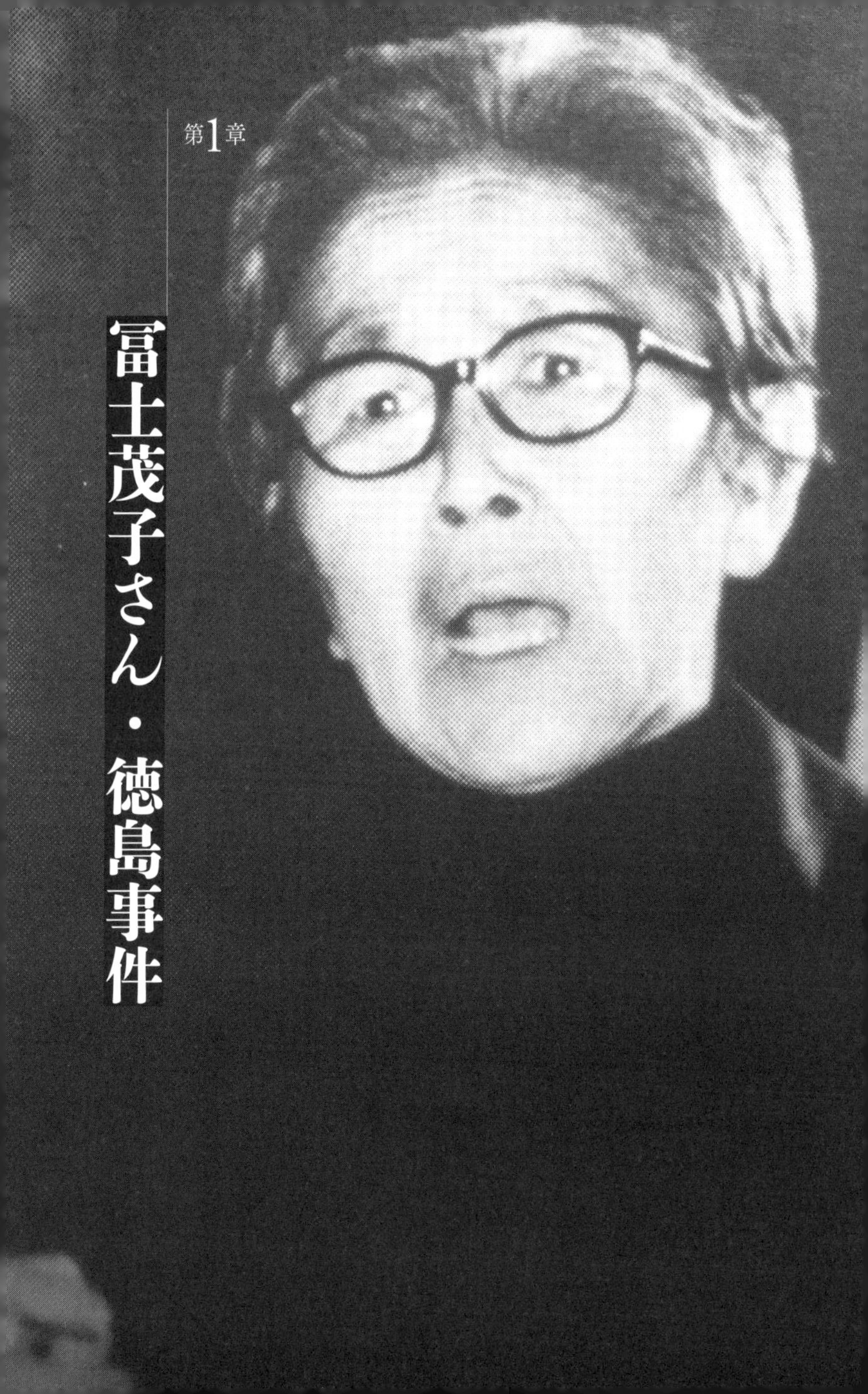

はじめに

今回本書で扱う事件のうち、この徳島事件だけは、筆者は直接ご本人にお会いしたことがない。当時再審弁護団に加わっていた田中薫弁護士にはお会いして話を聞くことができたが、他に手掛かりとなったのは裁判に関する書面と関係する書籍である。古い幾冊かの判例時報から再審の流れは掴めたが、国民救援会の書棚に眠っていた『徳島事件再審弁論要旨・徳島事件弁護団』と『ニュースと写真で綴る徳島ラジオ商事件闘いの記録―無実―』（第一出版、一九八六年）に出会えたのは幸運だった。開高健、瀬戸内寂聴らの著名な作家が書いたものも迫力があったが、『月蝕の迷路』（小林久三、近藤昭二著、文藝春秋、一九七九年）、『われの言葉は火と狂い』（斎藤茂男著、築地書館、一九九〇年）は事件の全貌を知るうえで欠かせない資料となった。真犯人にひたひたと迫る凄まじい取材力には唯々脱帽するしかない。この方々の内では、近藤昭二さんにお会いして話を聞くことが出来た。

そして、この事件を振り返ろうとするとき（多くの人がこの冤罪事件に触発されて書き残しているが）、作家でもなく、記者でもなく、ごくごく普通の呉服商人だった人物の書いた渾身の一冊を抜きにして語ることはできない。渡辺倍夫さんは一九五〇年の春、二五歳で結婚した。妻となった京子さんはたまたま冨士茂子さんの姪であった。祝言の席でハンカチを取り出してすすり泣きをしていた茂子さんを覚えている。その後一度だけ、徳島市の中心にある三枝電気店（茂子さんの内縁の夫が経営していた店舗）に行って当時四千円のラジオを買ったことがある。その程度の親戚だった。しかし、一九五三年一一月五日の夜明け前、渡辺さんは叔父からの電話で起こされた。事件の第一報だった。早朝、自転車で電気店まで飛ばした。この日を境に渡辺さんの人生は一八〇度転回するのだが、本人がそれに気付くのはまだ先だ。

茂子さんの夫が強盗に殺害された。もちろん庶民には衝撃的な出来事だが、それは、その後に起こるさらに大きな不幸の発端に過ぎなかった。茂子さんとその家族、そして親戚の人々がやがてとてつもない権力の暴走によって「冤罪」に巻き込まれていくことになる、とその時点で誰が想像できただろう。その後の苦悩と長い闘いの三〇年余りを、渡辺さんは誰よりも茂子さんを信じ、励まし、まさに身を粉にして動き回り、雪冤に向けて走り続けた。彼がいなければ、茂子さんの雪冤は成し遂げられなかっただろう、と言われているがそれは誇張ではない。その渡辺さんが書き記した『徳島ラジオ商殺し事件』（木馬書館、一九八三年）は、この冤罪事件の始まりから裁判のやり直し＝再審まで、茂子さんのすぐ横にいて検察の不正を見続けてきた人の告発の記録である。この先、多くの場面で渡辺さんの言葉を借用することになる。

冒頭で、茂子さんには一度もお目に掛かったことがないと書いたが、駆け出しの記者のころ、この裁判の取材に一度だけ関わっている。ただし、茂子さんはその時点で既に亡くなっていた。

一九八〇年一二月一三日、徳島地裁。朝から小雪のちらつく寒い日だった、と多くの人が書いているが、筆者には雪の記憶が全くない。裁判所の前の陸橋の上から人でいっぱいの前庭を眺めていた。陸橋の上もかなり混雑していた。やがて、遠くから誰かの「再審開始」と叫ぶ声が聞こえた。あちらこちらから地鳴りのような歓声が上がった。テレビ局の報道部員だった筆者は、しかし裁判の本記の担当ではなく、その興奮に酔う暇もないまま、すぐにカメラマンと共に取材車に乗り込んで茂子さんのお墓に向かった。姉妹らは、まず勝利の報告に訪れるはずである。それに先回りをするのだ。マスコミ各社の考えることは同じで、墓地のある光仙寺の周辺はすでに取材車で埋まっていて、茂子さんのお墓の周りは騒然としていた。姉妹が到着するよりも前に、墓石の並ぶ狭いところに何社ものカメラマンが押し合いへし合いし、とうとう何人かが他の墓石の上に泥の靴で上がる始末だった。しかし、誰も（もちろん筆者も）それを咎めなかった。むしろ、そんな異様な光景によって、この再審開始決定の重大さと世間の関心の高さを再認識させられた。他のもっと大事なことは忘れてしまったが、そんな些末な取材の一コマだけが筆者の記憶に残っている。

事件

この事件の「謎説き」にはまる人は多い。警察と検察は、当時も今も、未だに真犯人に行きついていないからだ。一方、なぜこの「冤罪」は生まれたのか。その部分では複雑なからくりは一切ない。一言で言い切ることができる。検察官の脅しによって二人の青年（電気店の店員）が偽証を強いられ、無実の女性が犯人に仕立てられた、これだけである。単純で、非常に分かりやすい「冤罪事件」だと言える。それにも関わらず、なぜ発生から再審無罪まで三二年もの間、裁判官たちは間違い続けたのか。筆者は、冤罪が生まれる原因は「確信犯の検察」と「不作為犯の裁判所」にあると言い続けている。この事件もその典型である。検察官は本当に冨士茂子さんが犯人かどうか、きちんと吟味したことは一度もない。「犯人だ」と思い込んだ途端から、逮捕、起訴するための証拠を「ねつ造」することだけに全力を挙げた。「確信犯」である。一方、裁判官は、茂子さんが犯人ではないと分かる（外部の者の犯行を裏付ける）証拠が山ほどあったにもかかわらず、それには目を向けず、検察官の主張にだけ耳を貸してきた。やるべき職務を放棄した、「不作為犯」と言わざるを得ない。裁判のやり直しを命じた再審開始決定の中にも、次の一文がある。

「これら茂子有罪の認定を阻害する証拠は、単に新証拠の中に発見し得るだけでなく、旧証拠、すなわち第一、二審が事実認定の用に供することができた筈の確定記録の中にも数多く含まれていたものであることは詳細に見てきた通りである。当裁判所は、このことが数ある再審請求事件の中でも、本件の一の特徴をなすものと考えている」

裁判官がかつてこの事件に関わった裁判官たちを叱っている。一審、二審の段階から、無実の証拠はたくさんあったじゃないか、こんな冤罪はほかにはないぞ、と断言している。

一九五三年一一月五日、午前五時過ぎころ、国鉄（現ＪＲ）徳島駅近くの大通りに面した「三枝電機店」に何者かが侵入した。当時、三枝電機店はビルを建設中で、すぐ横に仮店舗を構え、その奥の居間で経営者の三枝亀三郎さん（当時五〇歳）、内縁の妻、冨士茂子さん（三四歳）、二人の間にできた佳子《かいこ》さん（九歳）が寝ていた。さらに裏の空き地に仮の住居が建てられ、そこには住み込み店員の西野清さん（一七歳）と阿部守良さん（一六歳）が寝ていた。

茂子さん自身が、発生直後に警察の取り調べに答えている。その内容は以下の通りである（後に検察官はこれを虚偽と決めつけた）。

午前五時頃であったと思います。咳が出て目をさましたのでありますが、このとき横に寝ていた主人が、私に、

「どうしたのか、横になって寝たらどうな」

と、申しますので、私も、

「昨夜は、よくねむれたわ」

といって、佳子の寝ているほうに横になり、それから、うつらうつら、五分か十分たった頃と思います。裏のガラス戸の外から、低い声で、

「奥さん、おいでるで」

と声がいたしました。ハッと気がつき、今頃誰かいな、と思いながら、すぐに、

「誰で」

と、尋ねてみますと、何の返事もないので、私は裏の小屋に寝ている、店員の西野ではないかと思い、

「西野で」

と尋ねてみました。しかし、いっこうに返事がなく、その間、横で寝ていた主人が、不審がり、

「あっ」

と、いって、起き上がり、すぐに裏口の障子を開けました。このとき、主人はよほど驚いたように、形容しがたい声で、

「ウワー」

といい、さっと後ろに引き下がったのであります。

それに続いて男の人が、主人ともつれ合うように入り込んできました。

そのとき、懐中電灯を照らしたように、西側の壁に薄暗い光が、ボーッとさしたのであります。

私は、一瞬の出来事で、何のことやらさっぱりわからず、ともかく子供にけががあっては大変と思い、そばで寝ていた佳子を揺り起こし、

「早く外に出て、若い衆を起こしてきて」

といったように思います。佳子は、

「わぁー」

と泣き出し、すぐに外に飛び出しました。

続いて、私が部屋の電灯を点けようとしましたが、点きません。外に逃げようとして、障子戸のところまできたときに、とっさに、

「火事じゃ、泥棒じゃ」

と叫びました。

すると、座敷の中から、男が飛び出してきました。そのときは無我夢中で気づかなかったのですが、廊下で私を追い越してきた男と、すれ違った際に、左脇腹に「ヒヤッー」とする感じがしました。

あとで気がついたのでありますが、このとき、その男に左脇腹を刺されたのであります。助けを求めながら、建築中の新館の裏口まで走り出ましたところ、賊は、建築中の家の中を通り、表の八百屋町の通りに逃げて行くのが目にうつりました。

その賊の体格は肩幅が広く、足が短く、がっしりした体格であるのが印象に残っております。

その後、茂子さんは息の切れかかった夫を娘と一緒に寝かせ、騒ぎを聞きつけて起きてきた

店員二人に、「市民病院の医者を呼んできて」「大道の子供たちに知らせて」と叫んだ。大道の本家には、亀三郎さんと前妻との間にできた四人の子供がいる。その前後に警察に電話をしようとしたが通じなかった。そこで茂子さんは誰かに「警察に電話して」と叫んだが、結局、警察への通報は裏に住む田中佐吉氏がしてくれた。店員の阿部さんが市民病院へ、西野さんが大道へ自転車で走った。西野さんは、途中で気づいて両国橋派出所に駆け込み、「三枝に泥棒が入ったから、すぐ来てください」と告げたが、すでに二人の警官が本署から連絡を受けて出動しようとしているところだった。

電気店には、徳島市警の警察官が次々に到着し、市警署長も顔を出した。

朝の現場検証の時点で亀三郎さんは既に死亡していた。居間の電気が点かず、「調べて見よ」と警官に言われた西野さんは野外線を調べ、屋根裏で電灯線と電話線が切断されているのを発見した。

現場の東隣にある証券会社の一室に「三枝亀三郎殺人事件捜査本部」が置かれた。四畳半の現場は血の海で、壁のポスターにも飛沫血痕が散っていた。犯人につながる遺留品としては遺体のそばに懐中電灯が転がっていた。また、裏庭から匕首が発見されたが、それは工事現場の裏の壁に立てかけてあった。刃渡り一五・六センチ、鞘はなく、杉材で作った柄に布と紐が巻き付けてあり、いかにも素人の工作だった。さらに茂子さんが使っていた敷布の上に靴跡が二カ所ついていた。この靴跡は、当時としては非常に珍しいラバーソウルの靴底で、これも犯人に結びつく重要な証拠だった。

目撃者も二人いた。

蒲鉾の行商をしている酒井勝夫氏は、その朝五時過ぎ、三枝電気店の手前七〇メートル位の所で「火事じゃ」という女の叫び声を聞いた。消防団の役員をしたこともあり、すぐに反応して、声のする方向に自転車を走らせて三枝電気店の前まで来た。一旦止めて、耳を澄ませたとき、電気店の新築工事現場の表の板戸が倒れ、男が飛び出してきた。男は西に走って駅前から続くロータリーに達し、駅と反対の南の方角に曲がって闇の中に消えた。

魚市場の会計係をしている辻一夫氏は、酒井氏とは反対の方角から自転車で現場付近まで来た。ロータリーに差し掛かった時、前方のビル工事現場の階下から男が飛び出してくるのを見かけた。この男も猛烈な勢いで走り、ロータリーを南の方角に曲がって行った。

二人が目撃した男は別人であると考えられている。少しの間をおいて別々に飛び出してきた犯人をそれぞれ反対方向から目撃したというのだ。なぜなら、酒井氏と辻氏は顔見知りであり、もし、同じ男を目撃していたのなら二人はお互いに気付いたはずだからである。

二人の証言に沿うように、工事現場の表の出入口の柱からは血痕が検出されている。

これらの状況を総合すれば、この時点では、少なくとも「何者かが侵入し、亀三郎さんを殺害して逃げた」という事実は動きそうにない。「外部犯人説」などと取り立てて言うまでもなく、警察は逃げ去った犯人を探し求めて捜査を開始した。しかし、「匕首」「靴跡」「目撃証言」と手掛かりはいくつもあったのに、捜査は難航した。理由は、徳島だけではなかったかもしれないが、どの地方都市も戦後の混乱状態から未だ抜け出してはいなかった。その混沌が捜査員の動きを鈍らせていた。この事件を追った『月蝕の迷路』は、当時の徳島について次のように書いている。

徳島県には、現在、約三十団体、千人の組織暴力団が存在するといわれている。日本最大の暴力団山口組の田岡一雄組長の出身地でもある徳島は、西日本でも有数の暴力汚染県であり、関西暴力団員の供給地であるという。これらの組織暴力団の大半は、戦後の混乱期の闇市を背景に、賭博、覚醒剤密売、売春などをおもな資金源にして、勢力を拡大してきた。

空襲で全市灰燼に帰した徳島市には、戦後いたるところに闇市がたった。焼け跡であれなんであれ、ひとが集まってくるところに空地があれば、かならず闇市ができあがった。徳島駅前広場も、そのひとつだった。（中略）

事件の起った一年前の昭和二十七年三月、進駐軍の指示もあって、県は駅前を整備するために、これらの仮住居を立ちのかせた。駅西の国鉄用空閑地を買い取って、八十戸ほどの住宅を建て、そこに移住させたのである。（中略）「新天地」と呼ばれた。（中略）

「新天地」は、しかし、またたく間に凄まじく変貌していく。転売する者が続出した。(中略)一年たつかたたぬうちに、軒並に、階下は飲み屋で、二階は売春という店に変っていった。さらに、このなかの共同便所に、殺された幼児が捨てられるという事件があり、この事件をきっかけに、周囲は塀で囲まれた。東西に一カ所ずつ出入り口があるだけで、刑事などが出入りすればすぐ目につき、情報が流れる。裏口から抜けられるつくりの家が多く犯罪者の逃亡や潜伏の場所として、うってつけの場所になっていった。魔窟——カスバの成立である。

三枝電気店の目と鼻の先には駅前の「新天地」が拡がり、また事件当夜、電気店の裏手を流れる川沿いの旅館では賭博が開帳されていたことも分かっている。そういう時代、そういう街の中心で夫と茂子さんは商売を営んでいたのである。さらに殺された三枝亀三郎さんは、やり手だった。徳島一の繁華街に誰よりも早くビルの建設に乗り出したが、彼はラジオの次に来るテレビの時代を見越して、その準備も着々と進めていたという。目立たないはずがなかった。容疑者として浮かんだ男たちはすべて「新天地」にたむろするその筋の男たちだった。

内部犯人説

事件発生から半月後、「匕首」の筋から新天地に住む若い準組員の容疑者Aが浮かび、警察は別件逮捕をして追及を始めた。Aの逮捕を知って、新天地を逃げ出し市内に潜伏していた男も、密告によって逮捕された。この二人に続いて芋蔓式にヒロポン中毒の男が逮捕され、さらにこの男の供述に基づいて、四人目の男が指名手配され、間もなく捕まった。

こうして、あわせて四人が逮捕されたが、結局、本件で起訴されたものはいなかった。警察の捜査は暗礁に乗り上げた。

事件の朝、叔父に呼び出され、それ以後は否応なくこの事件に首を突っ込むことになった渡辺倍夫《ますお》さんは、このころ、事件を担当していた西本義則巡査部長のこんな話を記憶している。

「警察は、この事件は必ず犯人をあげる、という意気込みで一生懸命やった。その結果、犯人を絞り解決の一歩手前まできていた。だが、検察庁に事件を持って行かれた。検察庁は、警察の捜査資料などはいっこうに顧みない。独自の机上捜査である。

もう少し時間があったら解決できたのに残念でたまらない。検察庁に事件を取り上げられたら、警察は手も足も出ない」（『徳島ラジオ商殺し事件』）

一九五四年の六月に、日本の警察制度が大きく変更された。これは殺人事件の捜査に決定的な影響を及ぼした。敗戦後の一九四七年にＧＨＱの指令で発足した国家地方警察と自治体警察の二本立ての警察制度がこの時廃止された。徳島でも徳島市警など四つの自治体警察が廃止され、代わって徳島県警が生まれた。大きな人員の異動があり、三枝亀三郎殺人事件の捜査本部も陣容が大きく変わり、捜査は停滞した。

警察が成果をあげられずに困り果てている頃、徳島地検では、事件を担当する検事が交代した。渡辺倍夫さんは次のように書いている。

「代わって、いずれも司法修習課程を終え、検事拝命間もない、血気にはやる、功名心の強い、村上善美、藤掛義孝両検事と、丹羽利幸、田中政資の二人の検察事務官がラジオ商殺人事件に専従することになった」(『徳島ラジオ商殺し事件』)

警察組織の改編とも連動して、部署の変更や配置換えが頻繁にあり、捜査体制はさらに混迷した。

この検事の交代によって、事件捜査の方針は大転換した。犯人は、外部のものではない、「内部にいる」との見立てによってすべての証拠を見直すことになった。そうは言っても、全ての証拠は「犯人は外から侵入した」という方向を指している。どうやって、それを転換するのか。

年が明け、事件から半年が過ぎたころから、店員の西野清さんが検察庁に呼び出されるようになった。西野さんは、事件後しばらくして店をやめていた。亀三郎さんが亡くなって、電気に関する技術を教えてくれる人がいなくなり、自動車の運転手を目指すことにしたという。呼び出しは毎日のように続き、そして、突然逮捕された。その二〇日後には、店に残っていたもう一人の店員、阿部守良さんも逮捕されることになる。

茂子さんは、この時点では捜査の手がやがて自分に及ぶとは想像もしていなかった。

「気の毒なことや。誰かよい弁護士さんを頼んでやらんといかん」

と他人事のようであったが、その頃から「内部犯人説」が巷でささやかれ出し、新聞記者らが頻繁に電気店に取材に現れるようになった。

新聞記者との問答で、茂子さんはこう語っている。

記者「もし、西野が電灯線、電話線を切断したとすれば、犯行と無関係だとは考えられないが」

茂子さん「西野さんは店をやめてからも、よく店に遊びに来ていました。あの年頃にありがちな生意気なところもありますが、田舎育ちの純朴な少年です。西野さんがそのようなことをするとは絶対に考えられません」

記者「世間の噂では、奥さんのことをとやかくいっているようですが」

茂子さん「あまりにも非情というものです。この間も、そんなことを聞かれて、腹が立つというより情けなくて仕方がありませんでした。私はあくまで被害者ですよ。なぜ、私を疑わねばならないのですか。先日、検察庁へ噂の真偽を確かめに行ったさいも、まるで頭から被疑者扱いのような感じを受けました。十分調べればわかることなのに、こんな噂がとべば、今後の商売にも影響しますし、子供もかわいそうです。つまらぬデマとは敢然と闘うつもりです」（『徳島新聞』一九五四年八月六日）

店員の逮捕は、検察が本丸とする茂子さんの逮捕への布石に過ぎなかった。しかし、西野さんは四五日間、阿部さんは二八日間、異常とも言えるほど長く拘束された。中学を出たばかりの十代の少年をこれほど長く留め置いて、検事はいったい何を喋らせたのか。その内容は以下に紹介するが、当初、検察は、亀三郎さんの殺害方法があまりにも残忍だったことから（全身に九カ所の切り傷があった）、「実行犯は茂子ではなく、財産目当てから身内の誰かに殺人を委託したのだ」という筋書きを立てていた。新聞やラジオも、内部の者の複数による犯行だ、という内容の記事を流していた。

「犯人は内部であり、親類のAの計画であって、実行者はAに出入りするBとの見方が強まりつつある。近くA、Bが逮捕される模様である」

渡辺倍夫さんはその新聞記事を読んだ時、自分自身が疑われていると直感した。Aは茂子さんの弟の冨士淳一さんを指し、Bは自分に違いないと悟った。案の定、間をおかず、検察から呼び出しを受け、しつこく事件当日のアリバイを尋ねられた。その午後には冨士淳一さんも検察に呼ばれて調べられた。

　取調べの結果、二人のアリバイが成立したところで、検察は筋書きの変更を迫られたはずだ。「外部犯人説」から「残忍な手口」はどう見ても女の犯行ではない、ということは分かっていた。その時点で「外部犯人説」へ引き返すこともできた筈だが、検事はそうはしなかった。このころの検察の動きを時系列にすると、茂子犯人説にこだわり続け、非常に急いでいることが分かる。渡辺さんが「血気にはやる、功名心の強い」と形容した二人の検事は、自ら打ち立てた「内部犯人説」に沿って猪突猛進の勢いだった。

・一九五三年（昭和二八年）
一一月五日　事件発生
・一九五四年（昭和二九年）
七月二一日　西野清さん逮捕
七月二九日　渡辺倍夫さんの事情聴取（アリバイ調べ）
　　　　　　冨士淳一さんの事情聴取（アリバイ調べ）
八月一一日　阿部守良さん逮捕

　そして、阿部さんの逮捕からわずか二日後の八月一三日、茂子さんは殺人の疑いで逮捕された。その日は徳島の夏には欠かせない阿波踊りの初日であった。また、亡き夫亀三郎の初盆でもある。村上善美、藤掛義孝の二人の検事が揃って車で乗り付け、茂子さんに逮捕状を示した。抱きついてきた娘は引き離され、茂子さんは地検に連行された。

ところで、なぜ、検察はどう見ても無理筋の「内部犯人説」に転換し、これほどにこだわったのか。警察の捜査が行き詰まり、同じ筋からの進展は期待できない、というのがまず大前提としてあった。また、当時、徳島では女性による犯罪事件が三件連続して起きていた。渡辺倍夫さんによれば、

「現職警察官の妻が夫をピストルで撃ち殺した事件と、道ならぬ恋の果て、女が男の陰部を出刃包丁で切り落とした事件（この事件は、昭和の阿部定事件として世間を騒がせた）、さらに、某商社の重役が殺された事件（犯人がわからず迷宮入り事件となったが、当時、この重役殺人事件は内部の女性による犯行が噂されるようになっていた）である」（『徳島ラジオ商殺し事件』）

そんなときにこの事件が発生した。解決の見通しがつかない中で、「これも女ではないか」という噂が広く流布していたという。

そして、もう一つ、検察が非常に重要視した情報があった。それは意外に近いところからもたらされたものだった。この情報については『月蝕の迷路』に詳しく紹介されている。

その辺の経緯を、当時、徳島地検の検察事務官で、取り調べに立ち会った丹羽利幸は、私たちに次のように語っている。

「あれは茂子がやったという感じ、いや、感じというより確信してますがね」

その後、区検の事務課長となって退官、現在、郡部の小さな町で悠々自適の生活を送っている元検察事務官は、そう前置きして、

「ああなった端緒はですね、私はこの事件の担当じゃなかったんですが、あるとき、毎夕新聞の工藤記者がね、帰りの汽車の中で、丹羽さん、ありゃあ訝《おか》しいんじゃないか、あの朝、カタンカタンというて、夫婦喧嘩をしよったというような話を聞き込んできたんじゃけんど、一寸、訝《おか》しいとちゃうか、ということをいいましてね。わたしは、ま、関心はなかったんだが……」

丹羽事務官とその記者は、自宅への帰途が同じ方向で、つねづね徳島本線に乗り合わせて顔見知りだった。工藤記者は、その話を三枝電機の東隣りの新開時計店できいたという。

翌朝、丹羽事務官は、地検に出勤する前に新開時計店に寄ってみた。当時五十七歳の主人の新開鶴吉は、記者の話を裏付けた。（中略）

新開時計店は、かねてから茂子のことをこころよくおもっていなかった。これは事実である。事件の三カ月前、三枝がビルの新築工事をはじめるとき、兇行現場になった四畳半の部屋や店舗の屋体を時計店のほうへ寄せることになった。その際、軒先が時計店の物置

にぶつかって、なかの一升瓶が割れ、石油罐が倒れて油がこぼれるという出来事が起った。

そのことに腹をたてた新開鶴吉は、以来、

「工事場からコンクリートの粉がとんでくる」

とか、

「水道の水がとんでくる」

あるいは、

「軒の雨水がかかる」

と、三枝電機に苦情を申し込んできたが、茂子はろくに取り合わなかった。同時に、三枝電機が繁盛していたことに対する、屈折した嫉《ねた》みの感情も手伝っていたようである。それは、検察庁での新開の供述調書のなかに散見する。

「商売の方も結局奥さんの方がやっていて、主人の方はお客にもぶっきらぼうで、評判は良くなかった様であります。ところが細君の茂子は、口の上手な人で仲々商売が上手であり、あの大きな商売を、仲々上手に一人で切り廻しておる様でありました」

また、

「家内に、金さえ儲けたら良いと云う風だ、と云って話し合った事がありました」

そして、事件発生のとき、新開は自宅の東端の六畳間で寝ていたが、午前五時頃、隣家の物音で目をさましたという。

「三枝方の物音と云うのは、女の金切声がして、ややあと云っておる様でありました。

これは三枝さんの奥さんの声でありましたので、私は何か火事でも起したのではないかと思って、私は起きて寝室の南側の雨戸を開けて周囲を見廻してみましたが、別に火事の様な模様もありませんでしたので、三枝夫婦が夫婦喧嘩でもしておるのだなあ、と思って雨戸を閉めて便所へ行き、再び床に入りました。（中略）」

そうしていると、表の雨戸をトントンと叩く音がして、女の子の声がする。

「おじさん、おじさん、と叫びました。

私は隣りの子供だと直感しましたので、何だ、と云いますと、その子供が、おじさん、泥棒だ、警察え《ママ》届けておくれと申しました」

すぐさま電話をして、表へ出て行き、三枝電機の表の戸から内部をのぞいたところ、

「奥さんが、奥の寝室で立って中腰になり、左手で懐中電灯を照らして、倒れておる主人の顔をみておりました。その姿はとても凄い異様な恰好で、私の目に焼付いており、決して間違いありません」

つづいて、新開が、だれか怪我人はないのですか、と声をかけると、

「奥さんは非常に驚いた態度で、金切声で、誰だとどなりました。私はその奥さんの態度を見て、これは奥さんが怪しいなと、直感しました。普通の人なら、私の声で、人が見舞に来てくれた事を喜んで、おじさん来て見て呉れとでもいうだろうに、何か悪い事でもし

て、発見されて慌てたという態度が窺はれました」《ママ》

新開は、さらに屋根の上で電灯線、電話線が切断されていたことについて、

「三枝方は電気機具商でありますから、奥さんでもこの知識があって、工事場の裏から上って、表の線が切れると思います」

と、いい切っている。

隣人新開鶴吉のこの供述には、いくつかの問題点があるといえるだろう。夫が不意の闖入者に刺されて倒れれば、だれでも〝異様な恰好〟で様子を確めるに違いないし、突然、声をかけられれば〝金切声〟をあげて驚くはずである。さらに重要な問題は、暗闇のなかで果たして茂子の〝態度〟がはっきりみえたのかどうかということである。

だが、検事はそのような疑問は持たなかった。新開鶴吉のこれらの供述が座標軸となって、徳島地検は内部犯人説に大きく傾斜していくのである。(『月蝕の迷路』)

作られた供述調書

逮捕された西野清さんと阿部守良さんはどんな供述をしたのか、させられたのか。すでに述べたように、二人が拘束された期間はそれぞれ四五日間と二八日間、両人ともまだ二十歳にも達していない。それを考えると異常な長さだ。その間に各々三〇通の調書が作られている。

この間の取調べの状況を一言で言えば、それは、外部犯人説を打ち消して、すべての供述を内部犯人説＝茂子犯人説に収斂させることだった。検察の組み立てた物語通りに彼らが語ること、そのためだけにすべての時間が費やされた。

まず西野さんについて。実は隣の時計店の主人は、前述の話のほかに、検事に対して「西野が懐中電灯を照らしながら屋根に上りかけているのを見た」とも供述している。検察はこれを重視していた。「茂子に頼まれたのではないか」、つまり、外部の犯行を偽装するために、店員が「切断」を命じられたのではないかと疑っていた。これに対して、西野さんは、

「現場に掛けつけた警官から、電気がつかないのを調べてみよ、といわれ、調べてみると屋根の上で切られていたので、そのことを警官に報告してつないだものです」

と事件当日のことをありのままに述べた。しかし、取調べの検事にはその答えは受け入れてもらえなかった。そして、連日の取調べの末に、疲れ果てた西野さんは、

「私は、今まで隠していたことがあります。私は奥さんに頼まれて、電灯線や電話線を切断しました」

と供述した。いったん検察の立てた筋書きに乗ってしまうと、以後は堰が切れたようになり、西野さんは、次には、

「奥さんから、これで電線を切ってくれ、といって、抜き身の匕首を渡された」

と供述するに至った。一度嘘の供述をした者は、次にはそれに符合する新しい嘘を考えなけ

ればならない。いったん、「切断を茂子さんから頼まれた」と供述した以上、次には、「切断するための匕首を茂子さんから渡された」とせざるを得ないのだ。嘘の上に嘘を積み上げていくしかない。

逮捕後一カ月経った頃、西野さんはさらに重要な供述をする。

「奥さんから、大道の本宅に行って、子供たちを起こしてきてくれ、と命じられたが、その際、新聞紙で巻いた細長いものを渡され、これを捨ててくれと頼まれた」

重大な供述である。さらに供述では、自転車で大道に向かう途中、両国橋の上から「新聞紙で巻いた細長いもの」を新町川へ投げ捨てたこと、その時、新聞紙の先から刃先が見えたこと、それは刺身庖丁のようであったこと、などを詳しく語った。

不思議なことに、ちょうどこの頃、ある新聞に「ラジオ商殺人事件の凶器は刺身庖丁である。何者かが新町川に投棄したらしい」という記事が出た。八月一一日のことである。何が不思議かと言えば、西野さんが「川に投げ捨てた」と供述したのは八月一八日だ。本人が語るより前に記事になっている。これは何を意味するのか。このからくりは、検察内部でストーリーがすでに出来上がっていて、それを検事が新聞記者に事前に漏らした、としか考えられない。西野さんは、検察の描いた筋書きをそのまま喋らされていた、ということである。因みにこの記事を載せたのは、（検察事務官に新開時計店の情報を提供した）工藤記者のいる毎夕新聞であった。

この「刺身庖丁（らしきもの）を川に投げ捨てた」という西野さんの突然の供述には、もう一つ別の意図が隠されていた。実は検察は、当初、亀三郎さんを殺害した凶器は現場に残されていた匕首だと考えていた。つまり、現場で発見された匕首は、「亀三郎さんを刺した凶器」であり、同時に「電灯線等を切断するための道具」でもある、という二役を負わされていた。ところが、警察庁の科学警察研究所に鑑定を依頼したところ、「人血の付着は証明できない」との鑑定結果が出た。つまり、匕首は凶器ではない可能性が高い。これまで匕首ばかりに気を取られていた検察は、方針転換を迫られた。振出しに戻って、新たな凶器が必要だった。匕首の鑑定結果が出た時期と、新たな凶器（刺身庖丁）に関する新聞記事が掲載される時期がちょうど交差している。要するに、新聞記事や唐突な西野さんの供述は、検察の苦し紛れの新たな偽装工作だったと考えられる。こうして亀三郎さんを刺した凶器は、匕首から刺身庖丁に変わったのである。但し、警察が川を捜索しても、何も発見できなかった。つまり、誰ひとりとしてその刺身庖丁を見た者はいない。

次に、もう一人の店員、阿部守良さんの取り調べはどうだったのか。

事件当日、建設現場の壁に立てかけられていた匕首を最初に見つけたのが阿部さんだった。触りもせず、警察官にそれを伝えただけだった。しかし、「匕首一振りを所持していた」として銃刀法違反の容疑で別件逮捕された。西野さん同様、当初は逮捕の意味も分からず、家族との面会も叶わず、おろおろするばかりだった。警察官はそのスキを突いた。そして、間もなく、

匕首について、

「奥さんに頼まれて、藍場町の○○組に行ったら、若い男がこれを持って帰ってくれといって匕首を預かって帰りました」

と供述した。匕首については、すでに西野さんが「事件当日、奥さんから、電線を切ってくれと言って匕首を渡された」という嘘の供述をしている。これを本当らしく見せるには、事件より前に茂子さんがどこかから匕首を入手していなければならない。そこで、西野さんの嘘に合うような新たな嘘を阿部さんが肩代わりさせられた格好になった。しかし、この匕首については、すでに警察の捜査で、新天地の○○組の関係者の所持品だったことが分かっていたので、この嘘はすぐに破綻した。そこで、検察官は大急ぎで、匕首をもらい受けた先を（警察の捜査に合わせて）「新天地」の○○組の関係者へと訂正し、それを阿部さんに供述させた。

蛇足だが、検察官は、足で稼ぐ警察の地道な捜査を軽視する。そのために細かい事実関係ではしばしばミスが生じる。その度、供述調書は書き換えられる。「変遷の多い供述調書」は「ウソ」の可能性が高い、と言われる所以である。

その後、阿部さんは、この匕首の特徴であった柄の部分の素人臭い細工について、

「奥さんがその匕首の柄に、ラジオのダイヤル糸を巻き付けていた。自分が手伝って巻いてあげました」

と供述した。どうでもいいような事柄だが、裏を取る必要もなく、したがって嘘がバレる心

配もなく、それでいて思わず情景の浮かぶ、ずるい作文である（もちろん検察官が考え出した嘘である）。これも蛇足だが、こういう嘘の供述調書に裁判官は簡単にだまされる。「迫真性があり信用できる」という常套句を判決や決定の中でよく見かけるが、その多くはこの手の嘘の作文である。

「作られた供述調書」はこれだけではない。二人の店員がした数々の供述の中で、最も核心的なものの一つは「夫婦喧嘩を目撃した」という供述だ（これによって、新開時計店の主人の供述と完全に一致した）。二人の供述を総合すると、

・事件当日、午前五時頃、亀三郎、茂子のいる四畳半の方からドタン、バタンという音が聞こえて目をさました。

・寝ていた小屋を出て、部屋の南側から覗いた。

・障子とガラス戸は開いていて、部屋の中央で、亀三郎らしい背丈のものと、茂子らしい背丈のものが向かい合い、格闘しているように動いているさまが、暗闇に薄白くぼんやりと見えた。

ということになる。決定的な供述だった。

一九五四年九月二日、徳島地検は冨士茂子さんを殺人罪で起訴した。

冨士茂子の生き方

ここまで、主人公である冨士茂子さんの経歴にほとんどふれていない。遅まきながらそれを紹介しておく。冨士茂子さんは一九一〇年（明治四三年）、徳島市生まれ。呉服商の次女として誕生したが、父が教育に熱心だったため県立徳島高等女学校まで進んだ。その徳島高女の後輩に作家の瀬戸内晴美（寂聴）氏がいる。この事件が冤罪ではないかとの報道が徐々に世間に広まるにつれて多くの支援の人が茂子さんのもとに集まったが、瀬戸内氏はいち早く支援を表明した一人だった。この事件を取材して、後に『恐怖の裁判』を著している。その中に、茂子さんの経歴を綴った部分があるので、その一部を紹介する。


茂子は三枝亀三郎と結婚する前、二度結婚の経験があった。一度めは親の取り決めた結婚で、最初から茂子は気がすすまず、僅かの結婚生活を清算してしまった。出戻りの娘がうろうろしているのは、当時の旧弊な徳島では親の恥だった。茂子は再び、またしても無理矢理、親たちから再婚させられてしまった。

この夫は、やがてバーを開いたが、経営能力は全くなかったので、たちまち潰れそうになった。仕入れの酒屋は莫大な貸金の取立てを考え、

「旦那はだめや、あの人は商売が下手やからな。奥さんの方がしっかりしてはる。あんた

がひとりで店をやるなら、うちももっと、たすけまっせ。そして、段々、今の借金を返してもらいまひょうか」

というのだった。茂子も、頼り甲斐のない夫に愛想を尽かしていたので、酒屋の提案に乗り気になった。そこで夫と正式に別れ、自分でそのバーを経営してみた。負けず嫌いの茂子の根性で店は持ち直し、莫大な酒屋の借金もきれいにし、茂子の信用は高くなった。

茂子は徳島県立高女時代から数学が得意な学科だった。在学中は、ドーナツというニックネームのオールドミスの土井なつのという数学の女教師から、可愛がられていた。女高師出の土井なつのは、生徒たちから怖がられているきびしい教師だったが、茂子のような真面目で頭のいい生徒には目をかけた。

この土井なつのは、茂子が捕えられた時、

「茂子さんは夫殺しなどする人ではない」

といいつづけて、獄中の茂子を案じながら死んでいる。

茂子のバーは、ようやく順調に行きはじめた時、出火して全焼してしまった。

茂子は自分の不運を嘆いている閑もなく、店の再建に全力を尽した。二度の結婚で懲りている茂子は、女は経済的自立をしないかぎり、結婚して夫に養われるしか道はないと悟ったので、石にかじりついても、自分の店を再建しようと決心した。実家に戻って、三度目の方便の結婚など死んでもしたくないと思った。

幸町二丁目に開いたカフェ「白バラ」は、そんな茂子の必死の拠り所だった。

そこへ現れたのが亀三郎だった。茂子は亀三郎に対してはじめて恋を感じた。一度火がつくと、茂子の情熱は死火山がよみがえったような勢いで爆発した。

亀三郎には妻子があったが、茂子はそんなことにこだわらなかった。亀三郎に養って貰う必要のない茂子は、男と対等で愛しあう女だった。愛している男の子供を産むことに、恥はなく、むしろ、茂子の矜持は輝いた。

愛もないのに馴れ合いでごまかしあっている世間の多くの形だけの夫婦など羨ましくもなかった。亀三郎はすぐ、妻との離婚を誓ったが、茂子はそれをもとめたわけではなかった。亀三郎と妻が、茂子の問題とは別に、離婚していってから、はじめて茂子は亀三郎の家に入った。その時も入籍など考えもしなかった。茂子の心のどこかに、二度の結婚で懲りている男への不信がなかったとはいいきれない。茂子には愛しているから一緒に暮らすのだ、愛がなくなった時はいさぎよく別れようという考えがひそんでいた。

佳子が生れた時も、佳子は亀三郎の籍に入れたが、茂子は入ろうともしなかった。

茂子は亀三郎の店を手伝った。亀三郎の店も繁盛を極め、やがて駅前に新しい店を買うことになった。茂子はその時、「白バラ」を売り、その金で、駅前の店を買い取った。


（『恐怖の裁判　徳島ラジオ商殺し事件』瀬戸内晴美（寂聴）、一九七一年、読売新聞社）

小説家の脚色ではない。取材に基づいて書いている。女が女について書く文章が、もともと少なすぎるのだ。男の（つまり検察官や裁判官の）言説に絡めとられていた女性像から解放された結果、茂子さんについての新たな像が浮かび上がってきた。それは戦後の混乱が続く地方都市で、二度の離婚に傷つきながらも自分の道を曲げずに生きていこうとする女性の姿だ。

一方、茂子さんを逮捕した検察官、あるいは彼女を裁いた裁判官たちは彼女をどうみていたのか。検察の主張、一審判決、控訴審判決ともに同じ口調である（検察官の言うことに異を唱える裁判官はほとんどいないのだから、どの書面も同じ口調になるのは当然といえば当然だが）。事実関係はやや重複するが、その評価は正反対だ。それを見てみる。

被告人は二回に亘り結婚したが共に失敗に終り、昭和十二年頃から徳島市中通町三丁目においてカフェーを経営したが火災に遭ってやめ、昭和十五年頃から同市幸町二丁目において喫茶カフェー「白バラ」を始め、これを営業中（中略）三枝亀三郎（明治三十六年二月八日生）と知り合い、間もなく同人と情を通じ、（中略）同人との間に佳子を儲けるに及んで、同人はその妻八重子と不仲になり遂には同人等夫婦はその間に子女五名がありながら離婚するのやむなきに至り、（中略）斯くなることによって被告人は三枝家に入り込み……。

亀三郎は生来浮気で、（中略）昭和二六年頃から小学生当時からの知り合いである未亡人○○○○子と懇ろとなり、同女にラジオの販売をさせたり、被告人方店舗に出入させたり、将来を誓ってしばしば情交し、果てには被告人を追い出すか、自分が家出するなどと称して同女の意を迎えるようになっており、（中略）たまたまラジオの宣伝販売のために関係業者の間で出雲大社への旅行招待が計画され、被告人方へも数枚の招待券が配布され、その招待券の分配のことから右○○○○子を厚遇せんとする亀三郎の真意を推察するや、未だ自分が亀三郎の籍に入っていないこと、先に離別されて了った八重子のこと、佳子のことなど思い巡ぐらし、八重子と同じ運命に陥ちゆく自己のゆくすえが案じられ将来に対する絶望感と、○○○○子に対する嫉妬と亀三郎に対する憤まんの情は押さえんとして抑えがたく、終に斯くなる上は亀三郎を殺害するに如かずと決意するに至り、（中略）」（一審判決より）

結婚に失敗した女が、妻子のある男と情を通じ、離婚させて、その家に入り込んだものの、その男が別の女性と懇《ねんご》ろになったのを知り、自分も捨てられるのではないかと絶望し、嫉妬し、憤まんの情が抑えられなくなり、とうとう殺害を決意した。

女性への偏見に満ち満ちた物語を検察官は組み立て、一審の裁判官もそれをそのまま引用しているが、実は、犯行の動機となる核心部分（亀三郎が別の女と懇ろになった）は検察官のねつ造である。この女性は、後に検察官に無理やり嘘の供述をさせられたと証言している。ところが、この作られた物語を、控訴審や最高裁の裁判官たちも何の疑念も抱かずに信じこんだのである。また、多くの新聞、ラジオが捜査機関（この場合は検察）の垂れ流す情報を吟味することなく伝えたのである。だが二人の店員の証言が虚偽であると証明されていない時点で、この事件を眺めた時に、誰が「事件の本当の姿」を透視し得ただろう。検察の「ねつ造」が暴かれなかったならば、この冤罪は冤罪と言われることがないままに歴史の闇に消えていた可能性も、この時点ではあったのだ。

裁判

茂子さんが獄中で書いた詩がある。裁判のばかばかしさを神様の目を借りて俯瞰している。しかし、こんなふうに達観して眺められる日ばかりではなかった。

私は何を裁かれるの？
鹿爪らしい顔をして
お互に目をむき牙をむいて
わかりきった事を

むずかしく解釈しようと
努力する事だ
ただ　神様は
じっと見て笑っていられる

事件の発生から一年後の一九五四年一一月から注目の裁判が始まった。裁判は一年半にわたり、二〇回の公判が開かれた。すべてを傍聴していた渡辺倍夫さんの記録をたよりに一部分を振り返ってみる。

●第一回公判

冨士茂子は、この日、和服姿で決然として法廷に臨んだ。裁判長の尋問に対して、

「私は殺しておりません。私は被害者です」

と、きっぱりと否認した。

検察官席の村上、藤掛両検事をじっとにらみつけ、無念の涙をこらえている。検事の朗読する起訴状に耳を傾けながら、

「馬鹿らしい」

「阿保らしい」

「ウソ」

と、苦笑いを浮かべたが……。

検事の起訴状の朗読が終わり、休廷に入ろうとしたとき、公判廷で奇妙なことが起こった。それは、大勢のヤクザの一団が傍聴席に陣取っていて、彼らは、口々に、

「鬼ばばあー、人殺し」

「死刑にしろー、殺してしまえー」

と叫びながら、退場した。

先に逮捕された○○組の連中もいる。あるいは真犯人の一味でもあろうか。

●元店員の尋問

第二回公判は注目の二少年（二人の元店員）が証言台に立った。検察官の主尋問は長時間に及んだが、どの少年も、検事の尋問には、前もって綿密に打ち合わせが行われたかのように、スラスラと答えた。

だが、松山一忠弁護人の反対尋問を受けると証人は急変した。終始おどおどして、答えにつまり、うなだれ、沈黙を続ける。そのあげく、検事に救いを求めるかのように、目を投げかける。検事は勉強のできない子供の父兄が小学校で授業参観をしているかのようであった。

弁護人が、

「証人は刺身庖丁を捨てたというが、刺身庖丁をどのようにして持って行ったか」

と尋ねると、

「自転車に乗って、ポケットに入れて行きました」

と答える。

「自転車で大道へ行ったとき、何を着ていきましたか」

と、さらに尋ねると、

「寝巻を着ておりました」

と答える。

「寝巻にはポケットがあるか」

と、追及を強めると、証人西野は、じっと目をとじて腕組をしている検事に救いを求めようとするが、どうすることもできない。

時間にして相当の沈黙が続く。裁判長から催促され、西野は、

「寝巻にしておった細紐に差していきました」

と、やっとの思いで答えた。

新町川に投げ捨てるとき、新聞紙から刃先がのぞいていたので、刺身庖丁ということがわかりましたと証言した。その鋭利な刃物を寝巻の細帯に差して自転車に乗れるであろうか、ということに裁判官は疑問をいだく様子はなかった。

●実地検証

第三回公判は、二店員の証人調べを兼ね、事件現場での実地検証である。事件は昨年の十一

月五日に起こったので、一年一カ月遅れた十二月ではあったが、同時刻に現場におもむき、事件当日を再現してみようというのが裁判所の目的であった。

　午前四時三十分、徳島刑務所から出た一台の護送車が、八百屋町三丁目三枝電機店の前にピタリと停車した。新聞記者のライトを浴びて、中年の婦人が下車した。手錠をされた被告人冨士茂子である。

　待っていた裁判官、検察官、弁護士に、

「おはようございます」

　と挨拶を交わし、現場に入っていく。

　五時十分、ちょうど凶行と同じ暗さを見るために、四畳半の裏手に西野、阿部を立たせ、裁判官達は尋問する。

「奥さんの居間で、ドタン、バタンと音がするので見に行って、隙間からのぞきました」

　と西野が証言する。また、

「障子とガラス戸は開いていました。そして、部屋の中央で亀三郎らしき背丈の人と、茂子らしい背丈のものが向かい合って格闘しているのが見えました」

　と、阿部が証言する。茂子は二人に向かい、

「あんた方が、これほどまで私を陥れようとは思わなかった。誰かに頼まれたんと違うか。良心に恥じないのー、ウソをいうな」

と、ヒステリックにくってかかった。二人はふてぶてしく、

「事実はしようがない」

と、いい捨てた。

茂子は、もう百日あまりも獄中にいる。小さなからだに髪はほつれ、顔色は青ざめ、目だけが異様に光を放っている。

「死にもの狂いで頑張る」

と、独り言をつぶやいた。（中略）

ただ、この日の現場検証で、犯行の同時刻、いくら戸外からのぞいてみても、この四畳半に立っている白衣の姿（裁判所の職員が実験のために白地の寝巻を着た）すら認識することができなかった事実を、津田真裁判長たちは認めざるを得なかった。（中略）

底冷えのする十二月の早朝の寒さは、かよわい茂子の身にこたえたのか、茂子は、下腹を押さえてその場にうずくまってしまった。

「大丈夫か」と親切気もない看守の声に、

「ええ」

と、我慢する茂子ではあるが、呼べば応えるほどの間近な新館にわが娘たちがいるのに声をかけることもできない。

裏の小屋で証人調べを済ませた弁護人に、

「仏壇を拝ませてください」

と茂子は願い出た。津田真裁判長も拒むことができず、許可を与えた。仏壇の前に座った茂子は、亡き夫に語りかけるように合掌したまま、

「お父さん、子供は無事に成長しました。正しいものは勝ちます。どうか見守ってください」

といって泣き叫ぶ。そして、

「犠牲はお父さんだけで結構です」

と合掌し、線香を立てて、焼香をすます。

「しばらく行ってきます。留守をお願いします」

看守に連れられて表に出ようとする茂子に、裏通りにつめかけた報道関係、野次馬がどっと押し寄せてきた。

「お母さん、信じています。頑張って下さい」

泣きすがる娘たちの前に、野次馬の罵声が飛び散る。蝋で作った面のように蒼白な茂子の顔は、あらゆる苦しみが入り乱れているのを、じっと耐える姿であった。

刑務所に帰り、茂子はこの悲しみを、次のように歌に託した。

護送車の　我を看守る　白き眼が
　心の髄に　しみて冷たし

●佳子の尋問（第六回公判）

審理がいよいよ核心に入ろうとする頃、娘、佳子《かいこ》も証言台に立った。

佳子は、茶と白の縞模様のジャケットを着たあどけない姿で出廷した。茂子は、自分の罪を晴らすために、十歳の娘が証言台に立つ、このようなことが、どこの世界にあるであろうかと、白いハンカチを顔に押しあて、ところかまわず泣いた。

静まり返った法廷で、佳子は証言する。

「事件のあった朝、お母ちゃんに起こされた。目が覚めたが、電気は消えていた。このときお父ちゃんは、電灯に手をかけ、お母ちゃんは障子のところに立っていた。そのほかに、薄茶色の覆面をした男の人が立っていたのをハッキリ覚えている。起きて廊下へ出て、部屋の中を見ると、お父ちゃんと別の男が向き合っていた。そのとき裏の店員の部屋にいき、また部屋に帰ってきたら、お父ちゃんは柱にもたれていた。『お父ちゃん』と、二、三回呼ぶと、お父ちゃんは目を開けただけで何もいわなかった。お母ちゃんと二人で、枕をさせ、蒲団をかけてあげた」

さらに松山一忠弁護人の問いに対し、

「検察庁で、泥棒など見なかったといったのは、あのおっちゃんが、いくら佳子が見たといっても、ウソだ、よく考えてみよ、と本当のことをいっているのに叱って、無理にそういわせたからです。犯人をハッキリ見たことに間違いありません」

と泣きじゃくりながら証言した。

裁判官は、無表情に聞いている。検察官は一点をみつめ、せせら笑うかの表情である。

松山弁護人が、

「あのおっちゃんとは誰か」

と尋ねると、

「あのおっちゃん」

と、十歳の佳子が指さす者は、茂子取調べの主任検察官、村上善美検事であった。

検察官は、当時わずか九歳の少女を、無理非道にも、長時間、検察庁の密室にとじこめ、虚偽の自供を強いていたのである。(『徳島ラジオ商殺し事件』)

判決、そして下獄

裁判が終わりに近づいた頃の、茂子さんが獄中から子供たちに宛てた手紙がある。その一部を紹介する。「紀之さん」は先妻の次男である(日付は一九五五年一二月二二日、古い漢字や仮名遣い等は修正している)。

紀之さん、佳子さん、元気に学校へ行っている事と思います。朝冷たいのに食事の用意をして御弁当を作って、二人で暮らしている姿が目に浮かぶととてもたまらない母です。

（中略）

汚名に対する貴方たちの将来、姉妹や親戚への影響に私の目がくらみかけて居ました。

昨日は月曜日でしたが、日曜の代日でお休みでしたので、一日ゆっくりと考えましたらとてもとてもいやな恐れているものに突入しかけている私を感じ、口惜しいやら情けないやら、消えてなくなりたい様なあせりを感じ、夜も仲々ねむれませんでした。朝方寝ましたが早く手紙を書きたい書きたいと思いつづけました。

あれ程口に他人事でない他人事でないと云い聞かせながら、又しても自分がそのワナに知らずのうちに、それに引きいれられる危険は私一人ではないのです。貴方達親戚一同に大いにあると思いますから気をつけて下さいね。

（中略）、とてもとてもいやな立場が色々と形を変えて私を誘惑するのです。

それに負けない様に負けない様にと思い云い聞かせながらも、人間の不完全さが知らず

文中に出てくる「突入」とは何を指すのか。自殺への強い願望を表している、としか読めない。そして、それを自ら戒めつつもその誘惑に何度も襲われる、その恐怖を告白している。言葉の繰り返しが多いのも切迫した心情の表れではないのか。

母から娘へ、優しい言葉にくるんでも、くるみ切れない激情がほとばしっている。死んであ

ちら側の世界に行ってしまいたい、そんな誘惑におびえる日々である。冤罪に絡めとられた人間の悲痛な叫びが聞こえてくるようだ。

一九五六年四月一八日、徳島地裁は茂子さんに懲役十三年を言い渡した。

判決は、検察の主張をそのまま認めた内容だった。二人の店員の供述は信用できるとし、外部の犯行と見えるのは茂子さんの偽装工作だと判断した。また、工事現場から逃げ出す男を見たという二人の目撃証言は信用できないとした。さらに佳子さんの「犯人を見た」という証言も信用できないとした。

裁判所の判断にかすかな希望を抱いていた茂子さんは絶望した。裁判官も検察官と同じだ。しかし、大黒柱を失い、そうなれば一番しっかりしなければならないのは自分だということを、茂子さんは誰よりも分かっていた。茂子さんの手紙（一九五六年五月一三日、一審判決の二五日後）には、悲嘆の言葉の隙間から、てきぱきとした家族への指示もあった。

済んだ事は何と申しても致し方ない。要は今後の問題だ。阿部、西野さんの証言が変わらねばあかぬものなら、弁護士を幾人いれてもだめ。むしろあんな嘘をついて迄勝ちたい検事さんの言葉にあやつられたその後の両人の心境を、家の者が聞いてくれた方が解決の早や道だろう。先生が骨を切る為に肉を切らす策戦だろうと想像した甘さ、今度と云う今度はそんな考えをやめて、具体的にどんな反証を挙げて頂けるか？　お聞きしてもらいたい。百発中一つでも危険であれば、弁護士は松山先生一人で結構と思う。（中略）

但し香川県の御方が、阿部、西野さんの証言が変わらなくとも、それ以上の弁護がして頂けるならこれは有難い事です。

金もないのに勝つだろうと思って補償金等当てに戦うなど余り気がよすぎる。幾ら金がいらないとおっしゃっても、一人にお払いして一人にお払いせぬ方もない。七万円に成功金は這入っているものかもよくたしかめておかないとまずい。金銭のことは後でとやかく云うときたないから、初めにはっきりと決めといてください。

控訴から一年半後、高松高裁は一九五七年一〇月三〇日に予定していた判決の言い渡しを一カ月先に延ばした。その後、さらに一二月二一日に変更した。谷弓雄裁判長はその理由を、

「三裁判官の合議が一致できなかった。判決はまことに難しく、場合によっては審理を再開するかもわからない」

と述べた。期待が持てると考えた人もいたが、弁護人の一人岡林靖弁護士は、

「谷裁判長は記録をよく読まないからね。うわすべりの判決をする心配がある」

と懸念を口にした。その懸念は的中した。

一九五七年一二月、高松高裁は控訴を棄却した。

「泣きわめく茂子」、翌日の新聞は大きな横見出しでこの裁判を伝えた。法廷で岡林弁護士に訴えかける茂子さんの写真が掲載された。

茂子さんは最高裁へ上告した。

この判決の二日後に書かれた、娘の佳子さんの母に宛てた手紙がある。

お母ちゃんがんばってください。
事件の当日お母ちゃんにだきおこされたとき、
お父ちゃんがぞくともみあっていたのを佳子はみました。
お母ちゃんがんばって下さい。お父ちゃんを殺したのはそのぞくです。
佳子はお父ちゃんがぞくともみあっていたのをいまでもはっきり思いうかべることが出来ます。又お母ちゃんは有罪になりましたが、無罪であることは佳子が一番よくしっています。おかあちゃんしっかりがんばってください。
十二月二十三日　　　　　　　　　　　　　　　佳子
お母ちゃんへ

母以外に真実を知っているのは自分だけだ。お母ちゃんの無実を誰よりも知っている。しかし、裁判官は子供だという理由だけでその証言をないことにしてしまった。母の力になれないもどかしさを抱えながら、ひたすら「がんばって」と言うしかない。それ以外に言葉がないのだ。

もう一通、同じ頃に佳子さんが弁護士に宛てて出した手紙がある。母への手紙には、どこかに甘えが残っているが、こちらの手紙では子供らしさが消えている。


先生　佳子の母をお助け下さい。

母は無実の罪で刑務所に入っております。（中略）

私はこんなむちゃな世の中はいやです。私は死にたいと思います。けれども私が死んだら無実の罪で苦しんでいる母がかわいそうです。私は死ぬことさえできません。

先生　母をお助け下さい。

「真昼の暗黒」という映画を見た時、先生は無実の罪でこまっている人をたすけて下さる神様のような人だと聞きました。先生母をお助け下さい。母が無実であるということは私が一番よく知っています。どうかお助けください。

三枝佳子

正木ひろし先生

どちらも短い手紙だが、母には「お母ちゃんがんばってください」と、そして弁護士には「お助け下さい」とひたすら繰り返している。死にたくても、母の無実が晴れなくては死ねないと言う。

しかし、その後、茂子さんは獄中から、誰にも相談することなく、上告を取り下げてしまった。一九五八年五月一〇日のことだ。それを知った家族、弁護人が高松刑務所に掛けつけた。同行した渡辺倍夫さんがその日のことを書いている。


松山一忠弁護士より連絡を受けた私は、茂子の妹郡貞子と高松刑務所に掛けつけた。この時点で、松山一忠弁護士からは、

「弁護士に相談もせず、自分勝手に上告取り下げをする被告人は初めてだ。今後いっさい弁護することはできない」

とすべてを冷たく突き放された。

郡貞子は、茂子を見るなり、

「誰にもいわんと、一人で勝手にやってしもうて。身勝手にもほどがある。これまであんたを助けようと思って、みんながどれだけ辛い目にあい、苦労したかわからんのかいな。あなた上告取り下げをしたら、人さんはやはり人殺しの犯人だと思うのが当たり前や。あなた

は刑務所の中にいるが、外にいる者の辛さを考えたことがあるのかいな。もう今日かぎり、姉妹の縁はないものと思うて」

と涙を流し、詰め寄った。

「ひどい、貞子までが……」

と茂子は泣き崩れる。しばらくして、

「よう考えたんや。服役すれば私が犯人だと人さんは思うだろう。けれど、こうして裁判を続けているかぎり、真犯人は出んような気がする。それよりも、一刻も早く刑をすまして出所し、私一人でも草の根を分けて犯人を捜し出そうと思ったんや。それに、裁判をこれ以上続けるとなると、お父さんの作った財産を使い果たしてしまう」

と茂子は自分の考えを話した。

茂子が逮捕されて商売はやめ、事件発生当時はまだ建築中だったビルの家賃収入で　子供たちの養育費に当てていた。

裁判に費用が掛かるのも事実であった。

郡貞子は、茂子の気持を察して、

「わかった、わかった。きついことをいうてすまん。あなたは犯人じゃない」

と金網越しに手を触れ合いながら泣き崩れた。帰りがけると、女の看守が駆け寄ってきて、

「取下げの前の晩は泣き明かしていた」

と、そっと教えてくれた。

上告取下げによって判決は確定し、茂子は和歌山刑務所に間もなく移監され、その後、昭和四十一年十一月まで女囚として毎日を送ることになった。(『徳島ラジオ商殺し事件』)

犯人、現れる

茂子さんが上告を取り下げたまさにその日、「私が犯人だ」と名乗る男が静岡県警に自首をしてきた。この不思議な偶然は、後に振り返ってみると、この冤罪事件の大きな転換点だった。この男が真犯人かどうかは結局わからないままに終わる。しかし、この出来事を契機に、渡辺倍夫さんは本格的にこの事件の解明に取り組むことになり、その過程で、共同通信の記者、斎藤茂男さんを巻き込み、さらに津田騰三弁護士に出会う。この三人の出会いと協力がなければ、その後の「冤罪」としての運動の広がりも生まれなかったのではないか。第一次再審請求から第四次請求まで、茂子さんと弁護人は負け続ける。その長く暗いトンネルを抜けるまで何度も消えかかった雪冤の灯を必死に守り通したのがこの三人だった、筆者にはそんなふうに見える。

一九五八年五月一〇日、静岡県警の富士裾野派出所に男が現れ、「六年前、徳島市でラジオ商を殺したのは自分です。罪の償いをしようと思い、富士山に来て死のうとしたが死にきれなかったので自首してきました」と言った。男は山本光男と名乗り、血まみれだった。静岡県警が徳島県警に照会したところ、犯人はすでに逮捕され、裁判も進み、解決済みであるとの回答だった。そこで警察は、五日後の五月一五日に男を釈放した。

渡辺倍夫さんは、男が自首して二日後の五月一三日、徳島新聞に小さな記事が掲載されているのを見つけて驚き、すぐに松山一忠弁護士に「何とかならないか」と頼んでみた。しかし、「裁判はすでに終わっている。何ともならない」とのすげない返事だった。諦めきれない渡辺さんは、もう一人の弁護人である東京の海野普吉弁護士にも相談としようと考え、旅費を妻に工面してもらい、上京した。だが、海野弁護士も同じ意見だった。その上で、「事件も終わったのだから、お預かりしている裁判の記録はこちらで焼却処分してあげる」と言われた。渡辺さんは、「記録は三枝の費用で謄写したものです。三枝の子供たちに記録を見せ、あとは私が責任を持って保管します。おさげ渡しをお願いします」と言って、全書面を受けとった。積み上げると一メートルもある裁判記録を二つの風呂敷に包んで、事務所を後にした。皇居のお堀端に座り込み、前途を考えて落ち込んでいる時、ふいにある人の名前を思い出した。

藁をもつかむ心境だった。共同通信社の斎藤茂男記者とは裁判が最高裁に移ってから二回だけ会ったことがある。断られるかもしれないが、他に当てもなく、とにかく都内の自宅を訪ねた。斎藤記者は、控訴審のころからこの事件に疑問を抱き、徳島、大阪などでも取材を重ね、冤罪の確信を抱いていた。渡辺さんとはこれまで確かに二回しか会ったことがなかったが、そのうちの一回は、自宅で夜の更けるまで事件について語り合ったことがあった。

渡辺さんが斎藤記者の自宅を訪ねたのは、その日午後八時を過ぎていた。茂子さんが上告を取り下げた話、それに対する松山、海野弁護士の反応などを語っている間、斎藤記者は腕組みをしたままだった。しかし、「男が自首」の話になったとたん、斎藤記者が驚いて声を荒らげた。「なぜ早く言わないんですか」。斎藤さんはまだそのニュースを知らなかった。弁護士と同じような反応をされたら万事休す、と考えていた渡辺さんはここまで来た甲斐があったと確信した。

その日は斎藤さんの自宅に泊めてもらい、早朝、二人で静岡県警の沼津警察署に向かった。だが、一日遅く、男はその前日、既に釈放されていた。沼津署では男から供述調書を取っていた。それによれば、犯行の状況は事実と合わない点がいくつもあるが、三枝電気店の当時の状況や犯行前日の天候などについては正確だった。

偽証をあばく

茂子さんの上告の取り下げで、二人の弁護人は辞任してしまったが、斎藤茂男記者が新たな弁護人を探してくれた。津田騰三弁護士は当時六二歳で、日本弁護士連合会人権擁護委員長、長い肩書だが冤罪の弁護を引き受けてくれる人としては最適だった。

「引き受けます」と二つ返事だった。膨大な記録もその場で新たな弁護人に手渡された。上告を取り下げた茂子さんには、これより先、雪冤のために残された道は再審請求だけだった。

「至難中の至難ですよ」とベテランの弁護士は釘を刺した。

こうして渡辺、斎藤、津田の三人が揃った。以後、再審無罪に向けて長い闘いが始まるのだが、この年（一九五八年）の三人の活動の中に、以後の裁判闘争の土台となる多くのことが詰まっていた。元店員二人の偽証をあばくこと、それが再審の扉を開ける鍵となる。


日本の刑事裁判は三審制度である。まず地方裁判所で判断が下される。納得できなければ高等裁判所に控訴する。そこでも納得できなければ最高裁判所に上告する。この先はない。だが、その裁判が間違っているときにはどうするのか。間違って有罪判決を受けた人は裁判のやり直し＝再審を請求することができる。これが再審制度だ。但し、再審の壁は非常に高い。新証拠がなければ、再審を請求することは認められない。かつてはその厳しさから「開かずの扉」とまで言われた。獄中から無実を訴え続けながら、再審が認められず、無念の死に至った人は数えきれない。一方、幸運にも再審開始決定を勝ち取り、その後、再審によって無罪判決を得た人は、少数だがいる。ただし、現在の日本の司法制度の下では、再審請求の審理には気の遠くなるような年月が費やされることになり、まさに人生を賭けた闘争になる。

津田弁護士はすぐに動いた。東京地検に、山本光男（静岡県警に自首した男）を所在不明のまま、三枝亀三郎殺害の犯人として告発した。一方、斎藤記者は、「女囚、獄中より真犯人を告発」の見出しで記事を書き、共同通信から全国の新聞社に配信した。終わったと思われていた事件が再び注目を集め出した。

次に、三人は徳島で調査の旅を始めた。

この事件には物的証拠は何もない。茂子さんを有罪とした判決の決め手は、二人の店員の証言だけである。これが偽証だということを証明すれば、つまり、二人が「偽証」だと自ら語ってくれれば、それを新証拠として再審請求の道が開ける。三人は阿部、西野の二人の元店員に会うことにした。

しかし、周到な検察は、二人の店員の証言に綻びが出ないようにある細工をしていたのである。その細工とは何か。阿部守良さんは「事件の朝、夫婦が喧嘩をしているのを見た」と検事に供述している。そして検察は、阿部さんからその供述を取るのと同時に、阿部さんの兄からも「弟から〝夫婦喧嘩を見た〟と打ち明けられた」という供述調書を取っていた。同様に、西野清さんの「奥さんに頼まれて、電線を切った」という供述についても、検察は、西野さんの友人から「事件後に〝奥さんに頼まれ、電線を切った〟と打ち明けられた」という供述調書を取っていた。それぞれに伏線を張って（嘘の上に嘘を塗り固めて）、崩れない城を築いていた。底知れない検察の狡さだ。

渡辺、斎藤、津田の三人は、結局、四人の偽証に立ち向かうことになるのだ。

徳島の山間部にある阿部守良さんの実家を尋ね、三人はまず兄の幸市さんに会う。

「自分のような田舎者は、検事さんに呼び出されて取り調べられると、それはもう恐ろしさが先に立って」

と話すが、その先はない。津田弁護士は、しかし焦らない。

帰り道で、阿部守良さんに出会う。警戒をしている阿部さんに向かって津田弁護士は言った。

「阿部君も、この事件で大変気の毒な目にあったね。大変だったろうね」

阿部さんは黙ったままだった。

老練な弁護士は刈り取りを急がない農夫のような存在だったのではないか。渡辺さんはそれを実感していたのか、「いつか真実を語ってくれると確信した」と書いている。

三人は、徳島で十人を超える関係者に取材し、さらに和歌山刑務所で茂子さんに会い、その後、大阪に入った。元店員の西野清さんは裁判の後、行方不明となり、噂では大阪方面にいるとのことだった。大阪湾周辺の徳島県人のいそうな飯場を回った。

「お前ら、何しとるんぞ。この辺はぶっそうなところじゃ。ウロウロしとると命がないぞ」

と声が飛んでくる。結局、西野さんは見つからなかった。だが、一週間前まではいた、という情報に続いて、「女囚、獄中より真犯人告発」の新聞記事を読んで飯場から姿を消した、というところまでは突き止めることができた。

津田弁護士と斎藤記者が東京に帰った後、渡辺さんは一人で、西野清さんの友人石川幸男さんを訪ねることにした。西野さんから事件に関する話を聞いた、という供述をした人である。この時二一歳で、実家で農業をしている。彼も三枝電機店で働いていたことがあるが、事件の起きる一年以上前にやめていた。石川さんの住む三縄村漆川は、平家の落人がいたという山間部の集落である。鉄道を降りてから地図にない山道を四、五時間は歩かなければならない。早朝、徳島を出て集落に着いたのは午後四時を過ぎていた。

挨拶、事件のこと、犯人と名乗る男の自首に続いて本題に入った。

「西野君は春祭りにここまで来たの？　その時、西野君から電線を切ったという話を聞いた、と君は裁判で証言しているが、本当に聞いたの？」

即座に返事が来た。

「西野が春祭りに来たことは来たが、電線を切ったという話は全然聞いとらん。検事が勝手に書いたものだ」

簡単に嘘を認めた。四人の一角が初めて崩れた。石川さんの話は以下の通り。

検察庁に呼ばれ、西野の話を聞いたであろう、と言われた。聞いていないと答えると翌日も調べられ、「西野が、お前に話したと言っている。嘘を言うな」という。幾度も繰り返され、早く帰りたい一心で、「聞いたのでありましょう」といった。調書には「聞いた」と書かれた。それで終わりではなかった。たびたび呼び出され、兄や母、妹までが何度も呼び出された。さらに裁判の前にも「西野から聞いた」と言え、と釘を刺された。このままでは家族にも迷惑がかかると思い、法廷でも「西野君から電線を切ったということを聞いた」と証言してしまった。

最後に「冨士茂子さんには気の毒なことをした」と語った。渡辺さんは、用意してきた罫紙を取り出して、「今、言われたことを書いてほしい」と頼み、書面を作成した。家を出た時、陽はすでに西に傾いていた。夜の山道を、軍歌を歌いながら歩き続け、徳島本線の駅に着いた時にはすでに明るくなりかけていた。だが、渡辺さんはまったく疲れを感じなかった。

その翌日も渡辺さんは出かけた。以前、三人で訪ねた阿部守良さんの実家をもう一度、今度は一人で訪ねた。留守だった。空振りかと思いながら山を下ると、町役場の前で偶然、阿部さんに出会った。しかし、迷惑そうな素振りを感じて、その日は別れた。しかし一日明けて、また出かけた。ここまでくると執念としか思えない、それ以上かもしれない。

余談だが、渡辺倍夫さんの執念ということで、欠かせない出来事がある。渡辺さんは、店員の西野清さんが供述した「出刃包丁のようなものを川に投げ捨てた」という話は、全くの嘘だと考えている。警察が川底を五日掛かりで捜索しても発見できなかった。ところが一審判決は、腐食や流失した可能性もあるとして、この供述は信用できる、とした。そんな非科学的なことがあるものか、と憤った渡辺さんは、とうとう、自分で実験をしてみようと決意した。新聞紙に包んだ出刃包丁を新町川に投げ捨て、八カ月後には自ら川に入って、川底の泥に刺さっていた出刃包丁を見つけ出した。実験が終わって帰宅した時、奥さんが涙ぐみながら、臭いヘドロまみれの渡辺さんにホースで水をかけてくれた、と渡辺さんは書いている。これも執念という一言では語りきれない。湧き上がる義憤を押さえきれなくなった、その時の渡辺さんの爆発的な行動力を示した逸話の一つである。

ところで、渡辺倍夫さんが冨士茂子さんの救援にこれほど熱心だったのはなぜか。姻戚関係だったというだけではもちろんない。『月蝕の迷路』の著者、近藤昭二さんによれば、渡辺さんが茂子さんの生き方に共鳴したということはあり得ない、という。むしろ、渡辺さんは昔気質の男で「女は女らしく」という考え方だった。当然、「女の自立」を公言し、実践している茂子さんとは馬が合わなかった。では、何故？

「検察に疑われ、取り調べられました（アリバイが成立して、放免となった）。それは、渡辺さんには、男の沽券にかかわることだったんです。本人から聞きました」

と、近藤昭二さんは言う。「権力を笠に着た検察官が許せなかった」。後になって「茂子さんも同じ目にあった」ことを渡辺さんは理解する。そして、二人の元店員も、きっと同じ目にあったはずだ。

ずっと後のことだが、支援活動のための資金が底をついたとき、家業の呉服店もほとんど休眠状態だったため、渡辺さんはラブホテルの経営に手を染め、その売り上げを支援活動に回したという。

「茂子さんが嫌がって、世間に公表してやめさせると言いましたが、周りの人がそれを止めた、ということがありましたね」

やる時にはとことんやる。いかにも渡辺さんらしいとも言えるが、茂子さんとは対立した。しかし、渡辺さんと茂子さんが言い争ったのは、何もこの時が最初ではなかった。そして、渡辺さんは最後まで（死後までも）茂子さんの雪冤のために闘い続けた。理不尽な権力には屈しない、という一点で二人は同志だった。

話を元に戻す。阿部守良さんの実家を訪ねると、兄の幸市さんがいた。前回三人で訪ねた際には、「検事さんは恐ろしい」というところまでだったが、今度は違った。幾度も徳島地検に呼び出されたという。弟から事件の話を聞かされたはずだ、暴力団から匕首を預かった、夫婦喧嘩を見た、そういう話が弟の口から出たはずだ、と延々とやられ、とうとう「聞きました」と答えた。しかし、本当は「弟から何も聞いていません」ときっぱり語った。ここでも罫紙に書いてもらい、署名、押印をしてもらった。これで四人のうちの二人が「偽証」を認めた。

帰り道の途中で、阿部守良さんが勤務を終えて帰ってくるのを待った。オートバイで帰ってきた阿部さんは、この日は気安く、表情も明るかった。「渡辺さんに渡すものがある」と言って、一旦別れたが、二〇分ほどで戻ってきた阿部さんは、渡辺さんに白い封筒を渡した。「読んでくれれば分かります」と言い置いて帰って行った。それは、「真実を述べる」と題された偽証を告白する文章だった。便箋七枚に綴られていた。概要は以下の通りである。

真実をのべる。

　私は三枝事件についてたいへんにあやまちをおかしてしまった。私はなぜ真実をのべなかったのであろうか、しかしあの時自分は真実だけ言えてそれですんだでしょうか。毎日の取調べに対してあれだけのことで二十日間も行けたでしょうか。私はただ「たいほ」された事に強ふう感と言うものでしょうか。ただただ出所を一番前ていにおきました。だれでも出ることが一番でしょうが、私にはそれ以上に感じた。（ここまで原文のまま、以後は内容を要約する）

・例えば検事が、「何々は何々である」という。私はそれに「イエス」か「ノー」を言えば終わる。そして調書を書く。私はそれに指印するだけである。

・毎日同じことを繰り返すうちに、自分の知らなかったことでも頭に浮かんでくる。

・テープレコーダーに吹き込む際には検事が大勢いて、私は、知らなかったことでも調書に書いてあることを言ってしまった。

・取り消したくても、「偽証罪」になると言われた。一度口にしたことは取り消せないと言われ、苦しんだ。

・今になってみると、どうしてこんなことになったのか不思議である。西野も同じだと思う。
・高裁の審理が終わった時点で、本当のことを言うつもりだった。しかし、青年団の演劇に参加し、皆ががんばっているのに自分だけ抜けるわけにも行かず、全国大会への夢を実現するために思い直した。
・私が覚えている（事件当時の）事実は、物音に目が覚めた、奥さんから警察に電話をするように言われた、市民病院に走った、顔を洗いに行ったときに「あいくち」を見つけ警察に言った、これだけである。
・泣き言になるが、最初、警察に行ったときに、言いたいことも言えずに震えた。ところが、事件が解決しなかったので、検察庁に回され、こんなことになってしまった。
・検察庁は、私たち少年二人を逮捕したが、その理由も言わず、刑務所で「なぜ逮捕されたのか」と聞かれても返事が出来なかった。
・二、三日何も食べず、連日の取り調べに疲れ果てた。それでも言うまいと思っていたが、父母にも会わせてもらえず、自分の意思を通すことが出来なかった。
・茂子さんに深くお詫びします。でも許してもらえないでしょう。
・当時は一六歳でした。世間をもっと知っていればこんな結果は招かなかったでしょう。今は毎日苦しむばかりです。

十月三十日　阿部守良

脅したり、だましたり、密室の中であらゆる手段を使って「嘘の供述」に追い込む。国家権力という威光を背負った検察官にとって、一六歳、一七歳の少年に思い通りの供述書を書かせることなど、造作ないことだったに違いない。茂子さん同様、阿部さんも西野さんも、悪辣な捜査機関の犠牲者だったと言える。

四人のうち三人が偽証を認めた。残るは元店員の西野清さんだけになった。しかし、依然として行方が掴めなかった。この年（一九五八年）七月、渡辺さんは津田弁護士の指示に従い、三人が書いた偽証を認める書面や手記を添えて、法務省人権擁護局に、冨士茂子に対する人権侵害の疑いがあるとして、救済を求める上申書を提出した。人権擁護局はこの訴えを受け、八月には、徳島法務局人権擁護課と共同調査を開始した。これは裁判には直接関係しないが、新聞、ラジオがこれを報道し、世間の冤罪への関心を高める効果があった。

八月の末、西野清さんが徳島に戻ってきた、と新聞記者から渡辺さんに連絡が入った。渡辺さんは西野さんの実家に掛けつけたが、既に、藤掛義孝検事によって連れ去られていた。悪い予感は的中し、その夜、新聞記者たちの前に現れた西野さんは、「阿部の手記は、第三者にそそのかされて書いたものに違いない。自分たちの法廷での証言は間違いない」と語った。

新しい戦略が必要だった。その後、渡辺さんは津田弁護士と共に西野さんの実家を訪ねた。津田弁護士は西野さんに向かって告げた。

「君に対して、偽証に基づく名誉棄損を原因とする謝罪広告の請求の訴訟を起こすことになった。近いうちに裁判所から通知があると思う。君の弁護をしてくれる弁護士は少ないであろうから、答弁書を出すのは心やすい検事さんに相談して書いてもらったらいいだろう。

しかし、君は正直そうに見える。君の出方次第で、裁判はやめてもいいんだよ」

この民事訴訟は高松地方裁判所に起こされた。そして、この裁判が開かれる数日前になって、突然、西野清さんは徳島法務局に出頭して、阿部さんと同じく、一、二審の法廷での証言は偽証であると告白した。

一〇月二九日の民事裁判でも、西野さんは、ラジオ商事件の冨士茂子被告に関する法廷証言はすべて偽証だったと述べた。最後に裁判官が「謝罪広告を出してもよいのだね」と確かめると「はい、そうします」と答えた。

津田弁護士の戦略は奏効した。渡辺さんによれば、西野さんの実家では裁判ばかりが続くので祈祷をしてもらったところ、行者に神様が乗り移って、「お前の家では誰かが嘘を言っている。いつまでも嘘を言っていると家の者はみな死んでしまうぞ」とのご託宣があったという。これを聞いてすぐ、西野さんは法務局に出向いたのだそうだ。

西野さんも阿部さんにならって、偽証を告白する手記を書いた。西野さんはこの中で、一審は何とか切り抜けたものの、控訴審の高松高裁の頃にはその重荷に耐えられなくなり、大阪で睡眠薬による自殺を図ったが未遂に終わった、と書いている。

津田弁護士は再審請求を申し立てる前の最後の戦術として、この年の一〇月、西野、阿部の元店員二人を偽証罪で告訴した。但し、この告訴によって二人に罪を問うことが目的ではない。検察がどのような対応をするのか、さらに世論の喚起など、この告訴によって様々な波紋が広がることを期待していた。仮に、この告訴を検察が受けて、二人を起訴し、有罪判決が出れば、それは刑事裁判で二人の「偽証」が認められたことになり、再審開始に直結することになるだろうが、そのようにうまく進むかどうかは分からない。西野さんと阿部さんはその意図を了承し、間もなく徳島東警察署に自首した。

こうして激動の一九五八年が終わった。年が明けて、五九年三月、津田騰三弁護士は高松高裁に再審請求を申し立てた。

検察の悪あがき、裁判所の逃げ腰

偽証罪の告訴に対して、検察は動く気配を見せなかったが、半年以上がたった一九五九年五月、徳島地検は「不起訴とする」と発表した。「西野、阿部両証人とも、偽証の疑いはない」と検察幹部が記者発表の席で断言した。地検の発表によれば、「店員西野は渡辺倍夫から証言取り消しを迫られていた、証言を取り消さないと生命が危ないとの脅迫状が届いた、などから動揺し一旦は偽証だと認めたが、今では一、二審の証言は真実であると言っている。また、店員阿部も、渡辺から誘導されて告白手記を書いたもので、真実性に乏しい」ということだった。

この検察の不起訴処分は、いわば予想された動きだった。店員の証言を「偽証」だったとして起訴に踏み切れば、それは茂子さんの再審開始、そして無罪判決に直結する。さらに、それは検察の証拠ねつ造を自ら認めることにもなる。どんな汚い手を使ってでも検察はこれを阻止し、面子を守らなければならない。その意思は強固で、また必死だった。

一九五九年一一月五日、高松高等裁判所は再審請求を棄却した。「管轄違い」がその理由であった。刑事訴訟法四三八条は、再審の請求は原判決をした裁判所がこれを管轄する、と定めている。茂子さんの事件は、最高裁への上告中に取り下げられたが、その前の高等裁判所では控訴が棄却されている。そこで、地方裁判所の判決が「原判決」ということになる。四日後、津田弁護士は再び、徳島地方裁判所に再審請求を申し立てた（第二次請求）。

一九六〇年一二月九日、徳島地裁は請求を棄却した。この棄却決定を読むと、やはり検察の不起訴処分が大きな壁になったと痛感させられる。さらに、検察が元店員の西野さん、阿部さんに対して、二人が偽証を認めて自首した後に、様々な工作をしていたことが分かる。そして、裁判官は、完全にそれらの工作に嵌められ、検察の主張を鵜呑みにしている。棄却決定の内容を紹介するが、その前に刑事訴訟法の条文を確認しておく。
〔刑事訴訟法四三五条（再審の理由）の二〕
原判決の証拠となった証言、鑑定、通訳又は翻訳が確定判決により虚偽であったことが証明されたとき。

二人の元店員の偽証罪が裁判で確定すれば、それは「再審の理由」となる、それがこの条文から分かる。だから検察は必死で二人の「偽証罪」について不起訴とし、再審への流れを阻止しようとした。棄却決定は次のように言う。

「（四三五条の二は）当該証言をした証人が偽証罪により有罪判決を受け、その判決が確定したことを要件とする。……従って、西野清の前記証言につき、……同号の要件を満たさないことは明らかであり、また、阿部守良の前記証言については同号にあたらないことはいうまでもない。……」

偽証の告訴だけではダメで、有罪の確定判決がなければ意味がない、と言っている。しかし、刑事訴訟法には続きがあって、「確定判決がなくても、その事実を証明できれば、再審請求をすることが出来る」と書かれている。ところがこれについても、この棄却決定は、次のように言う。二人に対する偽証の告訴は最終的には、検察によって「犯罪の嫌疑なし」とされた、だから「偽証の証明」はできなかったことになる、それ故、再審請求をすることはできない。裁判官の論旨はどこまでも、検察の手の平の上で転がされている。

さらに裁判官は、検察から提出された「西野清の新たな供述調書」（渡辺倍夫から真犯人の顔写真を見せられて、証言を取り消すように働きかけられたこと、新聞記者に付きまとわれ、自分だけが悪者にされたこと、脅迫状が来たこと、などを供述している）や「脅迫状」（検察は西野清宛の匿名のハガキだと主張するが、誰が出したかは捜査していない）などを検討した結果、

「検察官に対する供述をいちがいに排斥することはできない」

としたうえで、阿部さんについても、

「偽証の告白をすべてそのまま真実なりとして受け取ることは早計に失するものといわざるを得ない」

とした。そして最後に、

「……両名が偽証を告白し、第一、二審における証言をひるがえしたからと云って、直ちに後の告白が前の証言に比し、その証拠価値において優っているとはにわかに認められない……」

と述べて、再審請求を棄却した。

「西野清の新たな供述調書」も「脅迫状」も再審請求を潰すための、検察の必死の抵抗＝偽装工作である。検察官は、「偽証」を認めて自首した西野さんを再び取調室に閉じ込め、自分達の思い通りの供述調書を作り上げ、脅迫状を用意し、再審を阻止するための防備を固めた。

取調室の実態を知ろうとしない裁判官の無頓着さが書かせた決定だと言わざるを得ない。この

決定を出したのは、大西信雄、松田延雄、和田功の三氏である。こうして、またも、茂子さんの雪冤への道は閉ざされた。

棄却決定に絶望した渡辺倍夫さんが腹立ちまぎれに津田弁護士に問いかけた。その時の会話があるのでそれを紹介する。

「先生。西野、阿部の偽証がこれだけはっきりしていれば、茂子無罪という問題は検察官と裁判官が誰よりも知っているはずなのに、なぜ取り上げないのですか。検察官や裁判官はどういう心づもりなのですか」

「日本の裁判もこんなことではおしまいだ」

先生は吐き捨てるようにいう。

「先生。あの裁判官はどんな神経の持主なのですか。こんな簡単な問題がわからずに法律家といえるのですか。裁判所を離れて家に帰り女房、子供とどんな話をしているのですか。子供に一足す一はいくらかと聞かれてなんと答えるのでしょうか。一足す一が二でなく、三にも四にもなる。裁判官や検察官は阿呆かいな。こんな馬鹿なことを」

「あの裁判官の立場でどうすることもできないのだろう」

「先生があれだけの理由をつけて、一年余りかかり補充書を出し、たびたび裁判官に会い直接事情を説明し、そのとき裁判官は、わかったような顔をして聞いていたのに……」
「そのとおりだよ。あんな裁判官がおるからこんな冤罪事件が起こるんだ。だが、あんな馬鹿な裁判官ばかりじゃないよ。高裁に行けば高裁の裁判官は地裁と違って立派な裁判官もいるだろう。力を落とさず、もう一息頑張ろうよ」（『徳島ラジオ商殺し事件』）

棄却決定から一夜明け、徳島市内に泊まった津田弁護士は、しかし、まだ東京に帰るわけにはいかなかった。やはり渡辺さんがその日のことを書いている。

翌日は、早朝より炭田旅館の一室で、即時抗告書の作成にとりかかった。津田弁護士が口述する即時抗告理由を私が罫紙に筆記する。時折、コーヒーを注文しながらの作業が午後十二時近くまで続く。やっと書き終えた即時抗告書に署名捺印をすませ、旅館近くのうどん屋でうどんと一級酒一本を注文する。私は、酒は苦手だが、盃を二つ並べる。先生はそれ以上の酒はいつも飲まない。（『徳島ラジオ商殺し事件』）

後に、百人を優に超える大弁護団を結成して裁判に臨むことになるのだが、それはこの日から数えて一七年も先の第五次請求のことである。ひと仕事を終えて、うどんをすすりながら酒を酌み交わす二人の侘しい背中が目に浮かぶようだ。消えそうなのは再審の灯だけではなかった。二人の気力も燃え尽きて消え入りそうだった。

第二次再審請求はその後、高松高裁に即時抗告、最高裁に特別抗告したがいずれも棄却された。地裁と同じような裁判官ばかりが高裁にも最高裁にも蔓延しているという証拠だ。津田弁護士が「あんな馬鹿な裁判官ばかりじゃないよ」と吐いた言葉が空しく響く。

さらに第三次請求も同じ惨状を辿った。記録を読まない、検察官の表情だけを読む、そういう裁判官が次から次へと「請求棄却」の決定を出し続けた。


一九六六年一一月三〇日、冨士茂子さんが仮釈放された。刑期の満了まで既に二年を切っていた。ただし、それから半年間は、都内にある更生保護施設で暮らすことが仮釈放の条件だった。自由に行動ができるようになるのは、それからである。

年が明けて、六七年の正月から二月にかけての半月間、茂子さんは許可を得て出所後初めて徳島に戻った。しかし、帰ってみると人の目が気になり、茂子さんは亀三郎さんの墓参りに出掛ける以外はほとんど渡辺倍夫さんの家に籠ったままだった。

渡辺さんは、茂子さんが徳島にいる間に、茂子さんと元店員の二人を会わせたいと考えていた。茂子さんも「あの子たちも苦労したろう。会って慰めたい」という。阿部守良さんは徳島市内にある会社で運転手として働いている。一方、西野清さんは大阪市内で土木工事の仕事をしている。そこで、茂子さんが徳島から東京へ帰る際に、阿部さんにも途中の大阪まで同行してもらって、大阪で三人で会う、という段取りを渡辺さんは考えた。津田弁護士からは「その対面の場面を、後々の証拠となるようにテレビ会社にでも頼んで、写真を取ってもらっては」という提案があった。

こうして、二月二日の夜、大阪の旅館の一室で、茂子さん、阿部守良さん、西野清さんの三人は顔を合わせた。この場には、渡辺さんや茂子さんを支援する大学教授のほか、渡辺さんが良く知る大阪のテレビ局の記者とカメラマンもいた。二人からお詫びの言葉があったり、逆に茂子さんが二人の苦労に同情したりの挨拶があった後で、茂子さんが手帳を取り出し、一問ずつ二人に質問を投げかけ、二人がこれに答えた。この一部始終がカメラに収められた。

第四次再審請求は、茂子さんの刑期の満了（一九六八年九月一七日）を待って、その年の一〇月一四日、徳島地裁に申し立てられた。この頃からマスコミの関心も高くなり、一方、この事件を冤罪だと考える弁護士も数を増し、後の第五次請求で弁護団長となる和島岩吉弁護士もこの請求から弁護人として加わった。再審請求の申立には、無罪を立証するための新証拠が必要だとされている。津田騰三弁護士らの弁護団は、カメラに収められた二人の元店員と茂子さんの対面を新証拠の柱と考えていた。茂子さんも、今度こそはという思いで、その成り行きに期待を込めていた。しかし、それはあっけなく裏切られた。

一九七〇年七月二〇日、徳島地裁は請求を棄却した。

茂子さんと二人の店員の対面を記録した映像について、裁判所はどう判断したのか。決定文を見てみる。

その供述内容（旅館での三人の会話）を検討すると、請求人（冨士茂子さん）が一つ一つ事項をあげてその真否を問うたのに対し、そのいずれについても、たとえば「それはないな」という程度の簡単な応答をしているにとどまり、右両名の口からそれがどのように真実と異なるかについての具体的説明はなされていない。……西野、阿部両名は右亀三郎、請求人夫妻に雇われていたものであり、その請求人が長い受刑生活を終え、ようやく昭和四一年一一月三〇日仮出獄した後約二カ月経たばかりのころ、高砂旅館で請求人とその出所後はじめて出会った西野、阿部両名が、請求人の慰撫に傾いた供述をすることも、むしろ人情の自然ではないかと考えられるのである。

棄却決定は、元店員二人は「偽証」だったと一応認めてはいるが、その答え方は簡単すぎて真実味がない、出所したばかりの茂子さんを慰めようとして、そんなことを言ったのではないか、と述べている。このほかにも、「三人の対面」が渡辺さんの働きかけで行われたこと、テレビの撮影があったことなども、二人の供述に影響を与えている、という。そして、「西野、阿部両名の第一、二審での証言が虚偽であり、今回の高砂旅館における供述が真実であると評価するに足る客観的根拠が十分とはいえない」

と結論付けた。

事件現場で見つかったあらゆる証拠が外部からの侵入を示しているにも関わらず、そこには目を向けず、裁判官は、もし二店員の証言が「偽証」だったとしたら、一、二審で認定された他の証言等と矛盾が生じる、とも言っている。ここでも、検察官が密室ででっち上げた他の人々の供述調書や法廷での証言に完全に騙されている。裁判では、検察官の作った「偽りの言葉」が「事実」を駆逐してしまうのだ。検察の呪縛はどこまでも続く。この棄却決定を出したのは、野間禮二、神作良二、池田真一の三氏である。

その後、即時抗告、特別抗告も退けられて、第四次請求は終わった。

茂子さんの落胆は大きかった。津田弁護士は、「こういう冤罪事件は一度や二度の申立てで成功するもんじゃないよ。広島の加藤新一さんの再審は六度目でやっと無罪になった。九州の免田栄さんの事件も四回とも駄目になった。全く気の毒なことだ」と、他の事件を例に出して慰めた。しかし、茂子さんは「先生、そんなに長いことかかれば、私の命がない。裁判官はこんな簡単なことがわからんのですか」と返した。生きているうちに無罪判決を聞きたい、それが茂子さんの切実な、唯一の願いだった。

一九七五年一二月、茂子さんは東京での生活を切り上げて、徳島に帰ってきた。妹の郡貞子さんと二人で徳島市内で暮らすことになった。貞子さんはその十年あまり前に夫に先立たれ一人暮らしだった。その頃の様子を渡辺さんは次のように書いている。

徳島に帰った茂子のところに訪ねる友だちも少ない。一日のほとんどはテレビの前のホームこたつで過ごしている。仮出所した頃、「草の根を分けてでも、犯人を捜し出し、夫の霊を慰めたい」といっていた情熱もない。六十の坂を越した白髪の老婆となり、眼だけが過去の怨を訴えるかのごとく、時折異様に輝く。私は、

「茂ちゃん、こんなことで時を過ごしてはつまらん。なんとかしなくては」

とせきたてるが、片意地をはるかのように、

「どうしたらいいの、何度裁判をしても誰もわかってくれん」

茂子は、再審裁判を忘れ、すべてを諦めて静かに余生を送ろうとしているかのようであった。（『徳島ラジオ商殺し事件』）

一方、弁護団は見直しを迫られた。真実がどこにあったとしても、裁判所が判断を変えない限り「雪冤」は果たせない。店員二人の「偽証」だけで、果たして闘い続けられるのか。この事件の裁判の歴史を振り返ると、第四次請求の後、第五次請求まで四年半の空白がある。弁護団の立て直し、支援組織の拡大、そして弁護方針の一からの再検討が、この時期に行われた。確定審で

認定された証拠の一つ一つを崩していかなければ、裁判所は動かない。検察の呪縛を解き、裁判官を覚醒させるには、捜査段階まで遡って、真犯人を捜し出すほどの気迫が求められていた。

第五次再審請求（元弁護人・田中薫氏インタビュー）

一九七八年一月三一日、徳島事件弁護団は第五次再審請求を徳島地裁に申し立てた。申立書の冒頭には一四五名の弁護人が名前を連ねていた。津田騰三弁護士は、高齢のため弁護団には加わらなかった。この申し立てに先立って、地元の徳島に「徳島事件の再審を求める会」が結成され、東京でも「冨士茂子さんの無実を明らかにする市民の会」ができた。市民の会には、市川房枝、瀬戸内寂聴、青地晨、三宅艶子さんらの国会議員や作家も多く参加した。

請求人が女性だということで、女性の弁護士も新たに弁護団に加わった。その一人、田中薫さんに当時の話を聞いた。女性に対する偏見が、確定審の判決書から容易に読み取れたと回想する。「判決が言うところの、二度の結婚に敗れ、カフェを経営し、未入籍のまま子供を産み、……。そこがわれわれ弁護団の女性が断固として粉砕しようとした点です。茂子さんは、単に、国家に承認される結婚を望んではいなかった、そういうことです。実際の信頼と愛情に結ばれていればそれでいい。むしろ亀三郎さんの方が『籍を入れるか』と聞いたが、彼女が『いい』と言っていたことが分かっています。自立した女性であった、そのことを理解できない人が当時はまだ大勢いた、ということです。そのことは書面にも書いていますよ、きちんと。書いたのは角田由紀子先生です。ジェンダー法学の権威です」

そして、付け加えた。

「すべての弁護団の先生方がその考え方を承認していたかどうかは知りませんけどね。ははは」

豪快である。この稿の前半でも触れたが、検察官、裁判官という司法の世界に住む男たちが冨士茂子という一人の女性を見る眼差しの中に、すでに冤罪の芽があった、と田中さんは考えている。田中さんがこの弁護団に加わったのは、弁護士になって三年目、三一歳のときだった。茂子さんに初めて会った時の記憶も鮮明だ。

「東京でお目にかかりました。文京区の弁護士事務所でした。当時はまだお元気でした。すごくしっかりした方でした。小柄な方なんですが、意志の強さというか、そういうものがみなぎっていました。きっぱりした、さっぱりした方でした。その時の冨士さんとの話で、記憶に残っているのは、本当に裁判というものには強い拒否感を持っていらっしゃるけれども、とにかくこれが最後なんだ、という思い、そういう決意が全身ににじみ出ているんですね、伝わってきました。もう一つ心に残ったのは、私達は大学の講義の中で、重要な事件が合議体、つまり三人の裁判官で行われるのは、慎重を期すためだと、そう教えられてきましたが、冨士さんは、そうは言わなかった。一審二審ともその合議体で裁判を受けてきたんだけれども、合議体というのは責任が分散してしまう、というんですね。三人でやるから気が楽なんだと。慎重を期す、ということにはならないとおっしゃっていました。私はハッとしました。我々は、重大な事件は合議体という三人の裁判官で慎重に審議するんだと思い込んでいますよね。そうではないと、きっぱり言われて、ガツンときましたね」

度重なる裁判を経て、茂子さんは裁判所というところをまったく信用しなくなっていた。杜撰な審理、検察の意のままの判決、決定。その無責任な体質を生む構造の一つに「合議制」があると茂子さんは考えていたのだろうか。

「そういうことで、裁判は信じてはいないけれども、この最後の第五次再審に賭けてみる、ということですね。複雑な思いだろうな、と思いました。だとしたら、これは絶対に負けられないと思いましたね」

大所帯の弁護団だったが、若い田中弁護士にとっては新鮮で、刺激があった。

「大変だったけど充実していました。裁判の前の日に（東京から徳島に）入って、夜、一〇時、一一時くらいまで打ち合わせをして、朝起きて、法廷に行って日程をこなして、夕方の飛行機で帰ってくるんです。気候のせいで徳島空港に下りられずに、そのまま大阪に行っちゃって、大阪から電車で向かうということもありました。徳島の弁護士さんは五、六人でほとんどが東京と大阪からでした。YS11型機、体重を聞かれますよ、搭乗の前に。

それと大変だったのは弁護団合宿ですね。お正月は毎年三日か四日から合宿で、家族といるより弁護団の人という方が多かった。ほとんどの人が手弁当ですから、質素でしたよ。初めて参加した合宿では、私は部屋が足りなくて、もう一人の女性の弁護士と一緒にその旅館の布団部屋で寝たんです。お風呂もありませんでした」

この第五次請求審の中で大きな山場の一つとなるのが、茂子さんの娘、佳子《かいこ》さんの証人尋問である。犯人を実際に見ているのは、亀三郎さんが死亡した後では茂子さんと佳子さんだけであり、その証言の重要性は明らかだ。しかし、裁判所はこれまで（検察の主張そのままに）「子供の証言であり信用できない」として退けてきた。再審請求を受けた裁判所が、佳子さんの証人尋問を行う、ということになればそれ自体が大きな前進と言える。

しかし、ここに大きな問題が一つあった。実は、茂子さんは出所後、同じ東京に暮らしながらほとんど娘と会っていない。何がそうさせたのかは分からないが、佳子さんは大学に進学して東京に出て以来、母や親戚、再審を目指す弁護団の人々とさえもあまり会おうとしなかった。裁判所というところが信用できない、それは十分理解できる。だが、佳子さんの言動はそれ以上に頑なで、自分の過去のすべてを振り返りたくないような生活ぶりだった。出所後は、娘と静かに暮らしたいと願っていた茂子さんにはつらい日々だったが、しかし、どこかで母親は娘の心情を理解していたのかもしれない。茂子さんがさびしい心情を詠んだ詩がある。

出所せぬ方が　あるいは幸せではないかなど　子に今は問い得ず

そんな佳子さんに、「法廷に出て答えてください」と誰が頼むのか。弁護団の事務局長をしていた西嶋勝彦弁護士が東京の事務所で佳子さんに会い、説得に当たった。田中弁護士がそれに立ち会った。

「第五次再審請求を起こしましたと、そして、あなたにも証人として出て頂きたいということで、連絡を取ったんですね。それで、東京合同法律事務所に彼女が来るということになって、誰か女性弁護士もいたほうがいいだろうということで、私が、初めて、彼女にお目にかかったんですよ」

予想した通り、佳子さんは法廷に出ることを拒否した。

「すごく頑なで、『一切、私は関係したくない』とおっしゃられた。いや、今度は最後だと思うし、全力を尽くすから、と言ったんですが、『いや、いいです。いくらやったって無駄です。分かってくれる人は（裁判なんか）やらなくても分かってくれる。いまさらそんなことをしたって、分からない人は分からない』と言われました。『もういい。私は関係ない』と。

必死になってこちらは説得しようとする。そうではないでしょ、と。そうしたら最後に、『絶対勝つと言えますか』と聞かれた。『いや、それは……。一所懸命やります』と西嶋弁護士が答えたら、『そうでしょ。貴方たちは、最後にどういう結果が出たって、一所懸命やったんだ、力を尽くしたんだ、と言うんです。何が変わるんですか』と。横で聞きながら私としては言葉もなかった」

結局、説得できなかった。しかし弁護団は、請求人（茂子さん）以外で唯一犯人を目撃している佳子さんを証人申請した。裁判所は佳子さんの心情なども考慮したうえで、徳島ではなく大阪地方裁判所で証人尋問を行うとした。その日程も決まった。

「その頃、彼女は千駄ヶ谷で一人暮らしをしていました。どうしても来てもらわないと困るということで、そこから、彼女のアパートに、尋問担当となった私と角田由紀子弁護士とで何回も通ったんです」

いつも留守だった。きっと会いたくないのだろう。

「それで、郵便受けの中にメモを書いて残した。今度、何月何日に証人尋問があります。是非、お目にかかって打ち合わせをさせてください。お手紙を入れる、待ち伏せをする、いろんなことをしました。蚊に刺されながら待ち続けたこともあります。でも、何の反応もない。電話もくれない。一度だけ会うことが出来たが、その時も一言の会話もなかった。とうとう証人尋問当日まで打ち合わせはまったくできなかった」

そして、大阪地方裁判所での彼女の出張尋問の当日となった。

「彼女の顔を知っている私と角田弁護士が地裁の外で待ちました。それで、報道陣は、来るか来ないか分からないけど、とにかく大阪地裁の周りを囲んでいるわけです。私たちは（もし、佳子さんが来てくれた時には）彼女をそれから守らないといけないから、本当に焦りました」

「来たんですか」

「来ました」


一九七九年七月一九日、出張尋問は大阪地裁の法廷で行われた。裁判官、弁護人、検察官、証人が揃った。冨士茂子さん本人もいたが、非公開であるので、傍聴席には誰もいない。

この時の様子を、共同通信社の斎藤茂男記者の取材で紹介する。


開廷時刻が来た。佳子さんはあのいまわしい徳島地裁での法廷証言から二十四年余りの遠い年月を隔てて再び、証人席に立った。

「あの朝」のことはどうだったのだろう。弁護人がその瞬間のことにふれると、きっぱりと、こう断言した。

「あの朝、母親に起こされたとき、賊と父親がいたことを覚えています。それは、なんか、映画のスチール写真のような感じで覚えているんです……」

それにつづいて、弁護人が、

「これは聞きにくいことですけれど、この再審事件があなたのお母さんの人権侵害ということだけではなく、あなたの人生に残した影響というのも、きっと大きいだろうというふうに思うのですが、それをもし述べていただけるのでしたら……」

と問いかけた場面があった。すると佳子さんは、ただひとこと、

「別に言いたくありません」

とポツリと言った。

このあと検事が立ちあがると、

「あなたはお母さんの再審に非協力的のようだが、それはなぜか」と問いかけた。

すると、佳子さんは答えた。

「私は裁判というものを信じていませんから、知っている人さえ信じてくれればそれでいいと思っているのです。信じてくれない人にはいくら言ったって信じてくれませんよね……」

細い声で、自分に言いきかせるように答えるその声には、暗い虚無の匂いがした。

「信じてくれている人は、どんなことがあっても、信じてくれて、いますから……」

ふっとその声がとぎれ、法廷は一瞬、静まり返った。見ると佳子さんは、うつむいて声を殺し、肩を震わせて泣いていた。

その時だった。

証言台のそばに坐っていた茂子さんがつと立って、佳子さんに近寄ると、黙って白いハンカチを佳子さんの手にそっとにぎらせてやった。そのハンカチを目に当てて、佳子さんは、しばらく、泣いていた。（『われの言葉は火と狂い』）

母と娘が顔を合わせたのは本当に久しぶりのことだった。だが、茂子さんの健康状態は、この頃かなり悪化していた。二カ月前に入院し、退院したばかりだった。そして、この二カ月後には再び入院することになる。この日、記者団から質問を受けた茂子さんは、

「もうあと少しです。それまでは死ねません」

と答えている。

茂子さんの再入院の直前、いつも付き添っていた渡辺倍夫さんは副院長に呼ばれた。その場で、前回の入院と手術の際に肝臓ガンが発見されていた、と告げられた。余命は三カ月ということだった。

一九七九年一〇月一五日、茂子さんの本人尋問が予定されていたが、入院中で法廷に立つことが出来なくなり、弁護人の要請で、裁判所は急遽、茂子さんの病室で出張尋問することを決定した。

田中薫弁護士は、その日のことをよく覚えている。田中弁護士自身にとっても、この日が茂子さんと会話を交わした最後である。

「亡くなる直前に病室で臨床尋問をしているんです。但し、その時には人数を制限していたので、私たちは部屋には入れなかったんです。裁判官と、検察官と弁護人と書記官といますからね。そこで私たちは、その前に冨士さんにお会いしたんです。お見舞いに行きました、その時に、『頑

張って下さいね』とか『(勝利は)間違いないですからね』というようなことを言った。それで、お花の水を私が取り替えて、水で濡れたままの手で冨士さんに触った時に、冨士さんが『冷たくて気持ちがいい』って言ったの。それが最後の会話でした。

本当に残念です。再審開始の決定を聞いてほしかったけど、聞けなかった。でも、死期が迫っていたころには、裁判で勝利するだろうという見通しは、ご本人も理解していましたね。そう思いたいですね」

主治医の立ち合いのもと、病室で数分間の裁判が開かれた。

寝たきりの茂子さんに、安芸裁判長は優しく尋ねた。

「冨士茂子さん、私に何かいいたいことがありますか」

茂子さんは、

「裁判長さま、真実は一つ、私はそんなことはしていません。本当のことをわかって……」

それ以上は言葉にならない。何かをいいたい、何かを訴えたい、だが、それがいえない。目だけが裁判長に強く無実を訴えている。

「はい、わかりましたよ。早くよくなりなさいね」

と、裁判長が茂子さんにいって病室での裁判は終わった。(『徳島ラジオ商殺し事件』)

茂子さんが請求人として裁判を続けることは不可能な事態になった。家族で相談の結果、姉の千代、妹の久江、弟の淳一、妹の貞子の四人で再審請求を引き継ぐことにした。

一九七九年一一月一五日、裁判所は茂子さんが心神喪失の状態にあるとして、この承継を認め、以後、請求人は四人となった。その同じ日の午後八時四〇分、茂子さんは静かに息を引き取った。

第五次請求は、茂子さんの亡くなった翌月に第六次請求に移行し、死後再審の請求となった。

再審開始決定

一九八〇年一二月一三日、徳島地裁は再審開始を決定した。「再審開始」の垂れ幕が裁判所の玄関前で掲げられると、あちこちから歓声が上がった。

田中薫弁護士は、この日、四人の請求人と一緒に決定書を受け取った。

「主文、本件について再審を開始する」と書いてある。それを確認した瞬間から、その先は誰もが興奮して、大混乱だった。この時、田中さんは、妹の郡貞子さんのささやいた言葉を覚えている。

「再審開始の決定書をもらった時だと思うんですけど、私の隣に郡さんがいて、それで『この一文字一文字に何年もかかったんですね』って言ったのね。『本件について再審を開始する』というたった一言をもらうまでにね。その時、あーっと思いました」

この短い一文をもらうために費やした年月の長さが、貞子さんの胸に一瞬浮かんで、それが言葉になった。第五次再審から関わった田中弁護士にはそれは想像のつかない長さだった。

決定は、弁護団の主張を全面的に認めている。二人の店員の証言はいずれも虚偽である、また、現場の状況や目撃証言などから、外部から侵入したものの仕業であると考えられる、とした。これまで、有罪認定の中心だった「二店員の証言」を「偽証」と断定し、検察の主張の要である「内部犯人説」についても完全に否定した。

また、決定は「外部犯人説」の証拠を無理やり「内部犯人説」の根拠付けに使おうとしたために、竹と木を無理やり接木したようになっている、と述べ、さらに次のように続けている。

「この竹と木の接着剤の役割を担わされたのが未成年の西野と阿部であったのである。両名は、かような不幸な接木を、検察官という国家権力により託され、背負わされ、旱天の熱砂の中をその重味に耐え乍らひたすら歩くしかない可哀そうな駱駝のようなものであった。二人は、第一、第二審公判においては、辛うじて捜査段階における供述を維持したものの、良心の呵責に悶々とし、遂に、判決確定後一年を経ずして、（中略）偽証の告白を為すに至ったのである」

検察官が強引に「内部犯人説」に切り替え、そのために証拠をでっちあげるしかなかった時に、その犠牲になったのが二人の店員だったと、決定は述べている。「竹と木の不自然な接木」とは、警察が集めた証拠（外部の犯行を裏付けていた）を「茂子さんの犯行」を証明する証拠として無理やり作り変えていく検察の偽装工作を意味する。その偽装工作の手先にされ、先頭を歩かされたのが二人の店員だった、と決定はいう。美文ながら厳しい口調で検察の「証拠の捏造」を糾弾した。

初めて光明が差した。雪冤に大きく近づいた。だが、再審開始決定から再審無罪まで、さらに四年半の歳月が費やされることになる。津田騰三弁護士は病床で再審開始決定を知ったが、一年半後の一九八二年五月に八五歳で亡くなった。無罪判決を聞くことは叶わなかった。「無罪判決が出たら、お盆に徳島で阿波踊りを踊りたい」とよく口にしていたそうだ。

再審無罪、そして真犯人はどこに（近藤昭二氏インタビュー）

一九八五年七月九日、徳島地裁は再審について無罪を言い渡した。

現在の制度では、再審請求の段階で「無罪」となるべき事件だったのかどうか、というところまで審理は進むので、実際には「再審」は形式的なものになる。第一回公判（八三年九月）で検察は、二九年前の起訴状をそのまま読み上げたが、これも儀式めいていて、検察は主張を変えないということを一応誇示して見せる（他の再審でもよくあることだ）。しかし、この茂子さんの再審では、検察は無駄な証人申請を繰り返し、審理の引き延ばしを図るなど、最後の最後まで見苦しかった。有罪立証の唯一の証拠とも言える「二店員の証言」が「検察官のでっち上げ」だった、という不面目がどうしても受け入れ難かったのだろう。一方、弁護団や支援する側の人々は、無罪判決は揺るがないと見て、余裕があった。判決の日に誰が「無実」の垂れ幕を持つのか、というようなことで議論が湧いたという。議論の末、茂子さんの入院していた病院に務める川上邦美さんという女性に決まった。茂子さんの病床で最後まで心臓マッサージを続けた人で、支援者でもあった。川上さんは、判決前日の夜、裁判所の正面玄関前でこっそりリハーサルをしたそうだ。

検察はこの無罪判決に対して控訴せず、冨士茂子さんの無罪が確定した。

茂子さんの無罪、というより「無実」は、実は早くから分かっていた。一番早くから分かっていたのは検察だろう、とも言われているが、そうすると真犯人はどこにいるのか、という疑問が当然湧いて来る。検察の間違った捜査は、冤罪を生むだけでなく、真犯人を社会に放置し続けることにもなる。

そこで、検察が捨て去った「外部犯人説」がもう一度浮上してくる。第五次請求の中で、弁護団の追及によって、検察から大量の証拠が開示された。この証拠の中に、真犯人につながる情報が数多く含まれていた、と田中薫弁護士は言う。

「多分、犯人につながるものはいっぱいあったと思うんですね。匕首の出所とか、靴跡とか、捜査が全部尻切れになって、途中で止まっている。なぜ、それが分かるかというと、未提出記録が手に入ったからです。(第五次)再審請求審で、全部出せと弁護団が言ったところ、当時の検察官が全部出してきたんですよ。二二冊、二メートル以上あったんです、書面が。それを全部、一つ一つ項目を拾い上げて、何月何日の何の捜査記録だということを全部カードにして並べたんです。そこでようやく、これは何の目的か、(捜査官は)何をやろうとしていたのか、解明していったんです。すべての資料を日付順に並べた時に初めて、捜査官が何を考えて、どこまで進んだのかが分かってきたんです」

「証拠開示」とは、検察が裁判に提出せず、内部に持っている証拠(=未提出記録)を、弁護人が「提出せよ」と迫ること。検察は有罪の立証に役立つ証拠は提出するが、役に立たない、あるいは無罪の立証に役立つような証拠は隠している。それを出させることを「証拠開示請求」という。但し、強制力はない。

「外部犯人説」は行き詰ってはいたが、(警察の)捜査官は諦めてはいなかった。検察が「内部犯人説」で進み始めた時にも、警察内部には、こっそりと捜査を続ける捜査官もいたという。

『月蝕の迷路』の共同執筆者近藤昭二さんは、この事件では検察の情報に惑わされることなく、終始「犯人は外部にいる」との確信をもって取材に当たってきた。執筆の段階で大先輩の小林久三氏に助けを仰いだが、取材はほとんど一人で歩き回った。途中からは共同通信社の斎藤茂男さんとチームを組み、真犯人に迫って行った。最後には二人で「その男」のインタビューを録っている。

神奈川県の自宅で話を聞いた。現在七六歳、今もジャーナリストとして活躍している。

「何から話せばいいのかな」

一冊の本には収まりきらなかった情報が、四〇年経った今も話し始めると止まらず、次から次へと溢れ出てくる。

「初めてお会いした時、茂子さんに言われたんですよ。『あんた結婚しているの』と。『うん、子供もいます』というと、『じゃ、やめてくれ』と言われました」

「何故ですか」

「この事件に関わった人は、みな不幸なところに陥る、阿部、西野も含めてみな不幸になる、と言われましたね」

確かに、元店員の西野さんは偽証を苦にして自殺まで図った。また、その娘さんも「嘘をついてはいけない」と教育してきた父が、偽証をしていたことを知って、飛び降り自殺を図っている。それに、茂子さんの気持の中にはまず、佳子さんのことがあったに違いない。佳子さんも、東京に出た後、早稲田大学を卒業し、講談社に就職、そして結婚とその人生は順風の中を進むかに見えたが、その後、離婚、離職と逆風に見舞われている。目の前に現れた若い記者を気遣ったのか、それともからかったのか。

「どうしても取材するなら、まず、私を犯人として取材しなさい、と言いましたね」

これも、謎掛けのような言葉だ。有罪の証拠が全くないことを確かめ、冤罪と確信してからにしてほしい、という意味なのか。

「どういう意味ですかね」

「クロと言えるものなら、言ってみろ。言えるはずがないだろ。そんな感じでしたね」

近藤さんの取材した内容はすぐに週刊誌に掲載された。捜査機関から発表されたものをそのまま流す地元の新聞とは明らかに中身が違った。

「第五次再審の最中に、週刊文春で連載していたんです。それで、法廷に陪席の裁判官が、今週発売の週刊誌を持ってきていたりして……」

「法廷に？」

「そうです。そういうことがありましたね。早速、読んでいるな、と思いました」

近藤さんは、取材によって「複数の犯人」による「計画的な犯行」だと見ている。『月蝕の迷路』からその部分を抜き出してみる。


犯人は金品強奪が目的ではなかった。実際に、金品は奪われていなかったし、また店の商品が目的だったとしたら、表戸をはがすか、屋根の天窓をはずすかして店内に侵入したはずである。にもかかわらず、犯人はごみごみした狭い通路を通って裏へいった。さらに侵入前に、店の電灯線、電話線を切断した。のみならず、冨士茂子の記憶に誤りがなければ、犯人は覆面をしていた。つまり犯人は、亀三郎や茂子に顔をみられるのを徹底的に避けようとして、二重、三重の工作を行っているのだ。……

複数の男たちは、それぞれ自分の役割において、一種の〝専門家〟であったのではないか。亀三郎の受傷回数は七回であった。

刺された箇所は、喉、胸、腹部に集中している。いずれも人間の急所にあたる箇所である。闇のなかで、とっさにこれらの箇所を集中的に狙えるのは、茂子のような、四十三歳の素人の女性には、到底、でき得ない〝芸当〟なのではないか。

また、電灯線の切断箇所にも、同じことがいえるだろう。電灯線の切断箇所は、屋根から屋内に引き込む、いわば根元にあたる場所であった。しかも碍子《がいし》と碍子の間の電圧側の部分を切断しているのだ。切断者が、電気工事の体験者ないし電気に関して、一定の知識をもつものだと考えても、さほど見当違いではなかろう。

新天地や徳島の街を歩きながら取材を重ねる中で、近藤昭二さんはとうとう事件の核心を知る人物に行き当たる。それはある飲食店の夫婦だった。○○組の関係者とも付き合いが深く、組内の事情にも通じていた。近藤さんは頻繁にその店に通い詰めた。そして、

「ある晩、忘れもしない、その店の奥に四畳半の小上がりの畳があるんです。そこで炬燵に入って、旦那と、奥さんと、このおばさんが気のいい人で、陽気で、口も軽いんです。そこで話をしていたら、こんだけ通って来るんだから、気の毒だから、少しくらいは話してあげようかって

言い出したんですよ、奥さんの方が。旦那は、だめだめだめとんでもない、一言でも言ったらえらいことになる。（奥さんの方が）いやー、遠いところの話なら少しくらいいいだろうって。（私は）お願いしますよ」

というやり取りの後で、旦那の方が、

「事件当日、現場に何か残っていなかったか、と聞くんですよ。残っていたものといえば、匕首が一本、寒中電灯が一本、それから靴跡が残っていたんですよね、シーツの上に。そこで、波型のラバーシューズみたいな靴の痕がありましたよねって言ったら、二人が、ものすごくたまげて、突然、顔が青ざめた。それは実況検分調書には載っているんですよ、靴跡の図面は。でも夫婦はそんなことは知らないものだから、えー、靴のことも知ってるんやー、となったんです。それならと、それから詳しい話になって行ったんです」

○○組の組長の新品のラバーシューズが何者かに盗まれた。それは、事件の一日か二日前のことだった。組長の妻が、夫が出所したらそのお祝いにしようと買っておいた大事なものだったので、騒ぎは大きくなって、靴と犯人探しが新天地の周辺で続いていた。事件現場の靴跡は、当時は珍しい、ラバーシューズの靴跡だった。組内の揉め事とラジオ商事件とが奇妙なところで結びついていた。

この夜の話は一気に核心部分に入った。奥さんが「焼いた」と口を滑らせ、近藤さんが、「何を焼いたのか」と問うた。「血の付いた衣類」だという。

この日、近藤さんが夫婦から聞き出した話を要約すると、事件直後、○○組の若い組員Aの母親がこの夫婦に相談に来たという。「息子が血の付いた服を着て実家に帰ってきた。亀三郎が殺された事件と関係があるのではないか。どうすればいいか」という話だった。組員のAは（このAは「内部犯人説」の冒頭で紹介したAである）、当初、警察からもマークされ、一度は逮捕されたが、結局、起訴されなかった。近藤さんの取材でも、もっとも怪しい人物の一人だった。近藤さんはこの夫婦の話に信ぴょう性があると判断した。それどころか、パズルの埋まらなかった最後の一コマではないかと直感した。理由はいくつかある。現場に残されていた匕首について、Aが事件前にこの匕首を所持していたことが確認されている。また、Aの実家は三枝電気店から極めて近い場所にあり、事件当日、逃げ去る男を見たという目撃者たちが「逃げ去った方角」として指し示したすぐ先に、その家はある。さらに、ラバーシューズの一件がある。この紛失事件で一番疑われていたのがAだったのである。

Aは何故、起訴されなかったのか。アリバイがあったのだ。Aの内縁の妻が、事件当日はずっと一緒に寝ていて一度も起きなかった、と証言している。だが、近藤さんの取材では、事件のあった時刻頃、新天地や現場近くの旅館で（ここで、当夜は賭場が開かれていた）、Aを見たという人物が複数いることが分かっている。内縁の妻のアリバイ証言を額面通りに受け取ることはできない。検察が「内部犯人説」を打ち出した時、村上善美検事は、不起訴となったAをもう一度調べ直している。そして、「アリバイがあった」として、以後「外部犯人説」を完全に捨て去った。

Aの母親から相談を受けていた飲食店の夫婦は、自分達の沈黙がAを守っていると考えていた。靴跡が現場に残されていたことを、この時、近藤さんから話を聞くまでは知らなかったからだ。しかし、「ラバーシューズの靴跡」は、無言のうちにAとラジオ商事件の現場とを太い線で結びつけていた。夫婦が飛びあがるほど驚いたのも無理はない。

ところで、『月蝕の迷路』では、この夫婦は、Aの母親から相談を受けた、そして、母親はその衣類を焼いてしまった、と書かれている。しかし、実はそれだけではなかった。この夜の話には続きがあった。

「飛ばせ（逃げろ）、いや、今動いたら危ない、そんな話の後で、○○○○（飲食店の屋号）のおばさんが母親と一緒に（Aの）実家に行ったんです。そこで、出刃を風呂場の焚き口の土間を掘って、それで、埋めた。衣類は風呂の焚き口で焼くのを手伝った」

「え、そうなんですか」

筆者は思わず聞き返した。本には、「相談に乗った」とは書いてあるが、「手伝った」とまでは書いていない。これが事実なら、証拠の隠滅に関わったことになる。

「○○○○のおばさん、手伝っているんですよ。本ではぼかしました、わかっちゃうとえらいことになるからね。実際、わかっちゃったんですがね、あとで。（組の関係者に）殺されそうになってね、○○○○の親父さんが狙われたんです」

また、Aが出刃庖丁を持って実家に帰ったことも、『月蝕の迷路』には書かれていない（他の所で少し触れてはいるが）。

「埋めた出刃、さばきというんです、精肉業者の間ではね。先が正三角形になっている庖丁です」

Aの実家は精肉店だった。因みに近藤さんは、本では仮名で書いているが、このインタビューではすべて実名で答えている。しかし、本稿では匿名にさせていただいた。多くの人はもう亡くなっているが、暴力団は今もあるということだ。

危ないのは、飲食店の夫婦だけではない、と近藤さんは感じた。真相に接近し過ぎている。

「私も危ないぞと、思い初めて。これはTBSでもできないと（当時近藤さんはTBS＝東京放送の契約記者でもあった）、企画書を書いてもだめだと言われて。そこで、斎藤さんと組もうと思ったんです。テレビと活字で、両方でやったほうが威力があるんじゃないかと。新聞も共同の配信なら、どこが発か（取材した社がどこか）分からないからね」

ひとりで抱えるネタとしては大きすぎるし、危険もある。そこで近藤さんは、この業界の先輩でもあり、すでに同じ方向で取材を進めていた斎藤茂男さんに相談した。こうして二人の共同取材が始まった。

近藤昭二さんと斎藤茂男さんは、Aの内縁の妻に会いにいく。「一緒に寝ていた」というアリバイ証言は崩れかけている。事件当夜、Aを現場近くで見かけた、という目撃者がいるからである。フウ子（これも仮名。斎藤さんの本では照代となっている）は遠洋漁業の漁師の妻となって今は、橋一本で繋がった小さな離島に住んでいる。かつては「新天地」のアイドル的な存在だったというフウ子には、今もその面影が残っていた。しかし結局、二人は、すでに堅気の妻となっている女性から話を聞けずに帰路に就く。「もう、ここへはこんようにして」、その声はきつい調子ではなく、哀願するような声だったと、斎藤茂男さんは書いている。

押し切れば、聞くことが出来たのか。近藤昭二さんは、一人で、この時以外に二回、島を訪ねている。

「茂子さんのために、その晩のことだけでいいから話してほしいと言ったんですね」

フウ子さんは、茂子さんが冤罪を訴えて闘っていることは知っていた。だが、

「フウ子さんの家から橋が見えるんですけどね。彼女が言うんですよ。橋を渡るときに、過去を全部埋めてきたんだと。いまさら本当のことを言うなら、ここにはおられんようになるから勘弁してください、茂子さんの無実が晴れるように祈っています、勘弁してと」

近藤さんと斎藤さんはA本人にも会っている。この時は組の幹部になっていた。

「わしもあの当時、二、三回引っ張られたことはあるけどな、……覚醒剤をやりよったからな、そんなんで、いろいろたずねられたけどやなあ、別にどうちうことは、なかったわ」

予想通り、初めから終りまで、事件との関わりを一切否定した。

近藤昭二さんは、自らの取材を基に「複数人による犯行」ではないかと考えている。それを考えるうえで、ある情報が参考になるかもしれない。

一九五八年五月一〇日、茂子さんが上告を取り下げた、まさにその日、真犯人と名乗る男が静岡県の派出所に自首してきた、ということは既に述べた。山本光男の名は偽名だった。本名を松山○○という。検察は早々に「事件と無関係」と断定したが（茂子さんの有罪判決が確定しているのだから当然だが）、津田騰三弁護士と渡辺倍夫さんはそうは考えていない。その後、二人は鳴門市内で松山○○に会って話を聞いている。渡辺さんの『徳島ラジオ商殺し事件』からその内容を簡単に紹介する。ここでのキーワードは「秘密の暴露」である。真犯人の自白には、必ず犯人しか知らない事実＝「秘密の暴露」が含まれているはずだ、と言われている。

一九六〇年一二月、徳島を訪れていた津田弁護士が東京に帰る前に、「松山君にでもあって帰ろう」と言って私を誘った。当時、松山○○は鳴門市のはずれに住んでいた。訪ねると留守だったが、すぐ近くの山道で二人は松山○○を見つけた。遊歩道の横に作られた椅子に腰かけて三人で雑談をした。当たり障りのない話に続いて、津田弁護士が本題を切り出した。「松山君、この前来たとき三枝電機店の主人が殺されたことで知っていることがあるというていたが、君の知っていることを教えてもらえないだろうか。ぜひ、聞かせてもらいたいのだが」

「……」

「前に、事件のあった朝、電灯線を切ったのは知っているといっていたが、誰が切ったの。松山君が切ったの」

「いいえ、僕は切りません」

「では、君の友だちが切ったの」

「……」

肝心なところでは沈黙してしまう。知らないのか、隠しているのか。

「屋根の上で線が切れていたが、どこから屋根に上がったの」

「……」

「東側から、それとも西側から上がったの」

「いいえ」

「では店の表側から、それとも裏側から上がったの」

「いいえ」

「それじゃ、友達が屋根の上に上がったとあんたはいわれるが、東も西も、表も裏も違うというと、どこからも屋根の上に上がれないじゃないの」

そこで私が横から、

「今まで松山君のいっていること、ウソと違うの」

というと、この言葉に松山○○は一瞬ムキになった様子で、

「隣りに階段があるでしょう」

「階段はどこにあるの」

「隣りの奥の方に階段があります。そこから友達は上がりました」

津田弁護士がメモ用紙を取り出し、事件現場の店舗がこれで、新築中の建物がこれですよ、と図面を書き、

「松山君、君のいう階段はどこにあるの」

「ここに階段があります」

松山○○の示す位置はまぎれもなく階段のある位置であった。

その階段は事件発生以来、新聞紙上、ニュース、また公判記録にはいっさい公表されたことはなかった。この階段の位置は事件現場に立ち寄った者以外は知ることが出来ない。

津田弁護士と私は、思わずハッとして顔を見合わせた。

「階段の位置」がここでは「秘密の暴露」にあたる。事件現場に行ったことがなければ、語り得ない事実だ。松山○○は、自首した際の取り調べで犯行の模様を述べているが、それは実際の状

況とはかなり違うものだった。それが、検察が「事件に無関係」との結論を出した大きな要因となっている。その点では、確かに松山○○は殺害の実行犯ではなかったかもしれない。しかし、何らかの役割を担って、そこにいた可能性があるのではないか。津田弁護士は、「事件を目撃したか、松山の友人が真犯人か、それとも手助けしたか」とその可能性を語っている。

そして、近藤昭二さんも、松山○○が、この事件で何らかの役割を担っていたのではないかと考えている。警察と検察が、もっと慎重に捜査を進めていれば、真犯人にたどり着く道筋は何本もあったのではないか、そう思わせる材料がこの事件には多すぎる。

ところで、この事件の犯行の動機は何だったのか。警察も、検察もその点は全く解明できていない。近藤さんは、動機についても取材を進めていた。それを最後に聞いた。

「私の筋読みでは、この昭和二八年（事件発生の年）というのはね、ラジオ、テレビの免許の申請が非常に激しく錯綜して、それで、三枝亀三郎さんも、眉山の中腹に何万坪だかの土地を買うんですよ」

「すでに買っていいたんですか」

「買っていたの」

「それは中継用の塔を建てたり、あるいはテレビ局そのものの用地かも知れませんね」

「当時、四国電力がテレビ局の許可申請をしようとしていた。その動きのところへ、亀三郎さんは、松田ランプ、東京芝浦電気の電球がすぐ切れるので、あれで稼ぐんですね」

三枝亀三郎さんはかなりの野心家だった。『月蝕の迷路』には次のように書かれている。

……当時は電力事情が好転し、どの家でも入力を増す装置に切り替えようとしていた時期にあたっていたのである。その辺の事情を読んだ亀三郎は、ラジオを購入したら、他より先にメーター切り換えをやるともちかけて、ラジオを売りまくったという。(中略)

亀三郎は、ラジオの小売商だけでは満足していなかったらしい。テレビの民間放送設置が取沙汰されると、いちはやく県下で民放局設立をおもいたち、徳島県財務部に「忌部神社の敷地千九百八十坪を、アンテナや放送局の建設用地にしたいから払い下げてほしい」と、交渉している。

そして二十八年五月――。

亀三郎は、駅前営業所の西側に、八十五坪のコンクリート三階建てのビルを建設しはじめた。予算総額三百五十万円。当時としては破格な建築費用であった。

徳島駅近くであるが、その頃は、ほとんどの店舗が、木造、平屋ないし二階建てだった時代である。この三階建てビルの工事には、ひとびとが目を見張り、工事現場に組まれた足場や屋上に掲げられた「テレビ徳島」(現在の四国放送の前身)の看板を、驚嘆の眼差しでみつめたという。

ここから先は本には書いていないが、と断ったうえで、近藤さんの話は続く。

「三枝亀三郎もテレビをやろうとした。どの程度の計画だったのかわからないですけど、それは、四国電力にとっては邪魔者だった。四国電力が四国放送を創立する時の話ですね、昭和二八年です。

今の四国放送の組合長に頼んで、調べてもらったんですけどね、四国放送の創立の時の株主の中にね、ラジオ商事件の時の検事正、それと茂子さんの弁護人で、検事正とツウカアの仲だった最初の弁護士、誰だったかなあ、その人が顔ぶれの中に入っているの、二人とも」

「村上善美は？」

「いや、田辺検事正と弁護士（松山一忠弁護士）、彼はやめ検（検事から転職して弁護士になった）なんですよ」

意味深長な話である。これに関連して、近藤さんの取材では、当時、徳島市内で「嘱託殺人」というのが実際に行われていたという。組員の話では「一件十万円」が相場だったそうだ。さらに、例の飲食店の夫婦から聞いた話として、

「組長の妻がね、ちょうど事件のあった時、自分の妹が三〇万か四〇万の現金を懐に入れて所持しているのを見た、と言っている。これは絶対に事件に関係していますね」

組長の妻は、夫が刑務所に入っている、その留守中にこんな不始末が起きたことにイライラし

ている。飲食店の夫婦も立ち合わせた上で、この妹をせっかんして、誰からもらった現金なのか、口を割らせようとした。しかし、無駄だったという。この妹という女性は、現場に残っていた匕首とも、ラバーシューズとも、繋がっている。だが、もしAが主犯なら、妹は口を割っていただろう、というのが飲食店の夫婦の見立てであり、近藤さんもそう考えている。複数犯でかつ、Aより上の人物が一味の中にいたのか。いずれにしても、新天地の中の誰かだ。

「自分の（妹の）亭主が主犯なら、それは言わないだろうけどね」

「金の出所は、結局わからず、ですね」

「総合すると、請け負ったのが○○（妹の夫）で、実行犯がA、見張り役については、○○○○（飲食店の夫婦）も知らない。金の出所は、くっつけていくと、四国電力に行っちゃうけどね」

「三枝亀三郎さんは邪魔だったんですね」

「邪魔だった」

終わりに

「外部犯人説」から「内部犯人説」に捜査方針が切り替えられたきっかけに、隣人からの情報があった、と書いた。その朝「夫婦喧嘩」があったという隣人の話が（厳密には隣人の想像に過ぎないが）、検事の疑念を燃え上がらせた。しかし、隣人の言葉の端々に茂子さんという女性への「偏見」が見て取れる。

「商売の方も結局奥さんの方がやっていて、主人の方はお客にもぶっきらぼうで、……細君の茂子は、口の上手な人で仲々商売が上手であり、あの大きな商売を、仲々上手に一人で切り廻しておる様でありました」

これは決して褒め言葉ではない。「女だてらに」金儲けのうまい女房である、と言っている。そして、ここから「内部犯人説」に突き進んだ検事が茂子さんをどのように見ていたかは、既に書いた通りだ。

女性に対するこうした「視線」について、事件を取材してきた斎藤茂男記者は「地域社会の白い目」、「検事、裁判官の冷たい目」と表現し、当時の社会状況とその後の変化の兆しを次のようにまとめている。

茂子さんが冤罪を晴らす闘いに最後の力をふりしぼっていたころ、国際的にも日本の社会でも、女性抑圧の構造に対する女たちの闘いが進んでいた。その波動の高まりのなかで彼女がようやく光を見いだすときを迎えたことは、偶然ではないだろう。……茂子さんは男女のあり方についても伝統的な意識が根強い、当時としてはごく一般的な地域社会の〝白い目〟と、男性優位社会の代名詞のような検察官、裁判官らの〝冷たい目〟が呼応し合う視線に耐えて、一念を貫くのに必死だったに違いない。

しかし、彼女が獄中から出獄後へと再審の壁をたたきつづける間に、時代は大きく変わった。「家」に縛られていた女たちは社会へ向かって歩きはじめた。そのなかで、茂子さんへの目もいつの間にか変わっていった。第五次再審でこれが最後と、彼女が街頭で体をはって訴えかけるようになったころから、集会などに参加する女性の姿が増えはじめたようだった。彼女への抑圧を自分への抑圧と共感する人たちが、そのころからひと回りもふた回りも、〝茂子無実〟の声を高めることになった。茂子さんの孤立無援の痛ましさが、こうした時代の変化の中で影をひそめ、しだいに穏やかな表情に変わっていくのがわたしにはよくわかった。(『われの言葉は火と狂い』)

戦後の混乱の中で冤罪に立ち向かった冨士茂子さんは、同時に女性への偏見とも闘っていた。それは社会の中にある偏見であり、司法の中にある偏見であった。そして、そこでは例えば「嫉妬に狂った女の凶行」というように、冤罪と女性への偏見とが相乗的に、そしてより煽情的な言葉となって新聞の見出しとなり、あるいはラジオの電波に乗って巷に流れ出して行った。その言葉の矢が冨士茂子さんやその家族に容赦なく降り注いだのだ。

捜査機関、裁判所とともにマスメディアもまた、この冤罪事件では加害者側の一員であったと認めざるを得ない。そして、その構図は他の冤罪でも変わらない。

ところでこの稿での主人公はもちろん冨士茂子さんであるが、調べながら書いているうちに、娘の佳子さんの辿った人生にざわつくような気分を抱くようになった。そして、茂子さんの裁判の進行とともに彼女も年を重ねていくのだが、筆者の頭に浮かぶそのイメージは九歳のままで止まっている。その瞬間から彼女の人生も止まったまま進んでいないかのように。

目の前で、父が殺された。この深い傷から立ち直るには、（それが可能だとして）きっと限りない年月を要するはずだ。ところが、すぐに、母がその犯人として逮捕されるのである。しかも、彼女は「母は犯人ではない」ということを知っている。

これまでの人生を（たった九年の年月を人生と呼べるかどうかは疑問だが）まったくひっくり返してしまうような驚天動地がいきなり子供の上に襲いかかる、それも繰り返し。父と母、自分を守ってくれる二人が二人とも突然目の前から消えた。これはいったい何だ、この世界はどうなっている、真実が真実として通らない大人の世界、大人の世界は狂っている、狂っている人たちの中心にいるのは、偉い人ばかりではないか。「いったい何だ」から「偉い人ばかり」まで、少しずつ具体性を帯びていくのだが、それは大人の思考の順番で、多分、九歳の女の子は、最初の「これはいったい何だ」のまま、思考の停止状態に陥ってしまうのではないか。

二人の店員に偽証を強いた検事は、まさに「検事失格」、すぐに辞めてもらいたいくらいだ。しかし、狭い密室で九歳の子供に向かって、見たものを見なかったことにしろと迫った彼らは、人でなしであり、人間失格である。この事件のもっとも許し難い部分でもある。その証言を「信用なし」とした裁判官も同罪である。

佳子さんが、東京に出た後、徳島を顧みなかったとしても、もうそこには戻りたくないと考えたとしても、至極当然ではないかと思うのである。茂子さんは、それを理解したからこそ、寂しい日々に耐えながらも、娘を叱ったりはできなかったのである。

冤罪は人権侵害である、といつも書いている。しかし、人権侵害の一つ一つに分け入ってみれば、そこには人それぞれの筆舌に尽くせぬ苦悩がある。

佳子さんについての情報は極めて少ない。だが、ほんの少しの動向に関する記述に触れても、そこにはいつも底なしの悲しみが透けて見える。検察官や裁判官を信じないだけではない。母とも会おうとしない。弁護士すら話し合える相手ではない。つまり、この地上のどこにも彼女の居場所はないようにみえる。斎藤茂男記者は、法廷での彼女を見て、「虚無の匂い」がしたと書いている。どこにいても、そこに彼女の心はないのだ、と斎藤氏は見抜いていたのではないか。

近藤昭二さんは東京で佳子さんを取材し、取材以外でも何度か会っている。事件については、いつも何も語らなかったが、一度だけ、例外があったという。

「聞きたいことを聞いてください。何でも話します。その代わり、私も聞きたいことがあります、と言われましたね」

近藤さんの行きつけの飲み屋さんで、そういわれた。二人掛けのテーブルに移って、酒は飲まず、近藤さんは事件について、当日のことから始まって、すべてを聞いたそうだ。

寝ているところに覆面の賊が入ってきて、目が覚めて上を見上げたら、お父ちゃんとつかみ合いになっていた、と順序を追って聞きたいことはすべて聞いた。それから、佳子さんが聞く番になった。意外なことだった。

「私が聞きたいのは、私は事件の真っただ中にいて、当事者なのに、肝心なことは何も知らない、そう言ったんです。よその人の方が、警察官、検事、いろいろな人が私よりよく知っている、それが私にとってはものすごく大きな空白で、その空白を抱えたままでは、どうにもつらい。お母ちゃんが犯人だと言われたって、わたしは犯人ではないのは知っているし……。抱えていることの空白が我慢できない、事件を実感できない、ど真ん中に居たのに私は何も知らない、誰も何も教えてくれなかった。父は死ぬ前に誰かに何か言ったのか、それも知らない、そう言いましたね」

聞きながら、途方に暮れた。近藤さんがそれにどう答えたのかも、質問し忘れていた。あの日のあの部屋から、彼女の人生は一歩も外に出ていない、きっと、自らが閉ざしたのではない（筆者は、これまでそう思っていた）。出口が見つけられないのだ、未だに。

一九九〇年の五月末、佳子さんは亡くなった。まだ四〇代半ばだった。母と同じガンだった。ガンという病原体も宿主の虚無を感じ取ったのかと、あらぬことを考えたくなるほどの短すぎる人生だった。

第2章

袴田秀子さん・袴田事件

はじめに

二〇一八年六月一一日、東京高裁は検察の主張を認めて、再審開始決定を取り消した。袴田巌さんの雪冤への悲願が、またしても遠のいた瞬間だった。

意外な決定だった。この四年前、二〇一四年三月に静岡地裁で死刑囚、袴田巌さんに対して再審開始決定が出た。検察が即時抗告をしたが、簡単に退けられ、あとは再審無罪を待つだけだと、筆者だけでなく、弁護人も支援者も信じて疑わなかった。それほどに明解な決定だった。しかし、思わぬ陥穽はまさに、誰も想像しないところに用意されていた。

その日は雨が時々強く降る鬱陶しい日だったが、東京高裁の前は昼前から支援者が傘を差して並び、袴田秀子さん（巌さんの姉）と弁護団の到着を待っていた。午後一時過ぎに拍手に送られて、秀子さんを先頭に弁護団が裁判所の中に消えて行った。二、三分もすれば勝利を伝える垂れ幕を持った若手の弁護人が走って出てくるはずだったが、少し時間が空いた。筆者も正面玄関の横で、その勝利の瞬間に立ち会いたいと待ち構えていた。

「遅いな」、書記官室で決定書を受け取るだけだ。それにしては時間が掛かり過ぎている。その時、筒状に巻いた垂れ幕を持った女性の弁護人が玄関から雨の中に出てきた。その暗い横顔ですべてが理解できた。裁判所前の道に出たところで、弁護人が垂れ幕を掲げた。筆者には後ろからだったが、「不当決定」の文字が透けて見えた。すぐに怒声が沸き上がり、裁判所の前は騒然となった。筆者の横には冤罪・布川事件で無罪判決を勝ち取った桜井昌司さんもいたが、二人とも声が出なかった。正面玄関から小柄な夫人がとぼとぼと歩いて出てきた。秀子さんだった。雨の中を傘もささず支援者やマスコミの群れの中に向かって歩いていた。日頃とは違う弱弱しい老人の背中に声を掛けることもできなかった。間もなく裁判所前の路上で、秀子さんのインタビューが始まった。カメラの放列の前に一人で立ち、雨に濡れるのも構わず秀子さんは声を絞り出した。一言、一言。

「残念です。何をかいわんやです。前に向かって進みます。よろしくお願い致します」

続きは聞かずにその場を離れた。

袴田秀子さんは、一九三三(昭和八)年二月、浜名湖のほとりで生まれた。父親はごく普通の勤め人だった。三年後に巖さんが誕生した。六人兄弟で、秀子さんが五番目、巖さんが六番目で末っ子だった。母親が出掛ける時には、いつも小さな秀子と巖を連れ歩いたので、自然に秀子さんが巖さんの面倒を見ることになった。

戦争が始まって疎開することになり一家は浜北に引っ越した。そこで父親は農業を始め、袴田家はここで敗戦を迎えた。

混乱の中で、高等小学校（現在の中学校）を卒業したばかりの秀子さんは、以後、タイプライターを習い、夜間はそろばん塾に通い、さらに簿記は独力で勉強したという。そして、働き口を見つける。磐田の税務署に事務見習いとして採用された。

「昭和二二年ころにどさくさで入ったんです、学校の勉強もろくにしてないからね。そこに一三年いました。何とか勉強しながら大蔵事務官までなった。で、三〇歳前に、これで本格的に経理の仕事を覚えるなら税理士のところに行かにゃいかんと思いまして、税務署を辞めて、税理士のところに変わったんですよ。税理士が盛んに出てきていた時だからね。三年修行して、それで、他の家の帳面なんかを見るようになった。珈琲の会社に入って、そこの収入だけでは少ないので、経理もやるという条件で入ったんです」

決断が早く、非常に活動的な女性だった。この強靭さが以後の彼女の数奇な人生を支える原動力になった。秀子さんはこのころ一度、結婚している。そして一年余りで離婚し、以後は独身を通した。

一方、弟の巖さんは中学校を卒業後、町工場に就職した。小柄で内気な少年は趣味で始めたボクシングで才能を発揮し、国体の選手にも選ばれた。その後、東京に出て、一時期プロボクサーとして活躍し、フェザー級の全日本六位にランクされたこともあった。しかし足の故障から引退し、静岡県に帰ってきた。

故郷に戻った後、結婚して子供も誕生したが、経営していた飲食店が倒産し、やがて妻と別居することになった。幾度か仕事も変えた。順風とは言えないが、いつか安定した収入を得て、母や子供と一緒に暮らしたいと考えていた。

しかし、三〇歳の夏、人生を一変させる事件に巻き込まれた。

事件

一九六六年六月三〇日、午前二時頃、清水市（現在・静岡市）の味噌製造会社の専務の住宅から出火し、その焼け跡から一家四人の死体が発見された。専務（四一歳）、その妻（三八歳）、次女（一七歳）、長男（一四歳）の四人で、長女と祖母は別棟にいて助かった。四人の遺体には合せて四〇カ所以上の刺し傷があり、警察は強盗、殺人、放火事件として捜査を始めた。

そして、事件から二カ月半後の八月一八日、この味噌製造会社の従業員で、当時、専務宅の近くにある社員寮に住んでいた袴田巖さん（当時三〇歳）が逮捕された。袴田さんの部屋から押収したパジャマから袴田さん以外の人の血と、放火に使われたものとよく似た混合油が検出された、と警察はマスコミに発表した。専務の家の裏口は東海道本線の線路に面しており、線路を渡ったところにある味噌工場兼社員寮までは、三〇メートルしかない。こうした地理的な関係のほか、袴田さんが元ボクサーであったこと、妻と別居をしていたことなどから、素行不良者とみなされ、警察に疑念を抱かせるきっかけになった。捜査本部の内部資料には、「ボクサーくずれ」と書かれている。当時、地方都市ではそれだけで嫌疑を掛けられる理由になったということだ。

警察の取り調べに対し、袴田さんは「自分は事件とは無関係だ」と主張し続けたが、逮捕から二〇日後、勾留期限間際になって、とうとう「自白」した。この間の過酷な取調べの状況については、後に裁判でも認定されるが一日の取り調べ時間は平均一二時間、長い日には一六時間を超え、水も与えられず、トイレにも行かせてもらえないという異常なものだったことが分かっている。

検察は、この自白と犯行着衣（パジャマ）などを証拠として、六六年九月、袴田巖さんを強盗殺人と放火の罪で起訴した。

巖さんの逮捕とそれに続く起訴は、本人はもちろんのこと家族にとっても青天の霹靂だった。家族は無論、巖さんの無実を信じた。しかし、新聞もテレビも初めから「真犯人がやっと捕まった」という論調だった。当時、新聞、テレビの報道を疑う人はほとんどいなかった。ましてや、警察への信頼は絶大だった。犯人でもない人物を逮捕する、などということはあり得なかった。家族の思いは複雑だった。

「巖さんが逮捕された時は、秀子さんはおいくつですか」

「三三歳ですね。あの時（事件発生時）はテレビを見ていてね。橋本（被害者の苗字）っていえば、巌のいる会社じゃないのかって、びっくりしてね。それで巌のところに電話した。そういう覚えがあります。まさかこんなこと（逮捕と起訴）になるとは思わなかったので、どういう事件ってて巌に聞いたら、強盗だか何だか分からんよ、という話で、うちではその話はそれでおしまいになっていたんですよね。それで、毎月巌が実家に帰ってきていたから、その時も、今度も帰ってくるねって言って電話を切りました」

「そうしたら、刑事が跡をつけてくるようになったりして。実家に帰るから（清水を離れるから）跡をつけてくるのかなーとかねえ。従業員全員がそういう調査を受けているのかなと思った、コガネ味噌の全員がね。ところが、そういうふうに思っていたけど、どうも、だんだん、巌が犯人らしいということになってねえ、それはね、最初は心配しましたよ」

「だけど、うちに帰ってきて、自転車に乗って近所の人と話しているのを見て、普通と何も変わらないでしょ。そんな、人を四人も殺しておいて、三日間で何も変わらないということはないと思いました。で、これは安心だと私は思っていたんです、内心ではね」

警察の動きやマスコミの報道に悲観する一方で、いたって呑気な巌さんの振る舞いに安心する。家族の誰もが胸の内で思いを巡らせていたが、巌さんの逮捕で奈落の底に突き落とされた。

「新聞、テレビが『犯人だ』くらいのことを書いてるでしょ。でも私たち家族はね『それは違う』って言えなんだ、世間に対して。世間は信じますね、信じちゃう、みんな信じてるもん。で、私だって（新聞が書いていれば）きっとそうだろうと思う。（巌でなく）他の人のことがそういうふうに書かれていれば、きっと信用するって思ってね。これはしょうがないと思った。それを打ち消して、『巌は犯人じゃない』って言いたいが、言えなかった」

新聞、テレビへの信頼はもちろんだが、警察の権威はそれ以上だった。

「警察は嘘を言わない、そんな嘘は絶対言わないし、インチキ、トンチキは言わない。正義の味方でしょ、そう思っていた。それでも、巌が犯人であるはずがない、と家族は心の中で思っていた。思っていたけど、世間に対しては言えなんだ」

「うちの中で、家族が揃っている時に、巌さんの話は出ますか」

「もちろん出ますよ。テレビでは、今日も袴田巌は否認した、なんて言っているしね」

「そういう時、家族の方はどういう気持ちでしたか」

「信じていました。今日も否認、今日も否認しているって言うけど、(本当に)やったなら、やったと言いそうなもんだと思っていた、私たちはね」

「その頃は秀子さんも浜北にいましたね」

「のんびりした田舎でした」

「その人たちの目も変わっていくんですか」

「いやー、外に出ないからわからん」

「出にくい?」

「うん。ほとんど買い物にも行かなんだ」

「お母さんに手紙が来ましたね」
「手紙が書けるようになって『僕は白です』という手紙が来たでしょ。あーやっぱりなって思いましたよ」

神様。僕は犯人ではありません。僕は毎日叫んでいます。ここ静岡の風に乗って、世間の人々の耳に届くことを、ただひたすらに祈って僕は叫ぶ。（袴田巖さんの手紙、一九六七年）

袴田巖さんが逮捕、起訴されたのは一九六六年のことだ。以後、被告人として、死刑囚として獄中から出し続けた手紙が姉の秀子さんの家に保管されている。外に向かって開かれた唯一の窓であるこの手紙を通して、袴田さんはずっと無実を訴え続けてきた。

筆者が秀子さんの家で初めて袴田さんの手紙を見せて頂いたのは一九九八年の夏だった。膨大な数の手紙や葉書は一日や二日で読み切れる量ではなかったが、その一通、一通に釘付けになった。当時はまだ一面識もない袴田さんの、怒りを含んだ息遣いがその手紙を通して伝わってくるようでもあり、また、冤罪という不条理に絡め取られた人間の苦渋が行間に滲み出ているようにも感じられた。読んでいるうちにこちらが苦しくなるほどだった。

以後、本稿では裁判の進捗状況に合わせて、ほんの一部だが袴田巖さんの手紙を挿入した。裁判が進んでいく中で弁護団がどのように動いたのか、それと同時に袴田巖さんがどう考えたのかも非常に重要だと考えた。また、狭い空間に閉じ込められた人が必ず陥ると言われる「拘禁症状」がどのように人格を蝕んでいくのか、巖さんの手紙が如実に示している。冤罪の不条理と罪深さを知るうえでも必要だと考えた。

裁判

お母さんへ。

昨日の出廷はお母さんも雨で大変でした。私も今年は風邪一つひかず元気でおります。今日は日本平に雪が降り積もり美しい。お母さん、元気を出して弾圧に負けるな。正義に頑張ってください。さようなら。

（袴田巖さんの手紙、一九六六年）

裁判が始まった時点で検察が手にしていた証拠は、四五通の自白調書と、血と油が付着している（と検察が主張している）袴田さんのパジャマだけだった。そこから警察と検察が組み立てた犯行のストーリーは以下のようなものだった。

「事件当夜、午前一時過ぎ頃、袴田は、くり小刀を一本持ち、パジャマ姿で寮の部屋を出た。途中で、白っぽいパジャマでは目立つと思い、外務員用の雨合羽を上にまとい、線路を渡って専務の家の裏口から屋根伝いに中庭に侵入した。そこから屋内に忍び込んで物色を始めたが、雨合羽が音を立てるので、その場で脱ぎ捨てた。さらに物色を続けるうち、物音に気付いて起きてきた専務に見つかり、裏木戸近くで格闘となり、そこで胸や背中など一〇数カ所を刺して殺害した。次に異変に気付いて起きてきた妻を殺そうとして追いかけるうち、次女が目に入り、やはり殺そうと思い胸など一二カ所を刺した。再び妻に襲い掛かり『金を出せ』と脅しているとき、長男が母親を守ろうと近づいてきたため胸など九カ所を刺し、次に、妻に対して背中など六カ所を刺した。その後、現金の入った布製の袋三個を手に持ち、裏木戸から外に出て、工場に戻った。その際、三個の袋のうち二個は途中で線路脇に落とした。

一旦工場に戻ったものの『四人を家もろとも焼いてしまう以外にない』と考えて、工場内にあった混合油を持って、再び裏木戸から家の中に侵入した。そして倒れている四人に油をかけ、表口のほうから順次マッチで点火し、燃え上がるのを確認してから、裏木戸を通って工場に逃げ帰った」（静岡県警の内部報告書より）

しかし、このストーリーには多くの疑問がある。

(1)、これから犯罪を行おうとする人間が、パジャマで現場に向かうだろうか。

(2)、犯人と専務が格闘になった時点で、ほかの三人は目を覚まし、異変に気付いたはずだ。それにもかかわらず、逃げもせず、まるで映画か芝居の立ち回りのように一人ずつ順番に犯人と格闘し、殺されていったのだろうか。犯人は複数だったのではないか。

(3)、くり小刀は刃渡り一三センチ、刃巾二センチ。このような小型の刃物一本で、四〇カ所を超える刺し傷を、刃こぼれもせずに与えることが可能だろうか。また被害者の体には、深さも幅もこのくり小刀ではできないと考えられる刺し傷がいくつかある。凶器となった刃物はほかにもあったのではないか。

(4)、被害者四人のうち、次女はブラジャーをつけたまま、長男はワイシャツを着て胸にペンをさした状態で殺されていた。また携帯ラジオのスイッチが入ったままになっていた。犯人が入ってきたとき、家の人たちはまだ起きていたのではないか。犯行時刻は、本当はもっと早いのではないか。

(5)、家の中には、多額の現金が手付かずのまま残されていた。さらに犯人は奪った現金入りの袋を途中（線路脇）で落とした、という。本当にお金を狙っての犯行なのか。

(6)、裏木戸は、内側から留め金が掛かっていた。そこで警察の主張では、犯人は逃げる際、木でできた観音開きの二枚の扉を無理やり押し広げてその隙間から外に出た、ということになっている。しかし、外に出たいのなら（犯人は内側にいるのだから）、留め金を外せばいいはずだ。犯人は本当にそこから逃げたのか。

(7)、表の玄関は、消火作業に駆けつけた人々によれば、シャッターは閉まっていたものも、鍵は掛かっていなかったと言う。犯人は表玄関から逃げた、と考えるのが普通ではないのか。

(1)、(6)は重要なので後回しにする。(2)、(3)を吟味すれば、犯人は複数だった可能性が高い。(4)は「深夜一時過ぎ（家人が寝ている時）」という警察の考えた犯行時刻が間違っていることを示している。(5)は犯行の動機が「金」ではなく「怨恨」であった可能性を示唆している。執拗な刺し傷もそれを物語っている。(7)は犯人の「入りと出」を考えるうえで重要な事実だが、袴田さんの逮捕以後、警察はこの事実を無視した。

振り返って考えれば、警察の考え出したストーリーは、無理な点が多く、でたらめだと分かる。犯人像も、犯行の動機も、犯行時刻も、侵入口も、逃走経路も、事件から半世紀以上経った今でも謎のまま残っている。

(6)は、常識的には考えられない「バカげた」話である。しかし、捜査機関の作った「袴田犯人説」の中心的な主張でもあるので、簡単に触れておく。

袴田さんの自白では、「裏口の戸の、下の方についていた留め金を開けて戸を引っ張ったところ、上の方は開かなかったが、下の方は体が出入りできる位まで開いたので、そこから外に出て、その後石油缶の混合油を持って、再びそこから侵入し、放火ののち、同じところから脱出した」ということになっている。つまり、犯行中、三度も留め金を掛けたまま、この裏木戸を通ったことになっている。

裏木戸は、左右二枚の木製の扉が観音開きで内側に開くようになっている。上と下に二カ所、留め金が取り付けてあり、真ん中にかんぬきが通してある。家の中から外に出るには、かんぬきを外し、留め金を二カ所とも外さなければならない。それ以外に外に出る方法はない。

鎮火後、この裏木戸は、下の留め金は外れていたが、上の留め金は掛かっていたことが分かっている。かんぬきについては焼けて折れていたため、外れていたのか、掛かっていたのか分からない。ところで、袴田さんは、朝夕の食事は専務宅で取っていたので、日常的にここを通っていた。だから、いくら急いでいようと、手間取ることも迷うことも絶対にない。外に出たければ、二つの留め金を外し、かんぬきを外せばいいのだ。自白のような不自然な行動を取る理由はない。

ところが警察は「自白に基づき、同じ材質、同じ形で裏木戸を作り、実験をしたところ、上の留め金が掛かっていても、戸の隙間から外に出ることが可能だった」として、その際の写真を裁判所に提出した。しかしその写真には、肝心の上の留め金のところが写っていなかった。一方、弁護団と支援者グループも、同じような裏木戸を作り実験を繰り返したが、上の留め金を外さずに外に出ることは不可能だった。さらに、写真工学の専門家に、警察の実験写真をコンピューターで解析してもらったところ「人の身体が入るくらいの隙間がある状態では、上の留め金が掛かっていることはあり得ない」ということが分かった。つまり、警察の写真は、上の留め金を外しておきながら、その部分が写らないようにして撮影していたのだった。完全なねつ造写真である。

では何故、警察はこんなねつ造をしなければならなかったのか。

裏木戸は留め金が掛かっていた。一方、表の玄関は鍵が掛かっていなかった。犯人は表から逃げた、と考えるのが自然である。当初は警察もそう考えたはずである。しかし、それは「袴田犯人説」にとってはどうにも都合が悪い。なぜなら、袴田さんが本当に犯人なら、表の玄関からは出て行かない。裏木戸を出て、東海道線の線路を横切れば、そこが従業員寮である。表の玄関から出た場合には、ずっと遠回りをしなければならず、夜とはいえ表通りの何軒もの家の前を通ることになる（それも、行ったり来たり合計三回も）。そんな危険を冒すはずがない。

警察は早い時点から従業員に目をつけていた。理由のひとつは事件現場に落ちていた雨合羽で、これは従業員に支給されていたものである。そしてもうひとつは裏木戸の外に落ちていた現金の入った布袋である。専務の自宅と社員寮を結ぶ線上に現金が落ちていたのだ。

そんな状況の中で、警察は最終的に「ボクサーくずれ」（と内部報告書は書いている）の袴田さんに的を絞った。そして、「袴田犯人説」を完成させるにはどうしても「逃げ道の問題」を解決しなければならなかった。そこで考案されたのが「留め金の掛かった裏木戸を通り抜ける」という奇術まがいの脱出方法だった。

「現場の状況＝留め金は掛かっていた」は変えることはできない。だが、自白は捜査官が作文すればどうにでもなる。「奇術まがいの脱出」だろうと何だろうと、そういうことにすれば、「袴田犯人説」は完結する。そして、そういう自白が作られた。

しかし、どう考えてもこれには無理がある。実際にそんなことが出来るかどうかを論ずる以前に、留め金を外せばすぐ出られるのに、あえて留め金を掛けたまま、苦労して、時間をかけて出て行こうとする人間などいない、ということである。

まさに「バカげた」話である。こんな作り話を裁判所が信用するはずがない、と誰もが思う。しかし……。

(1)のパジャマは、その後の裁判の流れを考えると極めて重要な証拠である。それは、有罪の証拠としてではない。警察と検察の「ねつ造」を暴く上で、これほど重要な証拠はない。この「パジャマの捏造」から、やがて捜査機関の嘘が発覚し、作り上げたストーリーが破綻していくのである。

前の公判で、私のパジャマに油、血が付いていた、ということでしたが、事実は絶対に付いてはいません。公判で弁護人が「再鑑定できるか」と質問したら、検察側は「できない」と言いましたが、確かに付いているなら今日でも分かるわけです。血液型は一年でも、二年たっても分かるそうです。分からないということは付いていないわけです。確かに付いていたら、何故、物の半分を残しておかないのか。当然とっておくわけです。血液のことは重大なので、私は、もちろん再鑑定の申請をします。（袴田巖さんの手紙、一九六六年）

裁判は一九六六年の一一月から始まったが、このころの袴田さんは気力も充実していて、裁判の行方に期待を抱いている。「裁判官は分かってくれる」という素朴な信頼からか、文面は落ち着いている。いつも「お母さん」という書き出しではじまり、裁判のこと、息子や家族の安否の問い合わせ、獄中の生活などについて、思いつくまま書き綴っている。

「血染めのパジャマ」は嘘だった

秀子さんが当時を振り返って言う。

「『血染めのパジャマ』とでかでかと書いてあるの、新聞に。でも嘘だよ。だけど、よその人はそれを読んだら、ああそうかと信じる。仕方がない」

袴田さんの部屋から押収されたパジャマについて、当時の新聞は「血染めのパジャマ」と報道したが、実際には「肉眼的には血痕らしきものの付着は認められなかった」と警察は内部の報告書で明らかにしている。それにもかかわらず、警察は「通常の数倍の時間をかけて」やっと血液鑑定に成功し、その結果、パジャマからA型（専務）とAB型（長男）の血液を検出した、という。しかし、静岡県警から依頼を受けた科学警察研究所がもう一度鑑定をしたところ、その結果は「判定不可能」だった。

これに対し、弁護団は再鑑定を主張したが、既に二度も鑑定が行われたためにパジャマは原形を留めないほどに切り刻まれ、鑑定をするための試料（血液が付いている、と警察が主張する部分の布地）が残っていなかった。また、警察は、パジャマから放火に使われたものと同じ種類の油が検出されたとも主張しているが、これも再鑑定をすることはできなかった。

事件発生から一年半以上経った六八年二月に、静岡県警は内部向けの報告書として「事件捜査記録」を作った。この中に次のような一文がある。

「……油質の鑑定についても全国にその例を見ない画期的な鑑定に成功したもので……」

血液鑑定に続き、油の鑑定についても自画自賛している。しかし、パジャマからA型とAB型の血液が検出されたという鑑定も、放火に使われたものと同種の油が検出されたという鑑定も、再鑑定ができない以上、証拠とはなり得ないし、間違いやねつ造の可能性を払拭できない。横道に逸れるが、静岡県警は、証拠のねつ造に関しては過去に多くの実例がある。内部報告書でうそぶくのも、ねつ造の後ろめたさを隠すために煙幕を張っているのだと見ることができる。

これもやや横道にそれるが、「事件捜査記録」には取り調べに当った捜査官の報告や反省も載せられている。袴田さんの捜査がどういうものだったかを知るうえで興味深い。

「取調官は確固たる信念を持って、犯人は袴田以外にはない、犯人は袴田に絶対間違いないということを強く袴田に印象づけることにつとめる」

「調官がうっかりコップに水を一杯やったところ、それまでしおれていた袴田は生気を取り戻し、それ以後は平常に戻ってしまった」

こうした捜査手法が内輪の文書として残され、代々受け継がれていくのである。

五点の衣類

従業員寮に隣接する味噌工場の、醸造用の味噌タンクの底に近い所から、味噌にまみれた麻袋が発見されたのは、事件発生から一年二カ月後の六七年八月三一日、裁判の最中のことだった。従業員の一人が工場の一号タンクで味噌の搬出作業中に、タンクの底の方に異物があるのに気付き、警察に届け出た。

醸造用タンクは、タンクとは言うものの密閉されたものではなく、縦と横が二メートル、深さ一・六メートルのコンクリート製の桶のようなものである。

麻袋の中には、味噌に漬かり茶色に変色したズボン、ステテコ、ブリーフ、スポーツシャツ、半袖シャツの五点の男物の衣類が入っていた。また衣類にはすでに黒ずんだ血痕が付いていた。この五点の衣類の出現が、その後の裁判の様相を一変させる。

去る十三日に、ご存知の通り急に公判が開かれました。検事より血染めの着衣が、被告の持っていたものではないかと問われました。僕のに少し似ていましたが、しかし着衣は、世の中に似たものはたくさんありますが、あの血染めの着衣が絶対に僕のものではないという証拠は、ネームがないことです。ぼくの着物はクリーニング屋に出すので「ハカマタ」と入っています。血染めの着衣にはネームが入っていません。型も大きく、僕のものとは異なっています。

事件後一年二か月過ぎた今日、しかも（パジャマの）再鑑定の申請をしたら、こういうのが出ましたが、これは真犯人が動き出した証拠です。これでますます有利になりました。

（袴田巖さんの手紙、一九六七年）

袴田さんが指摘するとおり、この五点の衣類が発見された時期は、裁判の流れと無関係ではない、というより、裁判の進行状況と非常に深く関わっている。だから怪しい。袴田弁護団の小川秀世弁護士が解説してくれた。

「五点の衣類が発見された時期がどういう段階かと言いますと、検察側の立証がだいたい終わって、弁護側の立証に入ると、そういう段階だったんですね。それで、弁護側が立証の主眼に置いていたのは、パジャマなんです。パジャマに血痕が付いていた、というのはおかしい。血液鑑定はおかしい。あるいは油の鑑定もおかしいと。そこを集中的に弁護団が攻めようとしていた時期だったんです。そして、警察、検察は鑑定自体が脆弱だということを一番よく知っているわけです。そこで、公判を維持するためには、これをなんとかしなければいけないという危機感から、あの時点で五点の衣類を作ったと、私は思っています」

小川弁護士は「捜査機関が作った」、つまりねつ造だと断言するが、弁護団がねつ造を前面に押し立てて闘うのは、ずっと後になってからで、当時の弁護団は、すぐにはそのようには考えなかった。むしろ、それらの衣類は（犯行着衣かどうかは別にして）袴田さんのものではない、という主張を展開した。

一方、五点の衣類が発見されてからの警察、検察の動きは非常に素早い。

六七年八月三一日に五点の衣類が発見されると、九月一〇日に警察は袴田さんの実家の捜索差押許可状を裁判所から受けている。捜索目的は「手袋、バンド」となっていて、一見、五点の衣類とは関係がないように見えるが、この捜索目的はごまかしで、実は大いに関係のあることが後で分かる。

九月一一日に検察官が五点の衣類の証拠調べを請求した。立証趣旨は「被告人が五点の衣類を着て犯行に及んだこと」だと言う。この時点で、五点の衣類が犯行着衣であり、かつ、袴田さんの物である、と言い切っている。なぜ、そこまで言い切る自信があるのか。

その翌日九月一二日には、袴田さんの実家で捜索が行われ、この時、刑事が箪笥の中から一枚の布切れを発見し、押収している。この刑事は「同布片は……タンク内より発見された黒色様ズボンと同一生地、同一色と認められ、前記ズボンの寸をつめて切り取った残り布と認められた」と報告している。これが後に、五点の衣類と袴田さんを結びつける証拠になる。

そして九月一三日、検察は「犯行着衣はパジャマである」という冒頭陳述を撤回して「犯行着衣は五点の衣類である」とした。

さらに九月一八日、検察は端布（袴田さんの実家の箪笥の中から押収した布切れ）を裁判所に提出すると同時に、鑑定を申請した。

これら一連の捜査機関の動きは非常に素早く、それ故に怪しい。例えば、端布が押収されるより前に、五点の衣類を袴田さんの物であると断定している点や、端布の鑑定結果が出る前に（鑑定結果が出るのは三ヵ月後だが）味噌タンクから発見されたズボンの残り布である、として裁判所に提出するなど、袴田さんの実家からズボンの端布が発見されるのをあらかじめ見通していたかのような行動である。あらゆる点で手回しが良過ぎるのだ。

弁護団が後に「端布は捜索の際に刑事によって持ち込まれた物だ」と主張するのも頷ける。

ずっと後になって、弁護団が「五点の衣類はねつ造である」という主張を展開することになる根拠を、ここで紹介しておく。
(1)、五点の衣類のうち、ズボンは袴田さんには小さすぎて穿くことができなかった。検察は味噌に漬かっている間にズボンが縮んだのだ、と主張した。

(2)、五点の衣類の血の付き方がおかしい。例えば、ズボンよりもステテコの方に大量の血が付いている。また、ブリーフにはB型（妻）の血液が付着していたが、ステテコ、ズボンにはB型の血液は一切付いていなかった。これでは、四人を殺害している最中にズボンを脱いだり、さらにステテコまで脱いでブリーフ一枚になった、ということになってしまう。

(3)、事件発生から間もない時期に、警察は工場内を隈なく捜索している。一号タンクはその頃、仕込み前で、ほとんど空に近い状態だったので、犯人がこの時期に衣類を隠したのであれば、警察が見逃すはずがない。一号タンクはその後、味噌の仕込みが行われて満杯になり、タンクが再び空に近い状態になるのはおよそ一年後である。こうした状況から、五点の衣類は、事件から一年以上経ってから、つまり従業員が発見する直前に、何者かによって（つまり警察によって）タンクに投げ込まれた、と考えるほかない。

(4)、五点の衣類のうち、緑色のブリーフについては従業員が「袴田さんが緑色のブリーフを穿いていた」と言っている。しかし、袴田さんの逮捕後、社員寮にあった私物が実家に送り返されたが、その中に緑色のブリーフがあった。これは家族だけでなく弁護人も確認している。一枚しかなかったはずの緑色のブリーフがなぜ二枚になったのか。

(5)、事件直後、袴田さんは右上腕部に怪我をしていた。袴田さんは、消火作業を手伝っている時にできた傷だと言っており、その時着ていたパジャマには右肩の部分に鉤裂きの穴ができている。ところが、五点の衣類のうち、スポーツシャツと白の半そでシャツにもそれに符合するように、右袖の上のほうに穴が開いていた。一度の怪我でそんなにいくつもの穴が開くはずがない。どちらかが偽物だ。

ほかにも、ねつ造の根拠はいろいろあるが、何よりも奇妙なのは、もし五点の衣類を犯行着衣だとするなら、被害者の血が付いていた（と警察が主張する）パジャマは、一体何だったのか。警察も検察もこれを合理的に説明することはできない。ねつ造の上にねつ造を重ねたために、とんでもない矛盾が生じて収拾がつかなくなってしまった、としか言いようがない。

袴田さんはパジャマを着たままで消火作業を手伝った（寝起きで駆け付けたのだから当然だ）。その際に右腕にけがをして、パジャマにも鉤裂きができた。ここまでは事実である。そしてここから先はすべて警察と検察のねつ造、偽装工作ではないのか。

まず、警察は袴田さんを犯人に仕立てるために、パジャマを犯行着衣として社員寮から押収した。そして、鑑定の結果、被害者の血液と放火に使った油が検出されたとして嘘の鑑定書をでっち上げた（その際、再鑑定ができないほどに試料を使い切ったということにした。再鑑定をしたら嘘がバレるから）。こうして裁判に臨んだ。ところが、裁判で雲行きが怪しくなってきた。「パジャマで犯行に及ぶ人間がいるのか」と誰もが思うだろう。そこで、不利な形勢を逆転するために、新たに「五点の衣類」を犯行着衣としてでっち上げることにした。その着衣と袴田さんを結び付けるために、ズボンの裾を切り取り、刑事が隠し持って袴田家の捜索に立ち会い、箪笥の中から出てきたように見せかけて押収した。ところが、ここで困ったことが起きた。「五点の衣類」を犯行着衣とするなら、最初に犯行着衣とした（血液鑑定などの嘘で固めた）パジャマが浮いてしまう。仕方がないので、破れかぶれだが「犯行の途中で着替えた」ということにした。出来の悪い小説のようだが、このように考えないと、犯行着衣が二種類も出てきた謎は解明できない。

お母さんへ

拝啓、お母さん右手が悪いようでお見舞い申します。

私の公判も三〇回を重ねてすべて終わり、ひたすら判決を待っているわけですが、裁判を省みて、警察の偽証が強く目立ち、遺憾にも、まったく庶民を裏切る不当な行為というより言いようがありません。この不当が通るならば、庶民には世の中は真暗です。結果について、私は多くは言いませんが、裁判長が事実を見あやまらないかぎり、私は無罪と確信しつつ七月一八日の判決を待つこの頃です。

（袴田巖さんの手紙、一九六八年）

判決

一九六八年九月一一日、静岡地方裁判所は袴田さんに対して死刑を言い渡した。

検察側の主張を鵜呑みにし、その主張の中にある明白な矛盾にも目を瞑った杜撰な判決だった。これまで見てきたいくつかの争点のうち、「五点の衣類」と「裏木戸からの脱出」の二点について裁判所の判断を見てみる。それだけで、この判決の異常さがよくわかる。

「五点の衣類」について

裁判所は、五点の衣類は犯行着衣であり、袴田さんの物である、と何の疑念もなく認めている。弁護団は「警察が事件後すぐに捜索をしたはずの場所から、一年以上経って、衣類が発見されるのはおかしい」と主張したが、裁判所はこれを否定するのに「……捜査官は七月四日に令状に基づいて工場内の捜索を行ったが、その際は右一号タンク内の捜索はしなかった等の事実が認められるからである……」と言っている。つまり、事件後すぐに、犯人である袴田が五点の衣類をタンクの中に捨てたのに、捜査官がたまたま見過ごしたのだ、と裁判所は認定した。しかし、これは捜査官がそのように言っただけであり、実際にそうだったかどうかは分からない。むしろ、工場内を捜索したのであれば、その中心的な施設である味噌タンクに目がいかないはずがない。さらに、事件発生当時ほとんど味噌の残っていなかったタンク内を当然、調べたはずである。そして、もし五点の衣類がそこにあったのなら、見つけたはずである。見つからなかったということは、なかったということである。この判決は、捜査官が「そこはきちんと調べませんでした」と言ったのに対し、裁判官が「じゃあ見落としたんですね」と助け舟を出して、五点の衣類がそこにあったことにしてしまう、そういう判決である。こうした認定が延々と続く。

五点の衣類と袴田さんを結び付けている「端布」については、袴田さんのお母さんが法廷で「箪笥の中にそんなものはなかった」と証言したが、裁判所は「その供述態度はあいまいかつ作為的で信用しがたい」として認めなかった。証拠で判断するのではなく、発言した人が弁護側であれば「否＝ノー」、検察側であれば「是＝イエス」という、それだけのことだ。

こうして、五点の衣類は犯行着衣になった。

それにしても、五点の衣類を犯行着衣だとすると、パジャマは一体なんだったのか、という問題は最後まで残る。警察は、付いていないはずの血を「付いていた」ことにしてしまったが、五点の衣類を新たに犯行着衣としたことにより、自らの首を絞めることになったのである。捜査機関の言うことには全て「イエス」と言う裁判所であるから、パジャマについても「人血が付着し、そのうち上衣の左胸ポケットの人血はAB型（長男）……下衣の右膝の人血はA型（専務）……であることが認められる」として認定してしまった。このパジャマの血液については、再鑑定をすることができないので、証拠とはなり得ないが、とにかく裁判所は再鑑定が出来なくても、これを証拠として認めてしまった。その結果、犯行着衣が二つになってしまい、困り果てているかと思いきや、判決は、「犯行の途中で、五点の衣類からパジャマに着替えた」ということにして、この矛盾の辻褄合わせをした。しかし、袴田さんの自白調書にもそんなデタラメは書かれていないし、辻褄合わせにしても漫画のような作り話である。

このデタラメなストーリーは、困り果てた検察が論告の際に破れかぶれに作り出したものだが、裁判所はこのストーリーに便乗した。しかし、後ろめたさがあったのか、判決では「どこで、どうして着替えたかは不明だが……」と言い訳めいた一言を入れている。「犯行の途中でパジャマに着替える」、こんなデタラメは裁判の世界では有り得るかも知れないが、現実にはどう考えても有り得ない。

「裏木戸からの脱出」について

起こり得ないことが、この判決では簡単に起きる。裏木戸からの脱出である。弁護側の主張は「留め金を掛けたままでは出られない。警察の実験はねつ造である」というものである。さらに付け加えるなら「出るのなら、留め金を外すはずだ」（それが普通の人間のする合理的な行動である）ということになる。ところが判決は「（捜査機関が）実験したところ、脱出が可能であったことが認められる」とだけ言って、袴田さんが閉まったままの裏木戸をこじ開けて出て行ったことにしてしまった。ここでも、警察が「やってみたら出来ました」と言ったのに対して「分かりました。じゃあ犯人はそこから出たということで」と言って裁判所が鵜呑みにしてしまう図式である。ねつ造の可能性も一切吟味せず、普通の人間なら絶対にしないようなことを、判決の中の犯人は理由もなくしてしまうのである。

判決文の中でしか有り得ない手品がここでも行われた。
この判決を出したのは、石見勝四裁判長、高井吉夫裁判官、そして熊本典道裁判官である。

御母サン
私ノコトデ　無用ナ心配ナドシナイヨウ
早ク全快シテ下サイ
巌より
お母さんえ

（袴田巌さんの手紙、一九六八年・判決直後）

この判決には一部分、ほかの部分とは全く論調の異なるところがある。その不整合について触れておく。ここではその違いを明確にするため、便宜上「良い裁判官」、「悪い裁判官」と表記する。

この事件では、起訴の時点で四五通の自白調書があり、裁判所はこれを証拠として採用した。しかし、判決では四五通のうち四四通を職権で排除した。その理由を判決は次のように述べている。まず、捜査官によって作成された二八通については、自白までの取調べ時間が、最長で一日一六時間二〇分、平均一二時間という異常な長さだったこと、弁護人との接見も、二〇日間の間にたった三回で、その合計時間が三七分に過ぎないことなどを指摘した上で、「被告人が自白をするまでの取調べは、（中略）外部と遮断された密室での取調べ自体の持つ雰囲気の特殊性をもあわせて考慮すると（中略）被告人の自由な意思決定に対して強制的・威圧的な影響を与える性質のものであるといわざるをえない。」

と警察の取り調べ方法を厳しく糾弾し、このような状況下で作成された二八通には証拠能力がないとした（良い裁判官）。さらに、起訴後に作成された一六通についても、起訴後の取調べは任意捜査の場合にのみ許され、強制捜査としての被告人の取調べは許されない、と前置きした上で、

「本件検察官が起訴後に行った被告人に対する取調べは、すべて『任意捜査としての被告人の取調べ』ということはできず、」

として、これも排除した（良い裁判官）。

「悪い裁判官」が支配的なこの判決の中で、ここだけは「良い裁判官」になっているので、驚くほかない。しかし、この二八通と一六通の間に挟まれた一通（起訴当日、検察官によって作成された自白調書）だけは「任意性がある」として証拠として認めてしまう（悪い裁判官）。その理由は、

「証人吉村英三（検察官）の当公判廷の供述によっても、被告人のいうごとく同人が被告人を取り調べる際大声でどなったり、机の上を叩きつけたり等したり、また、『自供しない限り二年でも三年でも勾留するぞ』とか、『警察で認めたのに、なぜ検事に対して認めないのか』等と言った事実も認められない。」

と言うのだが、ここで再び悪癖が出て、検察官が法廷でそう言っただけで、それを鵜呑みにして認定してしまうのである。いつもの「悪い裁判官」に逆戻りしてしまった。

結局、この一通の自白調書によって「死刑」を言い渡すのであるから、結論としては「良い裁判官」の意見は「悪い裁判官」に駆逐され、捨て去られるのである。

この判決文では、その後もう一度だけ「良い裁判官」が出てくる。それは、当初パジャマを犯行着衣としておきながら、公判の途中で、犯行着衣を五点の衣類に変更するという、異常ともいえる捜査の進め方について「付言」という形で苦言を述べている部分である。

「このような捜査のあり方は、『実体真実の発見』という見地からはむろん、『適正手続の保障』という見地からも、厳しく批判され、反省されなければならない。本件のごとき事態が二度とくり返されないことを希念する余り敢えてここに付言する。」

これだけ言い切るなら無罪を言い渡すのが筋だが、実際には、すぐ次の行に「有罪の理由」と続き、瞬時に「悪い裁判官」に逆戻りして、以後はずっと悪いまま、死刑判決に突き進むのである。

この不整合はいったい何なのか。「悪い裁判官」が一瞬だけ憑依したように「良い裁判官」に変わる。判決文の中のこの二重人格はどこから来るのか。

元裁判官で、袴田事件の弁護人の一人でもある秋山賢三弁護士が『季刊・刑事弁護』（10号、一九九七年四月刊）の中で、次のように書いている。

「判決を読めば誰もが気のつくことであるが、原一審判決の論述のうち、自白の任意性を否定する論理と、任意性を肯定する論理の双方を比較してみると、そこにははっきりした格調の相違と、刑訴法に対する解釈態度の相違というものが明白に読み取れることである。また同時に、両者の間には、内容的にも明白な齟齬が存在することである。

われわれは、当時の静岡地裁刑事部の構成等、裁判所の諸要素を種々分析の結果、結局、右の『付言』や判示相互間の齟齬は、原一審判決における『合議の分裂』の表れであり、無罪心証を抱く者と有罪への予断・偏見を抱く者との凄まじい相剋の産物としてのみ理解しうる、との結論に到達した。

『合議の分裂』という意味は、請求人（袴田巖さん）に対して死刑判決が言い渡されているけれども、三人の裁判官のうちの一人の裁判官は無罪の意見であったことを意味している」

九七年の時点では、秋山弁護士のこの論旨は推測でしかなかったが、これが正鵠を射ていたことが、後に明らかになる。

〇七年三月に、元裁判官の熊本典道氏（袴田事件の一審の裁判官）が支援者らとの面談の中で、「私は無罪の心証を持っていた」と告白し、テレビや新聞で取り上げられた。新聞記事によれば、熊本氏は、裁判官は判決に至るまでの評議の内容を漏らしてはならない、と裁判所法で定められていることを知った上で、「一日も事件のことを忘れたことはなかった」と涙ながらに語った。さらに、三人の合議体で行われた第一審の審理で「無罪を主張したものの、二対一で自分の主張は通らなかった」とも語った。

袴田さんは、多数決によって「死刑」を言い渡されていたのである。合議制は良くないと訴えていた冨士茂子さんの言葉が思い出されるような判決だ。三人の合議は慎重な審議にはならず、責任が分散してしまうと冨士さんが指摘した通り、熟議もなく単純な多数決に陥っていたことがこの判決文により露呈してしまった。

控訴、そして上告

……端布等、私の物ではない。したがって私の荷物の中に存在するわけは、また絶対無い。それなのに、刑事は実家にあったと偽って法廷に端布を持ち出している。

……本件の刑事等はここらで反省し、一般国民の前に真実ありのままを述べ、問題の血染のズボン等端布など、警察は何処で手に入れたか等を明らかにすると同時に……仮に血染の衣類が警察の偽証でないなら、なんでズボン等の衣類が誰の物か徹底捜査をしないのか。

（袴田巖さんの手紙、一九七〇年）

控訴審では、「五点の衣類」についての弁護人と検察官との攻防が続いていたが、袴田さん

も この件について、手紙の中で自らの主張を述べている。当初は「五点の衣類が自分の物ではないことが明らかになれば」すぐにでも「無実が証明される」という強い自信がうかがえたが、端布の出現をきっかけに、もしかすると自分は警察に嵌められたのではないか、と考え始める。やがて、ねつ造ではないかという「疑念」は「確信」に変わっていく。袴田さんは捜査機関の底の知れない悪意に気付いて打ちのめされると同時に、一審判決以後、裁判所が当てにならないことも痛感するようになった。自信を持っていた裁判の行方がだんだん不透明になり出した。

……私も冤罪ながら死刑囚。全身にしみわたって来る悲しみにたえつつ、生きなければならない。そして死刑執行という未知のものに対するはてしない恐怖が、私の心をたとえようもなく冷たくする時がある。そして全身が冬の木枯におそわれたように、身をふるわせるのである。自分の五感さえ信じられないほどの恐ろしい瞬間があるのだ。

（袴田巖さんの手紙、一九七三年）

死刑というものに初めて言及した手紙である。しかし、文章に乱れはなく落ち着いている。この頃から、裁判についての主張と、こうした思弁的な内容が交錯し始める。裁判について語る時には、前向きで意気軒昂だが、それ以外のことを書くときには、しだいに陰鬱になっていく。しかし、いずれにしても、書くことだけが袴田さんと外の世界を繋ぐ唯一の糸であり、その細い糸に必死にしがみついている切実さが、どの手紙にも溢れている。文字は書きなれて達筆になり、一方、文章は少しずつ理屈っぽくなり、長文になっていく。

一審判決が出て二カ月後、母のともさんが亡くなった。そしてさらにその五カ月後には父の庄市さんが後を追うようにして亡くなった。裁判の傍聴や弁護団との打ち合わせは秀子さんが中心になって動いた。

「母親が（巌さんの逮捕以後）ずうっと一所懸命やっていて、裁判にも行ってました」

「判決後、お母さんが病気で倒れましたね」

「巌は駄目かいね、巌は駄目かいね、と言い続けて亡くなったんですよ。その母親の想いを背負っているんです、私は」

「巌さんのことがお母さんの寿命を縮めた？」

「そう、縮めたね。六八歳で亡くなったからね。六八で死ぬような母親じゃなかった。巌のことで精神的に参っちゃって、それで、病気で寝ている自分の父親より先に、親を置いて死んじゃったんだよ。だから、その母親の想いね、巌は駄目かいね、駄目かいね、と言って死んでいった、その想いです」

兄弟は多かったが、みな家族を持っている。離婚して一人でいた秀子さんに母の想いは託された。

「私は一人でいたでしょ。他の兄姉はみな嫁いだり、嫁さんがいたりするから、その人たちにやれっていうのは無理。そりゃみんな集会だって東京まで行ったりして協力してね、それぞれやっていた。でも、これは私がやるしかないなと思ってやったんです。私が中心というとおかしいが、最終的にそうなったんですね」

「裁判では無罪判決が出ると思っていた？」

「無罪を取れるというふうに巌は思っていた」

「秀子さんも？」

「もちろん。巌が言う通り、裁判官は本当のことが分かってくれると。検察はともかく、裁判官は信用していたから。だから、手紙にもそう書いてくるわけ。呑気なことを書いてくるわけですよ」

「でも、研ぎ澄まされている感じでしたよ、手紙を拝見すると。裁判については、秀子さんも随分勉強されたんですね」

「いや、私は、勉強はしませんでした、成り行き任せで。でも、それが勉強になりました。弁護士と話をしたり、(法律の)先生の話を集会で聞いていて、ああ、こういうことかと、ね。特に勉強なんかしない。成り行きでやってきて、それが勉強になったんですね」

控訴審からは、秀子さんは巌さんと面会するために東京拘置所まで通った。

「毎月、拘置所に行きましたね」

「それはね、刑事事件だから、弁護士にちゃんとやってもらうしかない。裁判の方は、私たちが口出しすることじゃない。だから、わたしは巌に面会に行って、差し入れか何かをしてやるのが仕事だと思ったんです。それで、毎月会いに行った。始めは半年に一回くらいだったの。そしたら巌から手紙がきた。拘置所内のある人と文通しているが、その人のお姉さんが来るたびに自分にも差し入れをしてくれる、だから、私が行った時には、お返しをしてほしい、ということでした。そのお姉さんは、毎月大阪から来ていると書いてある。手紙には、私にも毎月来いとは書いてないが、私は、ああそうかと思って、それからは毎月行くことにした。ほかに用もなかったしね」

弟は、頻繁に来てほしいとは言わないが、姉にはその気持ちが伝わった。それ以後、毎月新幹線で東京に通った。


次の手紙は、袴田さんが両親の死を知った時のものである。既に述べたように、一審判決の二カ月後に母のともさんが、そしてさらにその五カ月後に父の庄市さんが亡くなったが、家族はそのことを長い間、獄中の袴田さんには伝えず、隠していた。ショックが大きすぎると考えたのだ。しかしある日、袴田さんが手紙で「今朝、お母さんの夢を見た。夢の中ではとても元気そうだった。元気でいるといいですが」と書いてきた。家族は隠しきれず、事実を伝えた。

袴田さんは、お母さんからの手紙が途絶えたことから、すでに察していたのである。

さて、私の拘留中、昭和四三年母からの便りが突然途絶えた。私はこの時自分の人生で最も悲しい時が迫るのを感じ、体中一気に凍るような衝撃を受けた。そして私の手がわななくのを、唯呆然と見る以外すべを知らなかった。総身に黒いさざ波のような戦慄が渡るのを感じながら、私は浮世の全てを呪いたい狂暴な気持ちの中で、またしだいに絶望状態に陥ったものであった。その頃、獄中で両親の死を知った。私はこの事実が何かの間違いであることを神に祈った。しかしながら、真実は誰にもこばむことはできないのである。

（袴田巖さんの手紙、一九七四年）

……さて肩から胸のあたりを、私は愛撫するように何度も掌で這わせて見た。するとその自分の肩に、ずっしりと重い災厄の荷を背負わされた自分がいとおしくて、思わず目頭が熱くうるんでくる。法を犯した捜査陣は、当審で全敗するだろう。万一敗訴。私の脳裏にはすぐさま生と死への二つの姿が浮かびあがり、ごく短い時間の間を私は私なりに苦しく、切なく思いなやむのである。しかしながらこれは妄想である。本件においては、私の勝利は、もはや不動である。

（袴田巖さんの手紙、一九七五年）

控訴審の判決が近づくと、袴田さんの心は乱れ、しばしば冷静さを失う。「大丈夫だ」と思う次の瞬間に「駄目だ」という絶望が襲う。激しい感情の揺れが、袴田さんの心の平安を乱し、蝕み、しだいに壊していく。

一九七六年五月一八日、東京高等裁判所は控訴を棄却した。

確定囚は口をそろえて言う、死刑はとても怖いと。だが、実は死刑そのものが怖いのではなく、怖いと恐怖する心がたまらなく恐ろしいのだ。（袴田巌さんの手紙、一九八〇年）

一九八〇年一一月一九日、最高裁判所は上告を棄却し、袴田さんの死刑判決が確定した。翌年四月二〇日、弁護団は静岡地裁に再審請求の申し立てをした。

再審への長い道

死刑判決の確定は巌さんの心を押しつぶした。面会室でも、巌さんの様子は確定前と大きく変わったと秀子さんは言う。

「確定する前はものすごく元気でしたからね。兄貴たちと三人で行くでしょ。そうすると、待ってたホイで、べらべらと事件のことをしゃべるの。私ら三人はうんうんと相槌を打つのが精いっぱいだった。三〇分がすぐ経つでしょ。それで外に出て、巌元気でよかったね、と私たちの方が励まされていた、確定前はね。で、死刑が確定して死刑囚だけがいる所に行ったら、環境ががらりと変わるでしょ。そしたら、ものすごく大人しくなった。半年くらいして、やっぱり処刑があったでしょ。すぐ隣の部屋の人が……。あれはショックだったと思う。あの時は、（面会に行ったときに）とっさに部屋に入ってきて、昨日処刑があったって、私に言った。それが最初ですね、あるとはわかっていても。あとで考えたけど、近々処刑される人の隣に新米の死刑囚を入れるのかなって思った、見せしめのように、ね」

良心は無実の人間のいのちを守る唯一の声である。暗く苦しい夜が長ければ長いほど、ひときわ声高く響く良心の声よ。暗鬱と悲痛と憤怒の錯綜した獄中一四年有余、私を支えたのはその声だ。鶏よ、鳴け、私の闇夜は明るくなった。鶏よ、早く鳴け、夜がゆっくり明け始めている。

（袴田巖さんの手紙、一九八一年）

死刑判決の確定後、手紙の内容が大きく変わってくる。この頃から袴田さんは聖書を読むようになった。

「そこで、あなたがたに言うが、なんでも祈り求めることは、すでにかなえられたと信

じなさい。そうすれば、そのとおりになるであろう」（袴田巌さんの手紙、一九八一年）

マルコによる福音書の一一章二四節を手紙の中で引用している。自分の心情を言い当てている言葉や、希望を抱かせる言葉を聖書の中に求めるようになった。信仰を深め、この頃には日課の中に必ず聖書を読む時間を入れている。しかし、死刑の恐怖は片時も心から離れることがない。

ドアに付いた染みが死を意味したり、壁の色が何か異様に見えて人間の姿に固まり、その顔は大分前に処刑された者であったりする。私が独房内を歩くと、その度に蛍光灯がチカチカするように感ずる。電灯が無数の硝子に反射している。そして私を見つめている。私に向かってすべて反射しているように見える。風も私に向かって吹いている。本や新聞を開くと悪いことがその中にひそんでいる。（袴田巌さんの手紙、一九八一年）

秀子さんは、死刑判決の確定後も毎月の面接を欠かさずに続けた。

袴田巌さんの心に変調が生じ、しだいに内側に閉じていく頃の様子を、秀子さんはよく憶えている。

「やっぱり、死刑が確定してからだね、ひどくなったのは。はじめのうちは『電気が走る、電気が走る』って言うの。『電気を出すやつがいる、かなわんぞ』って言うの。看守のなんとかという人となんとかという人が電気を出すと」

「それで（面会に行った）私たちも、そんな電気を出す人なんているわけがないと思いながらも、あれ、おかしなことを言うなと思いながらも、電気も体にいいだよ、電気風呂というのもあるだからね、と初めのうちは（弟に合せて）言っていたの」

息子よ、お前が正しい事に力を注ぎ、苦労の多く冷たい社会を反面教師として生きていれば、遠くない将来にきっとチャンは、懐しいお前の所に健康な姿で帰っていくであろう。そして必ず証明してあげよう。お前のチャンは決して人を殺していないし、一番それをよく知っているのが警察であって、一番申し訳なく思っているのが裁判官であることを。チャンはこの鉄鎖を断ち切ってお前のいる所に帰っていくよ。

（袴田巖さんの手紙、一九八三年）

息子に力強く語りかける父親。袴田さんは何度か息子に宛てて手紙を書いている。殺人犯人の息子、という境遇に陥れてしまったすまない気持ちと、父としての威厳がいつも綯い交ぜになっている。

この頃の袴田さんは読書三昧の日々だったに違いない。恐怖にがたがたと震える日がある一方で、達観して穏やかな時間もあった。そんな時の手紙は、独房の周りにある小さな自然の営みに目を凝らし、鋭い観察眼で描写している。

獄庭のたんぽぽが昨日の雨を嫌っていっせいに花弁を閉じてしまった。私は見ていて不気味さを覚えた。自然の摂理にこれほどはっきりした行動をもって挑むものが雑草の中にあるのか。これほどの対処性は動物のものと思えてならない。普通花というものは雨に打たれて術なく、その生を散らすものである。このたんぽぽは、自分をよりよい花として完成させる目的を持っているようだ。今朝は閉じていたが、日が当ったら昨日より今日は、パッと咲いた。自ら理想に向かっていた。

（袴田巖さんの手紙、一九八三年）

居房の天井に蜘蛛が巣を張った。どこから入って来たのか、小指の爪ほどの蜘蛛である。一〇日も経つが糸には虫はかからない。

独房内では所詮無理だ、私は見かねて外に出してやろうと思った。しかし、この房には爪ほどの物を外に出す隙間もないのである。仕方ないので、お茶の配当の際、食品口が開けられるので、その時そっと廊下に出した。餌にあり付いたか。

（袴田巖さんの手紙、一九八三年）

一九八四年のクリスマスイブに袴田さんは東京拘置所内でカトリックの洗礼を受けた。八一年に再審請求をして以後、裁判の動きは非常にゆっくりとしていたが、袴田さんの周辺では、地元に新しく支援組織が結成されたり、日本ボクシング協会が再審の支援をアピールするなど、様々な動きがあった。

死刑囚がどんなに一人ずつか、ということを執行間際まで誰も考えないものである。身の回りには活気のある仲間がいっぱいいる。死ぬ相談よりも、生き残るための相談の方が多い。しかし、どんなに仲のよい無二の友人関係になっていても、殺される時は一人なのである。

（袴田巖さんの手紙、一九八四年）

拘置所や刑務所、自由のない狭い場所に長く閉じ込められていることによって、心に生じる様々な障害を拘禁症、拘禁性精神病という。

九〇年代になると、袴田さんからの手紙は文字が荒れて判読が難しくなり、内容も支離滅裂なものが多くなってくる。そして、この頃から秀子さんや家族、弁護士との面会を断るようになってきた。たまに面会室に来ることがあっても、秀子さんとの会話すらうまくかみ合わず、意思の疎通がむずかしくなっていった。

一九九四年八月、静岡地裁は袴田さんの再審請求を棄却した。弁護団はその三日後、東京高裁に対して即時抗告を行った。

即時抗告以後、袴田弁護団は捜査機関による証拠のねつ造を前面に打ち出し、五点の衣類に付いている血液のDNA鑑定を裁判所に申請した。つまり、この衣類に付いている血液が本当に殺害された家族四人のものかどうかは、従来の血液型の判定だけでは分からないが、DNA鑑定をすれば明らかになるはずだ。もし、五点の衣類についている血液のDNAが被害者家族のDNAと合わなければ、これはねつ造の証拠になる。裁判所もその意義を認め、重い腰を上げたが、結局、試料が古い上に、味噌が付着していたため、DNA鑑定は成功しなかった。

九五年以降は手紙も葉書もほとんど途絶えた。しかし、会えなくても、秀子さんは拘置所に通い続けた。

「巌さんが面会を拒否するようになりましたね。でも、東京まで出掛けて行った」

「まだお前を見捨ててないよ、というメッセージを送るだけでもいいと思って行った。会えなきゃ会えないでもいいよ、ね」

「それは秀子さんには辛いですね」

「辛くはなかったよ。まあ、長いことあんなところに居りゃ、こうなって当たり前だと思った。まともじゃないんだから。言ってみれば、私より巌の方が苦労しているんですよ、つらい想いを。私は世間がいくら冷たかろうが、何を言おうが、とにかく自由に動ける。だけど、巌はもっとつらい想いをしている。それがあって、ああ、何年もあんなところに居りゃ、ああなって当たり前だと思っている。何やかやと変なことばっかり言うでしょ。絶対に逆らわなかった。ああ、そうだね。じゃあ、そうするだね。頑張るだからね。そういう返事をしていた。お前、駄目じゃないか。本当はそう言いたいが言えなかった。何十年もこんなところに入れられて。顔を見て、元気ならそれでいいと思うことにしていた」

「秀子さんの頑張り屋の性格はどこから？」

「持って生まれたものもあるのかも知れんが、これ（この事件）で養われたということもある。おかしいかもしれないけど、この冤罪事件でむくむくと湧き上がったんじゃあないかと思う。これ、平凡に暮らしていれば平凡に、もっと大人しく素直ないい子に育ったはずだよ」

「心が折れそうになったことは」

「いや、そういうことはなかった。こんなことに負けてたまるか、ということです。この袴田の家から死刑囚なんか出してたまるかって思っていた。誰のためでもない。それは気持ちの中にうんとあった」

「秀子さんを支えたものは？」

「私の支えは……とにかく世間に負けてたまるか。わたしは、負けてたまるかという言葉を使うけど、裁判に負けてたまるか、世間に負けてたまるか。本当に世間ではいろいろ言うでしょ、直接言わないにしても。あの人、死刑囚よと。だけど私はね、言いたきゃ言わしときゃいいと。直接私に言ってきたら、お前見たのかと言ってやるつもりでいた。そこまで腹を決めた」

「遠州の女ですかね？　そんな言葉はないと思いますが」

「そういうのはないね。私は、よくも悪くも特別だと思うね。こんな女がいっぱいいると思ったら大間違い。こういう経験をしたということがね、あまりいいことじゃないが、言ってみれば、そんな人は少ない。少ないからこそ余計に目立つ、ね」

二〇〇四年八月、東京高裁は即時抗告を棄却した。弁護団は直ちに最高裁判所に特別抗告の申し立てをしたが、〇八年三月に最高裁がこれを棄却し、第一次再審請求は終わった。

二〇〇八年四月、弁護団は静岡地裁に第二次再審請求の申し立てをした。そして、結論から先にいえば、この六年後に静岡地裁で再審開始決定が出されるのだが、これは大きな意味を持つ六年間だった。DNA鑑定の国内での鑑定技術が飛躍的に向上する時期でもあったのだ。つまり、九〇年代の終わりに袴田事件のDNA鑑定が行われ、それは不成功に終わるのだが、その後二〇〇〇年代に入ると、DNA鑑定は、親子鑑定などのビジネスとしても注目されるようになり、その精度も格段に進んだ。第一次請求時には不可能だった鑑定が最新のDNA鑑定技術によって可能になったのである。

再審開始

二〇一四年三月、静岡地裁は再審開始を決定した。

八一年四月に第一次再審請求を申し立ててから再審開始まで、気の遠くなるような年月が費やされた。あまりに長い道のりと言える。裁判官に有無を言わせぬ「無実」を突き付けるためには、どうしても最新の科学鑑定の威力を借りる必要があったのかも知れない。この背景にはもちろん二〇〇九年の足利事件の再審開始決定、そして一二年六月の東電ＯＬ殺人事件の再審開始決定がある。いずれもＤＮＡ鑑定が再審開始決定とそれに続く無罪判決の決定的な証拠になった。かつて未熟なＤＮＡ鑑定技術が足利事件や飯塚事件で冤罪を生んだ時代に比べれば隔世の感がある。しかし、もちろん油断はできない。科学鑑定といえども「ねつ造」の余地はいつも残されている。だから公正な使い方が求められる。その意味でＤＮＡ鑑定はかつても、そしてこれからも両刃の剣であり続ける。

「五点の衣類はねつ造である」。この決定を要約するとこの一言に尽きる。

再審開始決定は、ＤＮＡ鑑定などによって「五点の衣類」を「ねつ造」であると断定した。そして、そこからもう一度すべての証拠を読み解き、「袴田さんは犯人ではない」という結論を導き出した。決定が辿った道筋を簡潔になぞってみる。

●「五点の衣類」がなぜ重要なのか

決定は、（袴田さんを犯人であると断定した）確定判決について、「袴田の犯人性を肯定するについて、五点の衣類が犯行に用いられた着衣であり、かつ、袴田のものであると認められることを証拠上最大の根拠とし、その他複数の客観的状況も併せると、袴田が犯人であると断定することができるとしている」。

そして、自白調書は補充的に使われているにすぎない、と述べている。つまり「五点の衣類」こそが袴田さんの有罪の根拠である、と明言した。

続いて決定は、

「弁護人が提出した証拠等を検討した結果、袴田の犯人性を肯定した確定判決の事実認定に合理的な疑いが生じたと判断した。以下、その理由を説明するが、その判断を大きく左右したのは、確定判決の証拠構造上最も有力な証拠であった五点の衣類に関する新証拠である①DNA鑑定関係の証拠及び②五点の衣類の色に関する新証拠であるから、まず、それらについて論じる」

と述べている。つまり、有罪判決は間違っている、なぜそう判断したのか、「五点の衣類」に関する次の二つの新証拠を吟味すれば分かる、という。

1、DNA鑑定

2、五点の衣類の色に関する新証拠＝衣類の味噌漬け実験
そして、以下、この二つの新証拠について評価している。

●「五点の衣類」はなぜ「ねつ造」なのか

1、「DNA鑑定」

鑑定は、検察官推薦の山田鑑定人と弁護人推薦の本田鑑定人の二人が行った。二人ともSTR型検査という鑑定法を採用した（他にミトコンドリア型検査も補助的に行われた）。DNA鑑定法についての詳しい説明はここでは割愛するが、STR検査法は鎖状に連なるDNAの複数の場所（今回は一六カ所）でその塩基配列を検査する。仮に一六カ所全部でDNA型が一致すれば、それは「同一人物」であるとほぼ断定することができる。逆に、一カ所でも違えば「別人」だということになる。但し、試料となる血液に味噌が付着していたり、また長期間常温の下で保管されていたことなどから、一六カ所のすべての場所（＝座位）の検査結果が出るとは限らない。さらに、過去において警察官や検察官、弁護人などが触ったりしていたら、それらのDNAが混入し、別のDNA型が検出される可能性も排除できない。これらを考慮に入れると、検査結果を見た瞬間に黒白が付くという単純なものではない。その判断にも専門的な知識が必要になる。ここに人間的な要素が入り込む余地が生まれる。つまり、鑑定人の思惑が反映される可能性がゼロではないということだ。しかし、このことはあらゆる科学鑑定について言えることで

あり、DNA鑑定もそこから逃れることはできない。やや横道にそれたが、今回の鑑定でも検査の結果をどのように判定するについて、その立場によって大きな相違があった。

次に、今回のDNA鑑定では、「五点の衣類」の何を調べたのか。第一は、衣類の色々な部位についていた血痕のDNA型が、被害者家族（殺害された四人）のうちの誰かの型と一致するかどうか、である。一致すれば、それは確かに犯行着衣である、という確率が高くなる。第二は、白半袖シャツの右肩に付着した血痕のDNA型が袴田さんのDNA型と一致するかどうか、である（検察は袴田さんが右肩にけがをした際に付着した血痕だと主張している）。一致すれば、それは確かに袴田さんが来ていたシャツだという可能性が高くなる。第一の鑑定でも、第二の鑑定でもDNA型が一致しなければ、それは犯行着衣ではなく、また袴田さんの物でもない、ということになる。

因みに、これまでの裁判で分かっているのは、白半袖シャツの右肩に付着した血痕はB型で、袴田さんの血液型もB型であった。また、衣類についていた血痕から検出された血液型は、A型、B型、AB型で、殺された専務（A型）、妻（B型）、長男（AB型）に対応しているとされたが、次女のO型に対応する血液型は検出されなかった。

まず本田鑑定では、白半袖シャツの右肩の血痕について、一六の座位のすべてが判明したわけではないが、袴田さんのDNA型と一致しない型が複数あるので、これは袴田さんの血痕ではない、と判定した（一カ所でも型が違えば、別人である）。また五点の衣類についても、型の一致が少なく、被害者以外の別人の血痕であると判定した。

この本田鑑定を受けて、決定は、検査の条件も悪く全面的に信用できるわけではない、と前置きしながら、

「白半袖シャツ右肩の血痕が袴田のものではない疑いは相当に濃厚であり、五点の衣類の他の部分の血痕が被害者四人のものでない疑いも相当程度認められる……」

と述べた。

次に、山田鑑定（検察官推薦）について見てみる。この鑑定では、ミトコンドリア型検査を実施したところ、白半袖シャツの血痕は袴田さんのものと一致しなかった。しかし、山田鑑定人は、このミトコンドリア型検査もＳＴＲ型検査も、検出されたＤＮＡ型はすべて外来のＤＮＡによる汚染の疑いがある、として異同識別はできないとした。つまり、外部の人が触れるなどして、そのＤＮＡが混入した可能性が皆無ではないので、検査はできないと言ったのだ。

また、検察官も、「判定不能」とした山田鑑定人の意見こそ正しく、本田鑑定人は山田鑑定と同様に判定不能と結論付けるべきである、と主張した（判定不能となれば、ＤＮＡ鑑定は「無実」を示す新証拠とはならない）。

一方、弁護人は、本田鑑定はもちろんだが山田鑑定においても、ミトコンドリア型検査によって白半袖シャツが袴田さんのものではないということが裏付けられた（ＤＮＡ鑑定は「無実」を示す新証拠である）、と主張した。

これらの主張に対して、裁判所は、「本田鑑定」についての検察側の疑義を受け入れる形で、他から汚染を受けている可能性の少しでもあるDNA型についてはすべて排除し、残った七種類のDNA型に絞り込んで調べた。その結果、それでもなお五種類は袴田さんのDNA型と不一致である、との結論に達した。

決定は次のように言う。

「この不一致は、極めて重要な事実である。確定判決によれば、白半袖シャツ右肩の試料は袴田の血液が付着した部位とされるから、そこから検出されたDNA型は、袴田のDNA型と原則として一致するのが当然であるのに、これほどまでに一致しないというのは、矛盾、または不整合である」

続けて決定は、この不一致の持つ意味の重大さに言及した。

「この結論は、これだけをとっても、五点の衣類が犯行着衣であり、袴田が着用していたものであるという確定判決の認定に相当程度疑いを生じさせるものであり、特に袴田の犯人性については、大きな疑問を抱かせるものである」

裁判所は、DNA鑑定を袴田巌さんの「無実」を示す新証拠であると認めた。

2、「五点の衣類の色に関する証拠」

味噌漬け実験は支援者の一人山崎俊樹さんが、コツコツと積み上げてきた実験だ。実験そのものは、非常に単純な動機から始まった。「五点の衣類は一年以上も味噌漬けにされていたはずだ。それにしては、色が薄すぎる」。だれもが気付くことだが、じゃあ、これを証明してみろ、と言われてもできることではない。この疑念（色が薄いのはねつ造の証拠ではないのか）を確かめるために、山崎さんはバカ正直（失礼）に実験を開始した。支援集会で会場の片隅に実験の様子を展示したこともあった。皆、それを見て「本当だ、本当だ」と言いながら笑ったり、感心したりしていた。山崎さんも「そうでしょ」と言いたげににこにこしていた。この素朴な実験が裁判官の心証を動かした。

決定は、「五点の衣類の色は、長期間味噌の中に入れられたことをうかがわせるものではない」と認めた上で、次のように言っている。

「このような検討は、厳密に数量化できるようなものではないが、大まかな傾向を把握するには十分である。観察方法が主として肉眼によるとはいえ、証明力が必ずしも小さいということにはならない。肉眼で見て明らかに色合いが違えば、誰が見てもそのような判定になるのであり、観察者によって結論が異なることもない。……本件においては袴田の犯人性に直結する事情に関する重要な証拠である以上、このような違いを看過することは許されない」

科学鑑定などという大げさなものでなくても、誰が見ても素直に納得できる、そういう説得力のある証拠だというのである。

このようにして、五点の衣類は「有罪の証拠」から「無実の証拠」に変わったのである。

決定は次のように言う。

「五点の衣類は、DNA鑑定という科学的な証拠によって、袴田の着衣でない蓋然性が高く、犯行着衣でもない可能性が十分あることが判明した。

また、五点の衣類が発見された際の、衣類の色合いや、血痕の色は、各味噌漬け実験の結果、一年以上味噌に漬かっていたとするには不自然で、かえって極く短時間でも、発見された当時と同じ状況になる可能性が明らかになった。

端的に言えば、確定判決のうち袴田が本件の犯人であるとする最も有力な証拠が、袴田の着用していたものでもなく、犯行に供された着衣でもなく、事件から相当期間経過した後、味噌漬けにされた可能性があるということである」。

そして、決定は、この事件の核心に至る。

「この事実の意味するところは極めて重い。（中略）このような証拠が事件と関係なく事後に作成されたとすれば、証拠が後日ねつ造されたと考えるのが最も合理的であり、現実的にはほかに考えようがない」。

「ねつ造」とはっきり言い切った判決文や決定文を目にしたのは、長い間冤罪の取材をしてきたが、この時が初めてだった。どの冤罪も実際には「ねつ造」が満載だが、裁判官がそれをきちんと認めたことは一度もなかった。これまでは、たとえ弁護団が「ねつ造」という言葉を使って書面を提出しても、裁判官はその主張を否定する際ですら「そのような工作はなかった」などと言い換えていた。それほどに「ねつ造」という言葉は裁判所では忌み嫌われていた。

●「ねつ造」の見地からもう一度、証拠を読み直す

1、「五点の衣類」の発見の経緯

事件発生のころ、味噌タンクは空に近い状態だった。警察がタンク内を捜索した際にも何も発見できなかった。その後、この一号タンクに味噌の仕込みが行われ、その際従業員が中に入ったが、その時も何も発見されなかった。ところが一年以上たって（味噌が出荷されて、再びタンクが空に近くなった時）一号タンクの底近くから五点の衣類が発見された。この発見経緯について、確定判決は「不自然ではない」と評価した。しかし、この決定は、

「やはり不自然と判断するのが相当である。（中略）袴田が犯人であるとした場合、袴田は橋本商店の従業員であり、（中略）犯行着衣を一号タンク内に隠匿したら、出荷、清掃、仕込みの際等に発見されてしまう危険があることは容易に認識できたはずである。（中略）一般に、可燃物であれば、燃やしてしまうことが最も有効な証拠隠滅と考えられていることからも、そのような行動をとる方が自然である。他方、五点の衣類がねつ造されたものだと理解すると、捜索や味噌の仕込みの際に発見されなかったのは、至極当然ということになって、全く証拠上の矛盾がない」

として、発見の経緯を考えると、ねつ造の疑いがさらに深まると述べた。

2、「鉄紺色のズボン」のサイズ

五点の衣類のうち、ズボンについては、袴田さんは穿くことができなかった。しかし、検察は、ズボンは味噌漬けになっていたために縮んだのだと主張した。これについて決定は、「Oの供述調書写し、同人の供述録取書、Fの供述調書写し（O、F両氏ともズボン製造会社の関係者。検察はこれらの人々の供述調書を隠し、ズボンについている『B』の印はサイズの表示だと主張し続けてきた）の内容によれば、寸法札『B』という記載は色を示すものであって、サイズを示すものではなく、鉄紺色ズボンのサイズは『Y体4号』であることは明らかだから、確定控訴審のこの点に関する認定は明らかに誤りである」

としたうえで、

「鉄紺色のズボンは、それが袴田のものではなかったとの疑いに整合するものである」

と結論付けた。

3、「ズボンの端布」

五点の衣類が味噌タンクから見つかった一〇日後、警察は袴田さんの実家を捜索して、そこでズボンの裾を詰めた際に出る端布を押収した。それが、五点の衣類のうちのズボンの生地と一致し、犯行着衣（＝五点の衣類）は袴田のものである、と断定された。

これについて、決定は「端布は普通、二枚を一組としているはずだ」として、その不自然さを指摘した上で、さらに、

「最も疑問の余地があるのは、端布が押収された経緯についてである。端布が押収された際の捜索差押許可状の目的物は、バンドと手袋であった。そして、実際に捜索がなされた際には、かなりいろいろな箇所が捜索され、現にバンドと端布が出てきた箇所は異なっている。（中略）捜査実務においては、関連性があると思われるものについてはかなり広範に差し押さえるのが通常であろう（特に、本件のような重大事犯にあっては、そのような扱いがなされるであろう）。しかし、この捜索差し押さえに関与した警察官が、目的物であったバンドのほかには、一見しただけで関連性が明白とは考えにくい端布を、目的物とされてもいないのに押収し、それ以外には何も差し押さえていないのは不自然である」

と述べた。そして、次のように結論付けた。

「五点の衣類についてのねつ造の疑いが現実化している以上、この端布は、五点の衣類といわばセットの証拠といえるから、ねつ造の疑いをも視野に入れて検討せざるを得ない。そうすると、その収集過程等に生じる疑いを払拭できないのであれば、五点の衣類についてのねつ造の疑いを受けて、端布についてのねつ造の疑いも強まったと判断すべきである。袴田の実家から端布が出てきたことを装うために、捜索差押えを行ったとすれば、収集過程の不自然さも容易に説明がつく」

有罪の決め手であり、最重要の証拠とされていた「五点の衣類」は「ねつ造」されたものである、裁判官はまず、そう判断した。そこから先はオセロゲームと似ている。ズボンの端布も然り、あらゆる駒＝証拠が、裏返っていく。これまで「有罪の証拠」だったものが、今度は逆に「ねつ造を示す証拠」になっていくのである。

捜査機関は「五点の衣類」という犯行着衣をねつ造した。それまで犯行着衣は「パジャマ」だとしてきたが、それでは勝ち目が見えない。つまり、無罪判決が出る可能性がある。そんなことになったら大変だ。「ねつ造」は、そう判断した捜査機関の逆転のための極秘の戦術だった。そして、犯行着衣を作った。作ったら、つぎには「それは袴田のものである」という証拠を作らなければならない。「犯行着衣と袴田を結ぶ線」がいるのだ。それが「端布」だった。端布のねつ造でこの嘘のシナリオは完成した。

確定判決までは、裁判官は警察、検察の作った通りの物語を信じてくれた、あるいは信じたふりをしてくれた。最高裁もこの嘘の物語に乗った。しかし、嘘は、いつかはばれる。どこかに綻びがあるからだ。DNA鑑定が今回はその綻びを切り裂いた。最初の大きな嘘が暴かれると後は雪崩のように崩れていく。この決定を読み進めばそれがよく分かる。

決定はこれまで有罪の根拠とされてきた証拠のほとんどを「ねつ造」だと判断して、捜査機関を厳しく糾弾した。裁判官がこの決定の中で捜査機関へ向けた疑いの眼差しには容赦がない。

なぜ、そういう視線で臨まざるを得なかったのか、その理由を述べている部分があるので、最後にそれを紹介しておく。

「警察は、袴田を逮捕した後、連日、深夜にまで及ぶ長期間にわたる取調べを行って自白を獲得しており、その捜査手法は、袴田を有罪と認定した確定判決すら、『適正手続の保障という見地からも、厳しく批判され、反省されなければならない』と評価するほどである。そこには、人権を顧みることなく、袴田を犯人として厳しく追及する姿勢が顕著であるから、五点の衣類のねつ造が行われたとしても、特段不自然とはいえない。公判において袴田が否認に転じたことを受けて、新たに証拠を作り上げたとしても、全く想像できないことではなく、もはや可能性としては否定できないものといえる。この後の総合判断の際にも、この可能性を考慮して検討することが求められるのは当然である」。

こうして袴田さんの再審請求は認められ、再審の開始が決定された。「主文」では、「本件について再審を開始する」という一行に続いて、「有罪の言渡を受けた者に対する死刑及び拘置の執行を停止する」という一行がある。重要な決定である。しかし、弁護団はこの日のうちに袴田さんが釈放されるとは、決定を受け取った時点では考えていなかった。検察が当然激しく抵抗するだろうと予想出来たからだ。身柄を確保し続けるための手続きを取ってくるだろうと。だが、裁判所は検察の抵抗をはねつけた。袴田さんは決定の出たその日の夕方、東京拘置所から釈放されたのである。

警察に逮捕された一九六六年の夏から、再審開始決定が出て、袴田巌さんが釈放される二〇一四年の春まで、実に四八年の年月が空転した。敢えて空転と言いたい。この間の弁護団の地道な仕事の積み重ねや秀子さんの血の滲むような闘争の日々には頭を下げるしかないが、不条理な冤罪に巻き込まれ、死刑の執行におびえながら一日一日を獄中で潰すしかない袴田巌さんにとっては、それは空転以外の何物でもない。但し、空しく、何事もなく過ぎ去ったという意味ではない。そうであればその方が良かっただろう。静かな独房にあっても、心の中では突き刺す針のような寒風が轟轟と音を立てて吹き荒れていた。その空転の一秒一秒が袴田さんの精神を蝕んだ。人生を奪い取り、心を狂わす凄まじい権力犯罪である。

監獄の狭い運動場では十分に走れないので、せめて、百メートル位の距離でよいからめいっぱい走りたい。私が自由を勝ち取ったならば最初に叶えるのがこの果て無い夢であるに違いない。肩と股で風を切って走る。想像しただけで全身がうずくのである。
私は果たして、走り続けることでチャンピオンになり得たのか。若い時には、できると思っていた。しかし、今、私は別の答えを用意している。
（袴田巌さんの手紙、一九八四年）

古いニュース映像の中で、袴田さんは走っていた。但し、それはグランドではない、裁判所の前だ。護送車から降りると捜査官に伴われた袴田さんは、カメラの放列から逃げるように正面玄関の二、三段を駆け上がり、建物の中に消えていった。手錠は掛かっていたが、無実の青年の足取りは軽やかだった。

あの日から半世紀が経った。その日、七八歳の老人は姉に支えられながら、ゆっくりと迎えの車に乗り込んだ。待ち構えていたカメラマンたちの中から「おめでとう」の声が掛かった。確かにそうだ、自由の世界に戻ってきたのだから。しかし、四八年はいくら何でも長すぎる、残酷だ。

袴田さんは、車の窓から静かに流れ過ぎる東京の街並を眺めていたという。半世紀ぶりの娑婆である。

秀子さんの笑顔

「二人でね、世界一周旅行でもしようかって言ってるの」

「本当ですか」

「そんな気分です、あはは。本当か嘘かはともかく、そうしたいような気分です」

そこでまた、袴田秀子さんは弾けるように笑った。冒頭から豪快な笑いが続いたが、秀子さんが心の底から笑ったのは、実に半世紀ぶりの事だった。

「再審開始決定」が出てから一〇日後、浜松の袴田秀子さん（八一歳）のご自宅を訪ねた。メモした住所を片手に道に迷っていると、上の方から「こっちだよー」と声が聞こえた。前方を見上げると、ビルの三階辺りの窓から秀子さんが顔を出して、手を振っていた。後で知ったが、そのビルは、秀子さんが弟の巖さん（七八歳）と一緒に暮らすために建てたもので、二階までを借家にして、最上階を自宅にしていた。秀子さんの八〇年余りの人生の後半は、すべて、弟の第二の人生を準備するために費やされた。

この一〇日間は、釈放された巖さんと共にマスコミに追いかけられる日々が続いていた。さぞや、お疲れだと想像したが（実際に非常に疲れていたはずだが）、インタビューの間中、若い女性のように笑い続けた。

「記者会見の席で、どこかの記者が『こんなににこにこしている秀子さんを見るのは初めてだ』と言っていました」

「ははは、本当だね」

弟の逮捕から四八年、心の底から笑ったことは一度もなかったはずだ。

「私は嬉しかったの。涙なんか出なんだよ」

「周りの人たちは泣いていました」

「泣いてくれる人は大勢いたね。でも、私は涙なんか全然出ない。嬉しくて嬉しくて、ね」

この日、秀子さんは拘置所から届いた巌さんの私物を整理していた。重いダンボール箱が一一個あった。

「巌さんはここで暮らすんですね」

「巌のためにこの家を建てたんです」

中央のリビングを挟んで二部屋ずつ配置されている。姉と弟が暮らすことを想定して設計されている。

「自分がいなくなった後で巌さんが出てくることもある、と考えた？」

「そういうこと」

これまでの裁判闘争の日々についても、秀子さんの強靭さは誰もが認めるところだが、釈放後まで見据えた周到な準備の数々は、闘う女の凄味を感じさせた。

話を決定の日に戻す。「再審開始」の決定書を持って、秀子さんは静岡地裁から新幹線で東京拘置所に向かった。決定は、「死刑及び拘置の執行を停止する」とその主文で言っている。しかし、その日の内に巌さんが拘置所から出てくるとは誰も考えていなかった。弁護団ですら「拘置の執行の停止」が書き込まれたその主文に驚き、喜んだが、その後に当然予想される検察の抵抗や、過去の例を考慮すると、その日のうちに袴田さんが釈放される可能性は少ないと見ていた。

「面会できんと思って行ったけど」

この三年余り、巌さんは秀子さんが面会に行っても会おうとしなかった。しかし、この日は、「拘置所の方にも（再審開始決定の）連絡がついていて、面会室のところまで巌を連れて来てくれて」

秀子さんと二人の弁護人は巌さんに会うことができた。

「『やあ、再審開始だよ』と言ったけど、本人はきょとんとしているの。『この人、嘘ばっかり言っている』って、ね。『俺はここにいて何の不自由もない。この人たちに帰ってもらってくれ』と言って、本当にしやせんの。私はとにかく巌に会って、いつ出られるか、それは分からんけど、とにかく希望だけ持たせるように『再審開始だから。もう出られるから』と一所懸命言った。それこそアクリル板に顔を押し付けて。弁護士さんも書面を出して『巌さん、これ読んでみて』と言いながら、三人でワーワー言って騒いだの。でも、本人は『この人、嘘ばかり言っている』って」

秀子さんら三人は面会室を出た。そして、拘置所内の待合室まで戻った時、刑務官が後から追い掛けてきた。「もう一度、戻ってください」と言われて、三人はまた引き返したが、この時には、面会室ではなく応接室に通された。男性職員の一人が、秀子さんに言った。

「『お金を返す』って言うじゃん」

「何のお金ですか」

「差し入れしてあるお金。今までに私が差し入れたお金を返すって言うもんで、まあいいや、返してくれるなら、もらえば、と思って領収書を切って。でも、何が何だか分からないので、その人に聞くと『僕は会計ですから、分かりません』と言うの。次にまた他の人が来て『靴、持ってるか』って。靴？　そんなものあるわけないじゃん」

「その辺で、（今日、釈放されると）気が付いた？」

「気付かなんだよ、全然。『スリッパでもなんですから、靴か何かありませんか』と言うけど、こっちにはそんな用意はないんだもの、私も弁護士さんも」

そうこうするうちに、

「本人が来ます、って言うでしょ。ぽけっとして待ってたの」

「今日、出られるって確信したのは？」

「本人が来てからだね。来ますって言うもんだから、あそこ（面会室）できちんと面会できなかったから、ここでもう一度面会させるんだと思っていたのよ、私達は」

「そしたら」

「巌がひょこひょこ入ってきて、長いデスクにぐでんと座って、『釈放、された』って言った」

秀子さんは「釈放された」というところだけ、消え入るような小声で巌さんの口調をまねた。

「本人がそう言った？」

「うん、本人がそう言った。もぞもぞっと誰に言うともなく言った」

半世紀の間、夢に見、待ち望んだ瞬間が、不意に訪れた。しかし、すぐには信じられなかった。

「まだまだ半信半疑でね、そしたら、男の人が、荷物が一一箱あるで、それをお姉さんのところに送っていいかって言うから、あー送ってくださいと。将来はお姉さんと一緒に暮らすですかと言うから、そうですよって言ったの。そしたらまた、着払いで送りますって。あはは、私は、着払いでお願いしますと言ってサインをしたの。うちは広いですよって言ってね」

巌さんの手を握り締めて、応接室を出た。建物の外に出ると、そこから先はマスコミのカメラの放列である。予期せぬ展開で弁護団は車を用意していなかったが、あるマスコミがワゴン車を提供してくれた。その日は、二人で都内のホテルに宿泊した。翌朝、秀子さんはカーテンを開け、「こっちに来て見てみな」と言って、弟に東京湾を見せた。「昔、裏弁天であさりを取ったの、思い出すだね」と言うと、巌さんは「大井川か」と答えたそうだ。無口な巌さんだが、弁護士が来て「今日は健康診断に行くよ」と言った時には「せっかく自由になったのに、また拘束するのか」とはっきり言った。それから、ホテルを出ると再びカメラの放列が待ち構えていた。

釈放前の袴田巌さんについては「拘禁症」によって、精神的に不安定な状態が続いていると知らされていたが、何日間かを共に過ごした秀子さんは、どのように感じたのか、尋ねてみた。

「マスコミに追いかけられている現在の状況を巌さんは分かっていますか」

「分かっているみたいですねえ。記者が『具合はどうですかー』と聞いた時にも、小さな声で『いいですよ』と答えていた。私にしか聞こえなかったけど」

「三年以上も会えない状況がありましたね。テレビで拝見する限りでは、自然な感じですが」

この時だけ、秀子さんは少し考えてから、きっぱりとした話し方で答えた。

「あそこ、アクリル板の向こうにいる時には、虚勢を張っていなければ、（生きて）いられなかったのだと思う」

「虚勢？・」

「多分、そうだろうと思って、私はほっとした。それで、外に出てきて『釈放、された』と言った時には、（虚勢を捨てて）うんと大人しくていい子だった」

身内の者の直観だが、多分、その通りなのだと思う。

「そうしないと、あそこには居られない、ね」

「そうやって、一日、一日ですね」

「そうそう、そうやって自分に言い聞かせて、ね。（それでも時々）おかしくなって、神様だの、ヘチマだのって言ってたんだと思う」

この半世紀の闘いについて聞いた。

「五〇年と言うけどね、知らないでやっているうちに五〇年過ぎちゃった。今から数えてみたら、そうだったということ。毎日、毎日、勘定してきた訳じゃない」

「支えは何でしたか」

「巌の無実です」

「それは、無実だと分かれば、巌さんが帰ってくるという意味ですか」

「巌のためだけじゃない。自分のためでもあるの。こんなこと言われてたまるかって思って。『殺人犯』と言われて、それを晴らす、という気持ちです」

「この決定で、気持ちが晴れましたか」

「DNA鑑定の結果が出た時に、すーっとした」

「納得できた？」

「これで、本当に巌は無実である、と(証明できた)」

「長い闘いの中で一番苦しかったのは」

「初めの一〇年ですね。支援してくれる人もなくて。夜、眼を開けて、巌のことばかり考えて。そして、アル中みたいになってね、ウィスキーばかり飲んで。こんなことしてたらどうしようもないと思って、酒をぱっとやめて。それからまあ、いろいろあって……。

支援者がいてくれたから、私もできたんです。一人だったら、どうにかなって、潰れていたでしょうね」

「巌さんや私の人生を返せと、警察、検察に言いたくないですか」

「そんな気持ち、全然ない。巌が帰ってきただけで十分。今のところはね。これからどう思うかわからんが、あははは」

どんな苦労話も、今日ばかりは笑いにかき消された。笑い声に始まって笑い声で終わった。

久々の秀子さんの休息日に長居は禁物、と思ったが、ここで「カレーパーティー」をするから食べていきなさい、とお誘いいただいた。夕方、思い思いの食べ物を持ち寄って集まったのはご近所の六人、すべて支援の方々だった。確かに、打ち解けた雰囲気ではあったが、「パーティー」とは名ばかりで、カレーライスを食べながらの打ち合せ会議であった。

巌さんの病状分析、弁護団との連携、今後のマスコミ対策。釈放に浮かれていたのは数日だけで、早くも次を見据えていた。秀子さんが「支援者の存在がいつも救いになった」という意味の重さを納得した。

「ねつ造」を主張し続けた弁護士の執念

袴田事件の長い裁判の闘いの中で、検察が犯行着衣だと主張した「五点の衣類」を、最初に「ねつ造」だと言ったのは、実は袴田巌さん自身だった。刑事が袴田さんの実家の箪笥の中からズボンの端布を見つけた、という話を獄中で聞いた袴田さんは、秀子さんに宛てた手紙の中で、「でっちあげの権力犯罪」だと書いてきた。一方、弁護団の中でねつ造説を展開し、そこが闘いの本丸だと主張し続けたのが、小川秀世弁護士だった。開始決定を受けて、静岡市内の事務所で話を聞いた。

「小川弁護士の採点では、この決定は何点くらいですか」

「『ねつ造』とはっきり言っていますしね。それに『拘置の執行停止』まで行くとは思っていなかった。だから一〇〇点を超えますね」

「ねつ造という言葉は、普通は出てきませんね。でもこの決定では何度も出てくる」

「やはり、二者択一なんですね。『犯行着衣ではない』という可能性が出てくれば、当然にねつ造の可能性が出てくるということで、論理必然、だと思います」

「小川さんは、ずっとねつ造説を主張していらっしゃった。その同じ舟に裁判官も乗ってきた、ということですね」

「裁判官も本当にそう思ったんでしょうね。だから、袴田さんの『拘置の執行停止』も認めたんでしょう。書いていることは（裁判官の）本心だと思います」

袴田事件弁護団に加わって今年（二〇一四年）で三一年になるという。弁護士になった翌年には、もうこの大型冤罪裁判に関わっていたことになる。

「静岡で弁護士をやるのに『袴田』に入らんでどうする、と大学のゼミの先生に言われました」

「若い弁護士さんには大変だったでしょう」

「当時は記録さえ貰えない。自分で六万円七万円かけてコピーを取るんですね」

小川弁護士は最初から「五点の衣類」の担当になった。

「当時、弁護団がメインにしていたのは『裏木戸の実験』とかの問題でした。自白の信用性ですね。で、『五点の衣類』は取っ掛かりがないために軽視されていました。それで、入ったばかりの僕がその担当ということになっちゃった」

検察の主張では「犯行後、袴田は裏木戸から逃走した」ということになっている。しかし、裏木戸には留め金が掛かっていた。「掛かったままでも、二枚の戸の隙間から出られる」と警察は言い、一方、弁護団は「留め金の掛かった裏木戸からは、外に出ることはできない」として「自白は信用できない」と主張し続けてきた。

「今度の決定では『裏木戸実験』については一言も触れていませんね」

「あのころは、証拠構造の分析がきちんとできていなかった、ということですね。自分たちが扱い易い証拠が裏木戸だったから、それに合わせて、証拠構造を考えていった。当時、みんなが言っていたのは『自白と五点の衣類が二本の柱』だと。つまり、自白を崩せば（＝裏木戸実験によって証拠の信用性を崩せば）、この事件は崩せるんだと」

「五点の衣類」は重要な争点だが、しかし、当時は「ねつ造説」からの観点では検討されていなかった。「たとえ犯行着衣であったとしても、それは（真犯人の物であって）袴田さんの物ではない」というのが弁護団の考え方だった。

「小川弁護士は、何によって『五点の衣類』をねつ造だと考えたのですか」

「一言で言えば、ブリーフが二枚あるじゃないですか」

袴田さんは当時、珍しい緑色のブリーフをはいていた。五点の衣類が発見された時、その中に緑色のブリーフがあった。しかし、袴田さんの親族は、家族に送り返された袴田さんの私物の中に緑色のブリーフがあった、と言っている。緑色のブリーフが二枚存在することになる。

「どちらかがインチキだということですね。それなら、これはそういう方向で（捜査機関がねつ造したという方向で）考えざるを得ない。そういう意味では割と単純ですよ」

「ほかの弁護士の方々が『ねつ造』という考え方に乗ってこなかったのはなぜですか」

「『ねつ造なんて、本当にあるの』、『ねつ造なんて言ってもいいの』、そういう観念から入るんですね。『品位がない』と言った人もいます」

「本当にねつ造があったかどうかは別にしても、裁判官は絶対にそれには乗らない、ということなのではないでしょうか」

「そうですね。それが一つはあるでしょうね」

今回、これほど劇的な決定に至ったのは、DNA鑑定という動かぬ証拠が提出されたからだ。しかし、袴田さんの再審請求審ではこの一〇年以上前に一度、DNA鑑定が実施されている。だが、その時には技術的な問題から鑑定はうまくいかなかった。そして、請求は棄却された。それは弁護団にとって苦い経験だった。本来、「鑑定ができなかった」という結果は、「ねつ造ではない」という結論には結びつかない。それは「ねつ造かどうか判定できなかった」ということに過ぎない。それにもかかわらず、鑑定不能は棄却決定に結びついてしまう。DNA鑑定は、この意味でも両刃の剣なのだ。

もっと大きなリスクもある。それは「鑑定した結果、被害者や袴田さん本人のDNAが検出された」としたら万事休すではないか、という危惧だ。弁護団の中でこの点も議論されたという。しかし、ここでも小川弁護士は強気だ。これも「ねつ造ではなかった」ということを意味するわけではない。警察が「そこまで手の込んだねつ造をした」ということだ。

「そういう議論も確かにあった。でも、(仮にそんな結果が出たとしても) それで闘いがついえるということはないんです。そこからまた出発すればいいんです。だって、これは『ねつ造』なんですから」

小川弁護士の信念とその軽やかさが弁護団を支えてきた、そういう側面もあっただろうと筆者は想像している。そして、二度目のDNA鑑定は金鉱を掘り当てた。

DNA鑑定と共に、今回、裁判所が「ねつ造」の根拠としたのが支援者の行った「味噌漬け実験」だ。この実験から、裁判所は「五点の衣類が味噌タンクに投げ込まれてから一年以上経過していることは考えられない」と結論付けた。

「支援者の実験が重要な証拠として取り上げられた、これは非常に珍しいですね」

「端的に言えば、分かり易い、ポイントを突いた実験だったと思います。これに関しては、高裁や最高裁が『衣類の状態からすれば、長期間漬かっていたことは明らかだ』と強調した、そういう経緯があります。簡単に言えるはずのないことを、勝手に想像で言っている。これによって、我々は『味噌の色の付き具合』を争点にすることが可能になったんですね。この闘争では支援者の力は本当に大きいと思います」

決定は、ＤＮＡ鑑定と味噌漬け実験によって、五点の衣類は「ねつ造」された疑いがあると認めた。そして、その視点から俯瞰して、この事件全体が捜査機関のねつ造とその隠蔽によってつくられたものだと断じた。

「今度の決定は、ねつ造を認めて、そしてそれを認めたら、後は何もいらないというような書き方ですね」

「はい。そうですね」

「こういう書き方をされたら、検察としては抗告しない訳にはいかないし、上級審で足をすくわれるというような心配はないですか」

「大丈夫」

小川弁護士は、ここはきっぱりと言い切った。

「なぜ大丈夫かと言えば、裁判所は事実と証拠をよく見ているからです。で、『五点の衣類が犯行着衣である』ということに一旦疑問が生じたら、あとは『ねつ造』を考える以外にないんです。裁判所は余分なことは言っていない。本当に事実を突き詰めて、言えることだけを順序立てて言うと、そうなる（＝ねつ造である）ということですね」

「いい裁判官と出会った」

「何、それ」

「いやな言い方ですが、変な裁判官に当たっていたら……」

「もちろんそうですね。裁判官は、本当にそう思ったんでしょう。だから袴田さんの拘置の執行停止も認めたんでしょうね」


話は少し飛ぶが、決定が出た日の午後、筆者は東京拘置所まで行き、その待合室で秀子さんが面会を終えて出てくるのを待っていた。袴田弁護団の秋山賢三弁護士もそこにいた。時間つなぎに決定文を鞄から出して筆者に見せてくれた。「……証拠が後日ねつ造されたと考えるのが最も合理的であり、現実的には他に考えようがない」。「ねつ造」という一言は衝撃的だ。しかし、これに続く一文はさらに衝撃である。「そして、このような証拠をねつ造する必要と能力を有するのは、おそらく捜査機関（警察）をおいて外にないと思われる」。「ねつ造」があったと言い、続いて、それをした犯人は警察だ、と決めつけている。厳しい。思わず隣にいる秋山弁護士の顔を見た。秋山弁護士は元裁判官、有名な冤罪事件である「徳島ラジオ商事件」で再審開始の決定文を起案した、その人である。「こんなこと、書いていいのですかね」、秋山さんは「ん」と言ってその部分を読んだ。それから少し間をおいて、

「裁判官も書いているうちにだんだん興奮してくるんですね。そうすると、筆が走るんです」

その一言は、この異様に熱を帯びた決定書がどのようにして書かれたのか、書いた人の気分を見事に言い当てていると筆者は感じた。小川弁護士が「ねつ造説」を唱えて、弁護団の中で孤立無援だった時、「ねつ造なんだったら、ねつ造だと言えばいい」と励ましたのは秋山弁護士だった。

最後に、どうしても確認しておきたかったことを聞いた。

「決定は、このねつ造を行ったのは捜査機関、つまり警察だと書いています。検察が関与していない、などということがあるでしょうか」

「僕は、共同してやった、とまでは思っていませんが、うすうすは分かっていた、あるいは、それ以上かも知れないと思います。秋山先生も言っていますが、（ズボンの）端布が見つかってすぐ、その鑑定もしないうちに証拠調べ請求をした。冒頭陳述も変えた（犯行着衣をパジャマから五点の衣類に変更した）。いくらなんでも早すぎますね。これ等の手続きは全部検察ですからね」

五点の衣類が出てきた。即、犯行着衣だ、即、袴田のものだ、などとすぐに対応できるのは、初めからそういう意図を持ってでっちあげたものだ、ということを知っているからではないのか。

「そうでしょ、これまでの検察の主張をひっくり返すような証拠なんですから。もっと慎重になるでしょ、普通なら」

「警察のしたことは、検察としては全部分かっていた」

「そうでしょうね」

今回の決定は、ねつ造を行ったのは「捜査機関（警察）」であると書いている。筆者は「警察は実行犯、裏で検察が糸を引いていた、あるいはねつ造を承認していた」と考えている。犯行着衣という核心的な証拠を裁判の途中で変更する、しかもそれはでっち上げたものだ。そんな力業が警察だけの思い付きでできるはずがない。ねつ造のアイデアがどちらから出たかは分からないが、最終的な承認が検察から出ていることは間違いない。その意味で、小川弁護士が一〇〇点以上と評価する決定だが、この部分だけは、いつもながらの裁判官の「検察官への配慮」が滲み出ているように読めて残念でならない。

冤罪との長い闘い

秀子さんの半生は、弟を獄中から奪還するための壮大な国家権力との闘いだった。母が亡くなった後、独身だった秀子さんはほかの兄や姉に負担をかけまいとして、多くのことを一人で引き受けた。獄中にあって、悶々と苦悩の底にいた弟のために、裁判所にも、支援集会にも、あらゆる場所にせっせと顔を出し、弟の無実を叫び続けた。そうした表の活動の裏で、秀子さんは巖さんが釈放された日のための準備も怠らなかった。誰の助けも借りず、たった一人で資産を築き、ビルを建て、獄中から生還した弟を路頭に迷わせることなく迎え入れた。

二〇一七年の二月末に自宅で秀子さんに話を聞いた。この頃は即時抗告審も終盤を迎え、このインタビューの前日には、検察側が再審開始決定の根拠となったDNA鑑定に対する反論書を裁判所に提出していた。しかし、秀子さんは泰然自若、「負ける気はしない」と落ち着いていた。

「袴田家はもともと資産家なんですか」

「このビルかね。これは私が建てたんだよ」

「すごい。どうやって」

「銀行からお金借りて」

浜松市内の一等地とも言える場所に立つビルは、敷地は六〇坪ほどだが地下に駐車場を持つ鉄筋三階建てで、一、二階を人に貸し、袴田秀子さんと巖さんは最上階に住んでいる。

「(巖が釈放されたら)お金がかかるから。その前に私がどうかなってもいかんから、巖のために資金面を何とかしておかないと、と思ってね。弁護活動もお金は掛かるし」

　秀子さんは六人兄弟の下から二番目、一番下が巌さんだった。のんびりした性格の巌さんとしっかり者の秀子さんは幼いころから一緒にいて、お姉ちゃんが弟の面倒を見ていた。

　秀子さんは若いうちから時代を先読みし、経理業務の基礎を独学で身に付ける逞しさを持っていた。そして、巌さんが逮捕されてからは、裁判やさらにその先までを念頭に置いて、たった一人で資産を築き上げてきた。

「富士コーヒーという会社で働きながら、帳面（帳簿）を見る仕事をしていてね。税理士の免許は持っていないけど、経理に明るいから、そこら中の会社の経理を見てやって、それで収入を得ていたわけですよ」

　税務署勤めをしながら税理士の下で会計の勉強をし、その能力を生かして珈琲会社に転職した。そこで経理業務を任された。会社勤めの一方で、他の会社の会計業務もいくつか引き受けて、資金を蓄えた。

「会社の寮にいたからね、一〇〇〇万円は貯まっていた。そのお金を頭金にしてマンションを買ったの。でも、そのマンションも自分で住まないで人に貸していたね。一〇万で貸して、それで借金返したの。そうやって資産を残したと言えばいえるね」

　一方で巌さんの裁判があり、支援者の集まりもあった。筆者が九〇年代に取材で秀子さんを訪ねた時には、コーヒー会社の裏手にある古い日本家屋に上げて頂いた記憶がある。そこで支援者と弁護団の打ち合わせも行われていた。新聞やテレビの取材も、どんなに忙しくても丁寧に対応していた。

「ちょうどバブルの時代でね、銀行が誰にでも金貸したのよ」

秀子さんは、すでにマンションも購入し、自分の生活基盤は確保したものの、それでは十分ではないと考えていた。弟が出てきたときのことを遠望していた。

「(借金を返しちゃって)それで(経理の関係で)銀行の人と仲良くしていたから、『お金貸して』って言ったら、銀行の人が『いいよ、貸してやるよ』っていうことになって。私もそのマンションだけじゃ知れているから」

「その頃は、袴田巌さんは拘置所ですね。それは巌さんが出てきた時の準備ですか」

「まあ、そうです。準備というか、ともかく、出てくるとは思わないよ、いや、その時には思わなんだ。だけど、そういう希望を持ってやっていかないと、自分が参っちゃう、ね。死んじゃう。だからもう希望を持って、もし、巌が出てきたら、住むうちもないじゃ困るから。で、ここが三〇〇〇万で売りに出た。あ、こりゃいいなと思って」

こうと決めた時には、誰にも聞かず一人で即断、即決するという。

「私も五九になって、六〇までにやらにゃしょうがないと思って。それで、そう言ったら銀行で金貸してくれるっていうから、じゃあそうしようって言って、お金を借りて買いました」

当初は古い家を貸していたが、六〇歳までにすべてをやり終えようと決意して、さらに銀行から融資を受けて、そこにビルを建てた。

「銀行もよく貸しましたね」

「お金を借りるときには、銀行はね、袴田さん、女一人で何をやるんだ、と思っていたでしょうよ。それでね、最終的にこのうちが出来た時に、袴田さん、度胸がいいねって言われた。確かにいい度胸だと思う、ははは」

「それでね、ここをテナントで三軒とも貸して、それで借金を返していって、今はもうなし。一八年でローン組んで、五年前に借金は全部なくなった」

「全部一人で」

「当たり前ですよ。誰にも相談しない。私は一人でやらにゃあ調子が悪いわけよ。それで、今まで全部一人で何もかもやってるから。兄弟なんかに相談すりゃあ、ああとかこうとか反対するでしょ。言われるのは目に見えてるから、兄弟にも一切相談しなんだ」

ここまで言い切っても、秀子さんには気負っているような様子はない。そうやって淡々と生きてきました、という風情だ。


「小さいころから、気丈な子供だった?」

「あはは。私はね、生まれつきから素質があったのよ。小学校六年生の時に席替えがあったんです。そうしたら、隣の女の子が、先生が話をしている時に私の足をつねるの。何するの、この人って思ってね。で、つねり返した。そうしたらね、またやるの。また、つねり返して、やめるまでつねり返した。そういう素質があるの、負けん気です。私が先にやったのならともかくね、何もしてないのに、人の足をつねるとは何事だと思ってね。そうしたら、その子、やらなくなった。そういう素質があるんです、わたしは」

「勉強は？」

「私はね、小学校の時は普通だったと思う。たいして勉強もしなくてね。中学というか、田舎に行ってからは、まあ、字引きを引いて勉強して、学校の先生が何か言うとさっと一番先に手を上げて答えるというくらいに、できたとは思わないが、熱心にやった、どの科目も。運動もできるし、お習字もあまりうまくないと思っていたけど、卒業する時には全部『優』をもらった。音楽も好きだったしね」

「すごいですね」

「いや、たいしたことはない、私自身が分かっている。あの全優は何だろうって、今になって思っている、ははは」

「どちらの親から受け継いだのですかね」

「それは分からんけど、長生きの遺伝はあると思う。父の母がその時代で百歳まで生きた、おばあさんね。その血を引いていると思う」

「性格は？」

「性格ねえ……。正義感、負けず嫌い、理不尽は許さない。お父さんは厳しい人だった。何も言わなかったけどね。でも、私が、電車での帰宅が遅くなると、五時だと真っ暗になるでしょう、そうすると自転車で迎えに来てくれた。厳しいだけじゃない、優しい父親だったと、今は思っていますね」

平和な少女時代を過ごしたが、末っ子が殺人事件に巻き込まれて一変する。その火の粉は秀子さんだけでなく家族全員に降り注いだ。

「袴田家は六人兄弟。事件当時は皆さんお元気でしたね」

「今は下の三人が生きています。巌、私、お姉さん」

「大変な年月でしたね」

「なかなか大変でしたね。仕事も一所懸命やって、巌のことも一所懸命やる。要するに巌のことがあるからこの家を建てたようなもんですよ。私はこんなもの欲しくない。何も、ね。体一つありゃ何とでもなるもんで、女の人生は。巌のことがあったからやったんです、確かに。例えば、途中でへこたれて自殺したい時でも、借金があれば自殺もしやせんでしょう、ははは、借金返さなくちゃいかんと思や。そういうことですよ。本当にそういうことがあったんですよ、ははははは」

冤罪との闘いの日々を過ぎた思い出話として振り返る、そういう日が本当に来た。もちろんうれしい。但し、闘いはまだ終わってはいない。秀子さんの笑い声は、その分まだ全開ではない。

「今の生活は？」

「年金、厚生年金。国家公務員なので共済組合に入っていましたけど、辞めた時に一回でお金貰っちゃったね。七万円かそこらね。その当時は巌の事件もないので、（将来のことも考えずに）貰っちゃった。言ってみればお金に困っていたのね」

「今のこの生活については、巌さんは秀子さんに感謝しているのですね」

「まあ、してるんでしょうね。巌からは、まともな時には（獄中から）『有難う』っていう手紙が来ているんですね。だけど、この頃ではありがとうなんて一言も言わない。自分一人で生きているつもりで、神になって（拘置所から）出てきたつもりでいるの。そう思わなきゃ生きていけなかったということもあるから。だから、そんなことは感謝しようがしまいが構わない」

「秀子さんだけが何でも言える唯一の人間ですね」

「そうですね」

「神様になった巌さんからすると、秀子さんは何なんでしょうね」

巌さんは、獄中にいるときから「自分は神様になったのだから人間のする裁判なんかどうでもいい」という意味のことを語っていた。

「何だかね、ははは。何だかわからんが一緒にいる人だよ、ともかく。今でも、太陽の神とか書いているよ（巌さんのノートを出してくる）。こんなことを書いているうちは、まだだめだね、もう、最初は歩くのもやっとこさだったけど、この頃はすたこらさっさと歩くもんね」

「うん、精神的にはね。神になるとか、一部分はそのままだけど、体は健康にはなってきています。もう、最初は歩くのもやっとこさだったけど、この頃はすたこらさっさと歩くもんね」

「病気は？」

「胆石があって、一・八センチの胆石を取った。内視鏡でおへそから。カテーテルも入れていますけどね。それ以後、病気はほとんどしていない。いろいろ出て回っている。出雲にも行ったし、大阪も東京も、神戸、名古屋、京都にも行った。でも、今またパタッと行かなくなっているけど。そんなふうに精神的には不安定だね」

「秀子さんは、今はよく笑いますね」

「笑える笑える。三年前まではにこっともしないでね。それどころじゃなかったからね。笑う気にもなれない、歌う気にもならないんだ。それは事実です」

「次は再審無罪ですね」

「私は信じています。悲観的なことは考えない」

「お二人の暮らし、今後はどうしていきますか」

「拘禁症が少しでもよくなればいいと思ってます。多少、笑うようにもなったし。でも、急に変わってニコニコするようなことにはなるわけがない。五〇年もあんなところにいたんだからね。だけど、徐々にでもいい、治らなければ治らんでもいいと私は思っている。巌は今、外に出て、歩いて、皆さんに迷惑をかけるでもなく、ご飯もちゃんと食べて、ゴミも散らかさず、きちんとやっているんです。それを浜松の街の人が、変な奴だなと思いながらも、受け入れてくれている。だから、このまま元気に生きてくれりゃあ、今更どうのこうのと言うことはない、もう八〇歳ですから。長生きしてくれりゃあいいんです」

「秀子さんの健康は？」

「うん、私は毎日体操しているから。泣き言を言ったりね、そういうこと嫌いなの。ああでもない、こうでもないという暇があったら、どんどん前へ進めっていうの」

「ここにおじゃまする途中の道で歩いている袴田さんをお見掛けしました。お一人で散歩に出すのは心配ないですか」

（筆者は浜松駅から袴田家まで歩いて来る途中で、巌さんとすれ違った。目の前の一点を見つめるようにして、腰はやや曲がっていたが、かなり速足で歩いていた）

「昔はね、ボクサーで、人殺しで、おっかない人だとみんなが思ってたわけよ。だもんで、なるべくね、見苦しくない格好して。よれよれの格好だとみんながおっかながるからね、まともな格好させて出すんです。巌は大人しい性格ですからね、もともと、私と違って。九時半頃散歩に出て、四時頃まで一人でいろいろ歩いて帰ってくる」

「携帯電話か何か持っていますか」

「何も持たない。電話、鳴っても出れんもの」

「お金は？」

「お金は持っている。毎日、『一万円頂戴』って言って。渡すと勘定して、千円だけ私にチップをくれるの。それで、財布にお金を入れてから散歩に出る。使うのは千円でお弁当買うくらいのもので、あとはほとんど使わない」

「でも大金を持ち歩いたりして、悪い人がいたら物騒ですよ」

「だから言わんようにしている、あはは。持っていないと神の生活ができんというようなこと言ってるよ。誰も財布見せろとは言わんでしょう。お宮さんにお参りをして一万円くらい入れても、それはしょうがない」

「そのくらいのおおらかさがないとやっていけないのでしょうか」

「毎日、一万円でいいのって、出してますよ。それでね、貯まってくると、五万円をこうしてね、これ、金庫にしまっておいてと言って返してくる」

「その金銭感覚は何ですかね。やはり、ある程度はないと神さまの暮らしが出来ないということなんでしょうか」

「まあ、持っとかなあかん、ということですね、ふふふ」

「テレビは見ますか」

「ほとんど見ない」

「散歩から帰ったら何をしているのですか」

「夕陽を見ています。きれいだなーと言ってずうっと見ています。夜景もきれいだと言って見ています。雨が降って夕日がなければボーっとして座っています。お客が来れば、将棋を指していますね」

「相当強いと聞きましたが」

「よく知りませんけどね」

「何かで機嫌が悪くなるということはないですか」

「それはないですね。たとえば、何かほしい、というでしょ。ないよって言えば、ないのかと一言で終わる。そこは神様ですね。人間がすねるようなことでは腹は立てないんです、ははは」

「拘置所の思い出話もないですか」

「ないです。俺は拘置所にはいなかった、と言ってますね。おれはハワイのバッキンガム宮殿で生まれたって言っているの。ハワイにバッキンガム宮殿はないけど、そこで生まれて、五歳までいて、そこから日本に来たって、始めのうちは言っていたけど、この頃は言わなくなった。少しずつ変わってきた」

「秀子さんが自分の姉だという認識はありますか」

「分かっています。だけど、人が聞くと『あの人は一緒にいるだけですよ』という。で、給料をくれるの、わははは。私があげたお金を『給料二万円』と言ってくれる、ははは」

袴田家の最上階は夕日を見るにはちょうどいい場所だ。夕焼けに目を凝らし、雨が降れば、座って時の流れにまかせる。客人があれば将棋を指す。これは文字通り仙人の暮らしだ。

人生に「もし」はない。だから、冤罪に巻き込まれなかったら、という仮定も意味がない。せめて、この平和な日々が一日も長く続くように祈るしかない。それが、弟のために半世紀の歳月を闘いつづけてきた秀子さんの思いでもある。一方、姉の心を知ってか知らずか、静かに夕焼けの前に立つ巌さんの心中に去来するものは何なのか。袴田巖は巻き込まれた事件のことも、獄中のことも未だ黙して語らない。

終わりに――闘いはまだまだ続く

二〇一四年三月に再審開始決定が出た。そして、この決定に対して検察はすぐに即時抗告をした。抗告審での検察の主張は、弁護側推薦の鑑定人（本田克也筑波大学教授）の実施した鑑定法は確立した検査方法ではなく、きちんとしたＤＮＡ鑑定はできないので「ねつ造の証拠」にはならない、というものであった。

そして、話はこの章の冒頭に戻る。

二〇一八年六月一一日、東京高裁は検察の主張を認めて、再審開始決定を取り消した。

本田教授が実施した鑑定法は「細胞選択抽出法」と名付けられているが、裁判所は、検察側が推薦した新たな鑑定人の意見を基に、この検査方法やそこから得られる結果には疑問がある、として退けた。その上で、五点の衣類は犯行着衣であり、かつ袴田さんのものである、という従来の認定に問題はないと判断した。DNA鑑定はまさに両刃の剣となって、弁護団の主張を切り裂いてしまった。

この決定について言うべきことはない。ここまで縷々述べてきた通り、この事件が冤罪であることははっきりしている。大島隆明、菊池則明、林欣寛の三人の裁判官は間違っている。

この決定によって、嘘にまみれた検察は名誉を挽回し、間違い続けた裁判所もその信用を回復した、ということになるのだろうか。筆者には恥の上塗りとしか見えない。一方、既に釈放されている袴田巖さんはどうなるのか。その点では決定は弱腰で、釈放の状態は維持する、とした。この先の最高裁に判断を預けた格好だ。

支援者の何人かは早くも次のような予想を口にしていた。最高裁はぐずぐずと判断を先延ばしにして、袴田さんが死ぬのを待つ。そうすれば、名張毒ぶどう酒事件と同じように（請求人が死んでしまえば）再審無罪の判決を出さずに済む。たしかにそうすることによって「冤罪」は証明されずにうやむやになる。筆者もそんな展開を予想する。だが、日本の裁判所はこんなことをいつまで続けるつもりなのか。

記者会見の場である弁護人が「結論ありきだ」と述べていた。「冤罪はない」という建前の最高裁の意向に従えば、高裁の裁判官にとってはそういう判断しかなかったとも言える。しかしこの点については、筆者は若干異論を持っている。裁判官という専門家集団は、袴田事件の証拠を全部並べて見た時に、「有罪」の心証を抱くようによく訓練されている人たちなのではないか、少なくともそういう人たちの多い集団なのではないだろうか、と危惧する。司法修習生から判事へと一直線に進んでいく過程で、独特な証拠の読み方を学び、さらに罪のないものは起訴されない、という（これは明らかに幻想だが）検察の正義を鵜呑みにするような教育（洗脳と言い換えてもいい）を受け続けた結果、私たちの常識とはかけ離れた判断（＝決定）を下してしまったのではないか。私たちが素直な目で眺めれば明らかに「無実」に見える事件でも「有罪」に見えてくる、そういう証拠の読み方を身に付けてしまった裁判官が非常に多いのではないか、そのように考えている。その意味では、「結論ありき」で政治的に判断する裁判官も許し難いが、証拠に基づいて自らを「信じて」判断している、その分だけ、事態は余計に深刻だとも言える。私たちがしばしば口にする「良い裁判官」とは、つまり、そのような集団の考え方から身を引きはがして偏りのない平明な目を保持し続ける人のことである。そんな人に出会うことだけが雪冤への道だとすれば、この国の司法はすでに「死に体」だと言わざるを得ない。

第3章

桜井恵子さん・布川事件

はじめに

恵子さんが桜井昌司さんに初めて会ったのは、一九九八年一月だった。その時恵子さんは四六歳、一方桜井昌司さんは五一歳だった。

桜井さんは二〇歳の時に強盗殺人事件の犯人とされ、裁判では無期懲役の判決を受けた。獄中から冤罪を訴え続け、再審請求の申し立てをしたが退けられた。そして、九六年の秋、逮捕から二九年振りに仮釈放されて、娑婆に帰ってきた。

「社会に出てきて二度目の正月を迎えました」

一九九八年の正月、舞台に上がった桜井昌司さんが新年会の席で挨拶をした。この時に、恵子さんは初めて桜井昌司さんの姿を見た。日本国民救援会という冤罪者を支援するための全国組織がある。その茨城県本部の新年会で、恵子さんは頼まれて受付の仕事を手伝っていた。

「なんて溌剌としているんだろう」

それが第一印象だった。「あの人、誰?」と周りの人に聞いた。恵子さん以外は誰もが知っていた。「布川事件の桜井昌司さんよ」。しかし、その時点では「布川事件」がどういう事件かも理解していなかった。その後、冤罪の被害者とその支援者として集会などで顔を合わせるうちに、二人は互いに引かれるようになった。桜井さんは当然、独身であるし、一方の恵子さんも一度結婚して二人の子供がいたが、桜井さんと出会った時にはすでに離婚していた。

翌年、二人は結婚する。恵子さんの両親は猛反対だった。

自らが冤罪に巻き込まれたわけではない。家族の誰かが冤罪に巻き込まれたわけでもない。なぜ、進んでそんな厳しい環境の中に飛び込んでいくのか。誰もがそう思うだろう。だが、結婚したいと考えた相手がたまたま冤罪の真っただ中にいて闘っていた、恵子さんはそう思っている。しかし、親も家族も当然、そんなふうには考えない。再審請求（第一次）が棄却されている段階では、恵子さんが夫に選んだ男は、強盗殺人事件の犯人で、無期懲役囚で、仮出所中の人物である。しかも、再審請求という制度について知れば知るほど、雪冤までの道のりがいかに過酷であるかは（支援者であれば余計に）誰もが知っている。だが、恵子さんは周囲の反対の声に耳を貸さず、自分の気持に従った。

結婚して二年後の二〇〇一年一二月、桜井さんは第二次再審請求の申し立てを水戸地裁土浦支部にした。伴侶を得て新しい人生をスタートさせた桜井さんは、そこから再び雪冤を果たすための闘いを開始した。桜井さんが晴れて「無罪判決」を得るにはその時からさらに一〇年の年月を要した。

この事件の取材を始めた二〇〇四年ころ（第二次再審請求の三年目）、筆者は桜井さんの自宅で、初めて恵子さんのインタビューをした。お会いする前には「冤罪の中に、自分から飛び込んでいった女性」として、強固な意志を前面に押し出しながら夫とともに冤罪に立ち向かう闘士を勝手に想像していた。しかし、全く違った。当時、恵子さんは看護師として大病院で働いていたが、やや小柄で、涼しそうな笑顔を絶やさず、静かだが的確に語る女性だった。事前の情報からは想像できない奥ゆかしさを備えたこの女性が、その後の桜井昌司さんの再審無罪までの闘いを陰で支えたのである。もちろん可憐さの奥には秘めた芯の強さがあったはずだ。そうでなければ、二九年ぶりに娑婆に帰ってきた男の妻が務まるはずがない。

事件

利根川の豊かな流れに沿って田園が広がっている。茨城県利根町布川。周辺の住宅地の姿は変わったが、川の流れと河川敷の風景は当時の面影をよく残している。五〇年以上も前に、この静かな田舎町で、後に布川事件と呼ばれる凄惨な事件が発生した。

一九六七年八月、一人暮らしの六二歳の男性が首を締められて殺された。大工仕事で生計を立てていたが、裏で金貸しをしていると噂されていた。事件当日、家の前に二人の男が立っていた、という目撃証言を手がかりに、警察は近くに住む不良仲間を次々に取り調べ、発生から四〇日後、桜井昌司さん（当時二〇歳）と杉山卓男さん（当時二一歳）の二人を別件逮捕した。

二人は間もなく自白を始めたが、当時は二人とも自白が証拠になるということをまったく知らなかった。杉山さんは、

「どうせ嘘だから、何でも言いますよ。早く済ませて、検事のところに行って本当のことを言おうと思っていましたから」

別件の傷害事件で逮捕された杉山さんは「一週間で帰ってくるから」と友人に言い残して刑事に連行されたが、娑婆に戻ったのは二九年後だった。

一方、別件の窃盗事件で逮捕された桜井さんも、間もなく殺人事件について嘘の自白に追い込まれていった。

「(被害者の)シャツは半袖だったか長袖だったか、と刑事が聞くんですよ。こっちは、夏だから半袖だろうなー、と考えて『半袖』と言うんです。そうすると刑事が『そうだ、そうだ』と言いながら調書に書いていく。そんなふうにして自白調書は作られていくんです」

たとえ嘘でも一旦自白を始めてしまうと、自分でストーリーを考えて作っていかなければならない、それが大変だった、と当時を振り返る。

捜査官の話にうまく合わせているうちに自白調書が積み上げられていく様子を、後に桜井さんも杉山さんもしばしば支援者の集会で報告するが、そのたびに会場から笑いが起こる。取り調べ室で行われていることはまさしく「茶番劇」だった。

一九六七年一二月、二人は強盗殺人の罪で起訴された。

裁判

裁判で二人は、自白はでっちあげられたものだ、と無罪を主張したが、一九七〇年一〇月、水戸地裁土浦支部は「自白は具体的で信用できる」として二人に無期懲役を言い渡した。七三年一二月に控訴棄却、七八年七月に上告が棄却されて、二人の無期懲役が確定した。

この事件の捜査は典型的な別件逮捕で始まった。憲法三十三条は、逮捕の理由となっている犯罪を明示する令状によらなければ逮捕されない、としていわゆる別件逮捕を禁じている。弁護団は、二人の自白は別件逮捕による違法な取り調べによって作られたものであり、その自白には証拠能力はないと主張した。しかし、裁判所は、法廷での捜査官の証言をそのまま採用して「捜査官がその余罪の有無を問い質したところ、いずれも自らすすんで任意に本件強盗殺人事件について自白をしたものであり……」と認定し、その上で「本件においてはいわゆる別件逮捕による違法捜査は行われなかったものというべきである」と結論づけた。無実を主張する人間が「自らすすんで任意に」余罪を自白することなどあり得ない。裁判官がこの判決文を本気で書いているとも思えない。言わば、判決文によくある定型文の一つである。捜査官はこういう場合の常道として、法廷で平然と虚偽の供述をする。裁判官も嘘と知りつつ、しかし、これを「嘘だ」として退けるとその先が進まなくなってしまうので、この捜査官の供述に乗って、弁護団の追及をかわし定型文を書く、というのが判決文の実態である。弁護団は一審、控訴審、上告審とも、別件逮捕による違法な取り調べであるとの主張を繰り返したが、裁判所はこれらをすべて退けた。要するに憲法は別件逮捕を禁じているが、司法の実務では死文化していて、これは裁判官、検察官、弁護人ともよく承知している。桜井さんと杉山さんが逮捕された日の新聞は一面で「別件逮捕」と大見出しで報じている。それが違憲だという意識すらないような報道だ。

少し話が逸れるが、最近では殺人事件が発生し、被疑者が特定された場合、警察はまず「死体遺棄」の疑いで逮捕する。そして二〇日以上が経過して拘留期限ぎりぎりになってから、次に本件の「殺人」で再逮捕する。こうすることによって捜査機関はさらに二〇日間の取り調べ期間を確保し、その間に自白を迫るのである。「殺人」と「死体遺棄」は、刑法上は別の罪であるが、実際には一連の一つの事件である。筆者はこれも巧妙な別件逮捕の一つだと考えるが、これを問題視する報道機関は今のところ一切ない。一つの事件を二つに分けることによって警察は四〇日以上も身柄を拘束し続けることが可能となる。これは異常だが、裁判所もこれを違法な取り調べだとは認識していない。外国の刑法を研究している法学者は、こんなに長期間の身柄の拘束を認めている国は世界中を見渡しても日本以外にはほとんどない、日本は司法後進国だと言っている。

桜井さんと杉山さんの自白は何度も変遷し矛盾も多い。自白内容に矛盾があったり、現場の状況に合致しないのは嘘の自白の典型だが、裁判官はその嘘を見抜けなかった。犯行現場から何が奪われたのか、犯行の目的は何だったのか、最後まで分からなかった。奪ったとされる現金について、二人の自白は一〇回以上もくるくると変わっている。殺害された男性は非常な倹約家で、当時、百万円を超える大金を貯めていたと言われるが、自宅からも逮捕された二人の周辺からも見つかっていない。その大金はどこに消えたのか。さらに室内は障子が外れ、畳も踏み抜かれているが、激しく争った跡なのか、あるいは犯人が何かを（例えば隠された現金を）探した痕跡なのか、自白にはそうした状況についての合理的な説明がまったくない。真犯人の自白には犯人しか知らないいわゆる「秘密の暴露」があるはずだが、二人の自白にはそれが一切無い。要するに（自白を誘導した）捜査官が分からないことは、自白でも分からないまま残っている。これこそ、自白が捜査官の作文である証拠ではないのか。

自白では、二人は素手で室内を物色した、ということになっている。たしかに現場検証で四〇個以上の指紋が採取された。ところがその中に桜井さん、杉山さんの指紋と一致するものは一つもなかった。これについて控訴審判決は「指紋、足跡等により犯人を特定することができないからといって、そのことだけで直ちに被告人らの犯行を否定するわけにはいかない」と言っているが、これは詭弁だ。二人の指紋が犯行現場から一つも見つからなかった、その重大な事実をきちんと吟味せずに放り出している。

後に弁護団は犯行現場と同じような部屋を作り、家具を置き、指紋の専門家を立ち会わせて、仮釈放中の二人に素手で物色の真似事をさせる、という実験を行った。結果は「必ずどこかに二人の指紋が残る」というものだった。つまり「指紋がないということは、二人はそこにいなかった」と考えるのが自然だ。当たり前すぎて、驚きもない。むしろこんな実験をしなければならないほど、裁判官の常識がずれている、ということが驚きだ。

布川事件のこの指紋の問題について、〇九年一二月一八日の朝日新聞朝刊に興味深い記事が載っていたので、一部を紹介する。

「この二人の指紋と合わせてくれないか」。当時、茨城県警の鑑識課で指紋の採取や照合作業を担当していた元課員の一人は、捜査を指揮する捜査一課から受けた連絡を今でも覚えている。「『調べてくれ』と言われることはあったが、『合わせてくれないか』と言われたのは、後にも先にもなかった」。

事件から四〇年以上も経って再審開始が確定した直後に、記者が当時の鑑識課員を取材した際の記事である。当時の捜査機関が行った偽造や隠蔽はどこまで手繰ってもきりがない。捜査本部は、現場からは山ほど指紋が採取されているのに、桜井さん、杉山さんの指紋が一つもないことに困り果てていた。「合わせてくれないか」という言葉に、証拠を捏造してでも二人の犯行にしたい、そういう警察の焦りがうかがえる。しかし、指紋を無理やり合わせることなどできるはずがない。そして当然、裁判では争点になった。検察は窮地に立たされたが、このでたらめな捜査のほころびを繕ったのが裁判官だった、というわけだ。

「指紋がないからといって、犯人でないとは言えない」。見苦しい詭弁を弄して、指紋の問題を棚上げし、桜井さん、杉山さんを犯人に仕立てた。捜査機関と裁判所が手を携えて冤罪を縫い上げていった。

裁判官がいかに我々の常識からかけ離れているか、法廷での被告人との遣り取りからうかがうことが出来る。捜査段階での自白はすべて嘘だったと訴える杉山卓男さんに対して、一審の裁判長が法廷で問い質している。

裁判長　（検事調書では）懺悔して本当に悪いことをしてしまったと、被告人は言っているようだが。

杉山　いつもそうやって最後に検事が書いてくれるんですよね。

裁判長　検事はそんな被告人の言わないことを書きはしないでしょう。

杉山　言わなくても書きますよ。

裁判長　検事が言わないことを書くの。

杉山　はい、書きますよ。
裁判長　読んで聞かせてもらった時、そんなことを私は言いませんからと言って、どうして断らなかったのか。
杉山　裁判で闘おうと思っていたから。
裁判長　調書に名前を書くとき、どうして断らなかったのだね。
杉山　もう検事の調書はどうでもかまわないと思ったんです。
裁判長　どうでもかまわないと言うなら警察や検察庁という制度はあるはずがないでしょう。裁判所だけあればいいんじゃないですか。

裁判長がいらいらしている様子が手に取るように分かる。しかし、刑事や検事が、被疑者がしゃべってもいないことを調書に書く、ということは今や取調べを受けたことがない人ですら知識として知っている。同じ司法の住人である裁判官がそんなことを知らないはずがない。だからこそ杉山さんは裁判長に訴えたのだ。しかし、杉山さんにとってこれほど残酷な肩透かしはなかった。裁判長は法廷の中心に座っていながら日本の刑事司法の実態をまったく知らないのだ（あるいは知らない振りをして建前だけを振りかざしたのだろうか）。杉山さんがインタビューで語っている。
「刑事も悪い、検事もひどい。でも今振り返って、誰を一番恨むかと聞かれたら、やっぱり裁判官だな。裁判官だけは分かってくれると信じていたからね」

裁判官の非常識について語りだすと布川事件はとめどがない。桜井昌司さんがインタビューの中で語っている。

「一審の裁判長が法廷で俺に言ったんですよ。『どうしてそんな大事な日のことを忘れるんですか』って（事件発生の日の桜井さんの記憶があいまいだと叱った）。で、俺は言ったんですよ。『どうして大事な日なんですか。俺にとったら普通の日ですよ』と。そうでしょ。犯人にとったら忘れられない日でも、（無実の）俺には普通の日ですよ」

語るに落ちた裁判官。この質問によって、判決を出す前にすでに桜井さんを犯人だと決めつけていることが分かってしまった。桜井さんは、そのことを感じ取ったが、言葉を発した裁判長自身は気付いていない。「だって、大事な日でしょう」と同じ質問を幾度も繰り返した。

「この人はだめだ」

とその時に桜井さんは悟ったという。裁判官が予断と偏見を抱かずに審理にあたる、というのは嘘だ。被告人は犯人だ、とこの裁判長は裁判の始まる前から思い込んでいる。日本の刑事裁判の有罪率が九九パーセントを超えるのも、冤罪がなくならないのも、こういう裁判官が審理に当たっているからだ。

しかし、公判記録を見ていくと「語るに落ちる」などという生やさしいものではないことが分かる。この裁判長は「推定無罪」の原則をかなぐり捨て、はっきりと「推定有罪」、つまり被告人は犯人だと決めて掛かっていることを、少しも隠していない。杉山さんとのアリバイを巡るやり取りを次に紹介する。杉山さんは、事件のあった日には都内で映画を見ていたとアリバイ主張をしたが、裁判長はそれを吟味する気もなく、犯人が嘘をついて逃げ回っているとしか考えていない。

裁判長　東映映画（都内の映画館）に、何時ごろまでいたというんですか。
杉山　時間は、はっきりわからないです。
裁判長　さっき十時近くまでいたと（検察官に答えるのを）聞いておったが。
杉山　時間ははっきりわからないが、映画の終りまでです。
裁判長　時間は何時ごろまで。
杉山　はっきりは言えないですけど、十時ごろだということです。
裁判長　はっきりはわからないが、何時ごろまで。
杉山　十時前だと思うんです。
裁判長　さっきは十時近くまでと答えておったのを聞いたんだが。
杉山　映画が終るまでです。その日の映画が。
裁判長　だから何時ごろまでいたかということですが。さっき十時近くと答えたがそうかね。

杉山　だいたいそうだと思うんですがね。
裁判長　さっき検察官に聞かれて、十時近くまでいたというように答えたんだが。
杉山　大体自分の記憶ではそうだと思うんですがね。
裁判長　そうすると十時近くまでいてその映画館を出たんですか。
杉山　ええ。
裁判長　この前、第一回公判のときは、十時半ごろと言っておったんだが、今日は三十分違うんだが、どういうわけだ。
杉山　どういうわけと言っても、時間ははっきり分からないです。
裁判長　最後までいたんなら、三十分も違うはずないんだが、本当にいたんなら、映画が終る時間、大体わかっているだろう。三十分もそんなに違うわけないんじゃないですか。
杉山　自分で忘れちゃってわからないですね。
裁判長　第一回と今日と、どうして違うんですか、三十分も違うわけないでしょう。
杉山　わけはないです。
裁判長　わけはないと言うが、自分は、そういうところにいたことがないから、違うんじゃないですか。
杉山　違いますよ。
裁判長　どうして違うんですか、三十分も。

杉山　今は忘れちゃったからね。

裁判長　忘れちゃっても、自分で疑われていることだから、実際にそんなに三十分も違うわけないいんじゃないですか、そこにいたんなら。

杉山　最初言ったのが正しいと思うんです。今は分からないですね。

裁判長　三十分違うわけだが、実際にそこにいたんなら、そんなに違うはずないと思うんだけれどもね。実際にそこにいなかったとすれば、そのたびに違うこともあるかもしれないが、本当におったんなら、そんなに違わないいんじゃないですか。

裁判長は、証言内容が三〇分近くずれているのを盾にとって、杉山さんに「嘘だろう」と迫る。しかし、杉山さんが映画に行ったという日（事件のあった日）は初公判の半年も前のことであり、このやり取りのあった第一七回公判は、初公判からさらに一年半以上も経っている。そんな遠い日の映画の終了時刻を正確に言えないだけで疑いが深まるとしたら、こんな怖いことはない。むしろきちんと答えられない人のほうが圧倒的に多いのではないか。

後に、この映画館の支配人が、この日の終了時刻は午後九時五〇分から五五分の間だったと証言している。杉山さんの言っていることは大筋で合っているのだ。茨城県布川での犯行時刻が午後八時頃から九時頃とされていることから考えれば、杉山さんがその時刻に都内の映画館にいたことが立証されると、アリバイは完璧に成立する。それでは裁判長は困る。有罪の立証にひびが入ってしまう。「被告人は犯人だ」という先入観に支配されている裁判長はどうしてもアリバイを崩さなければならない。だから「映画館には行かなかった」ということにしたいのである。そして、判決ではそういうことにしてしまった。


話が少し前後するが、この事件では起訴前に「逆送」という椿事が起きている。

事件発生から四〇日後の六七年一〇月に桜井さんと杉山さんは逮捕された。別件逮捕後すぐに本件の取り調べに移り、一一月のはじめまでに三〇通を越える自白調書が作成された。そして一一月初旬、二人は捜査終了に伴い警察の留置場から拘置所に身柄を移された。無実の訴えは一切聞いてもらえず、嘘の自白調書に署名をさせられた二人はこの時を待っていた。一一月一三日から始まった検察官の取調べで、二人は無実を訴えた。検察官は二人の主張を聞き、否認調書を作成した。これは単に被疑者が犯行を否認し、それを書面にした、ということではない。否認調書を作成するということは「起訴しない」という検察官の判断を表している。

ところが半月後、二人は突然警察の留置場に送り返され、捜査官による取調べが再開された。これが「逆送」と言われるものだ。否認調書を作成した検察官は更迭され、新しい検察官が事件についた。そこで二人は再び自白させられ、その年の暮れに起訴されるのである。

布川事件を研究しているある法学者は再審の闘いを支援する文章の中で、

「公正な捜査機関であるならば、この時点で、二人の無実の主張を公正な態度で検討してみるべきではなかったか。逆送とは、本人たちが脅かされ、おびえきっている警察官の手に再度二人を委ねることにほかならないではないか」

と書いている。しかし、最高裁の決定はこの「逆送」について「……そのこと自体をとらえて違法ということはできない」と、一言で片付けた。最高裁の決定についてこの法学者は次のように批判している。

「本件において最も不公正で醜悪だと私たちが考える事実について、なんらの問題をも感じることのない最高裁決定から、私たちは一片の良心の存在をも感じ取ることができない」

捜査機関の「不公正」は言わずもがなだが、それを見抜き、止めなければならない裁判官が、その不公正、不正義にお墨付きを与えてどうするのだ。布川事件を見続けてきた法学者の強い憤りがこの一文に込められている。

一九七八年七月に最高裁で上告が棄却され、二人の無期懲役が確定した。二人は東京拘置所から千葉刑務所に身柄を移された。以後、九六年一一月に仮釈放されるまで、桜井さんと杉山さんはその青春時代のすべてを塀の中で暮らした。二〇歳で逮捕された桜井さんは四九歳に、二一歳だった杉山さんは五〇歳になっていた。

出会い

一九九八年の冤罪支援者の新年会で、恵子さんは初めて桜井昌司さんに出会う。

「恵子さんの当時の暮らしぶりは？」

「娘の（高校卒業後の）就職も内定して、ああ、子供たちも巣立って行ってしまうんだな、と思っているころです。（離婚後）母子家庭で子育てに邁進してきたので、燃え尽き症候群になった。これからどうやって生きて行こうかと思っていたころです。何かしなければ、という悶々とした時期でした。で、何かやらなくちゃと思って、それで、やるならあちこち手を拡げないで、一つ、自分がこれと思ったものをやろうという気になっていたころ」

そんなときに国民救援会から声が掛かった。恵子さんは、以前から救援会の会員だったが、離婚後は子育てと仕事に追われて、ほとんど活動には参加していなかった。

「救援会の仕事を手伝ってほしいと言われて、……当時は市内の総合病院で看護助手をしていました。ぜひやってほしい、と言われ、一月末の新年会があるから、そこで受付をやってくれる？　と言われて。それが救援会の最初の仕事です」

そこで、支援者への挨拶に来ていた桜井昌司さんを知る。

「桜井が舞台に出て挨拶をしました。『社会に出てきて二度目の正月を迎えました』と言ったんです。挨拶を聞いたとき『この人何だろう』と関心を持って見つめていました。それが出会いです。新年会の五、六〇人のパーティでの挨拶ですね。各地域の代表に混じって、事件関係者として参加した桜井があいさつに立った」

「どう思いましたか」

「少年のような人だと思った。見かけはおじさんだけど。すごく生き生きしていて輝いて見えた。二九年の拘束から解放されて、仮出獄ではあるけれど、本当に今、自由を得て嬉しかったんでしょうね。そういうものが全身からみなぎっていたような気がします。だから声も弾んでいたし。そういうのが印象に残った」

「それって、一目惚れですか」

「一目惚れです」

「直球ですね」

「その日の帰り、友だちのところに行って、今日こういう人にあったって言って、興奮して、なんだか私、恋しちゃったのかもしれないと言っていますので、私としては衝撃的な出会いだったのかも知れません」

ゆったりとした外見と違って、ぐずぐずしたところがない。

「あの人誰？　と周りの人にぼそぼそ聞いて、布川事件の桜井さんだよと言われて。終わって解散する時に料理が残っちゃって、女の人たちがパックに詰めたり、誰かが『桜井さん一人なんだからこれ持って帰りな』と言って詰めてたんですよ。こういう時の『一人』とかが……。

布川事件の桜井として知るのではなくて、ただただそこに一人のおじさんがいて、そのおじさんが普通のおじさんじゃない、という感じで受け止めました。自分の中では不思議な人だなという思いが……」

次に恵子さんが桜井昌司さんの顔を見たのは、集会ではなく、テレビのドキュメンタリー番組だった。

「その頃、日テレのドキュメント『仮出獄――布川事件の三〇年』を見ました。一人で見た。夜中に見たその中身が恐ろしかった。桜井が出てくるんです。あんなに明るかった人が涙を流しながら話している。刑務所のドアがガチャンとなるような音がして、こんなこと本当にあるのだ、という感じでした。テレビの中の桜井昌司と自分が出会った桜井昌司とはまったく違いました。私の冤罪への入り口はそこでしたね」

その後、「救援美術展」という裁判を闘っている人の支援を目的とした催しがあり、この頃には、恵子さんはその準備段階から積極的に関わるようになっていた。

「その日も私は受付をしていた。二日目、三日目、桜井さんが来たかな。でも私の友だちが積極的に（桜井さんと）話をしているので、私には話す機会がなくて、遠くから見ていました。その時『オカリナ貰ったけど吹けないんだ』と言っているのを聞いて、オカリナだったら私は吹けると思って、オカリナの楽譜、昼休みにコンビニへ行って、何曲かコピーして、最後の日に渡したんですよ」

何という一途さ、そして行動力。だが、ここでは口は挟まない。

「今から思えば恥ずかしい。桜井の方が音楽的な才能はあるんですよ、ずっと刑務所の中でいろいろやっていた人なんですね。たまたまオカリナは吹けないということだったんです」

「少女のようですね」

「恋をしていたと言ってるでしょ。何かきっかけがほしいと思ってこちらからそういうこともしましたね。でも、最後の打ち上げには出られない、明日仕事があるからと言って帰ったんです。でも、その後間もなくして、はがきが来ました。美術展でお世話になりましたって、ハガキを貰っちゃって。何でこんなハガキくれるんだろ、住所なんかわかるはずないのにって思った。何か、自分がハガキを頂いたことにまたテンションが上がりまして、すぐに、出会った時からそれまでのことを、考えていたことを手紙にして返しました。そしたらまた返事が来た。多分、五月末のころに、二回くらい手紙のやり取りをしたでしょうか。直接は話をしていないんですよ、ほとんど。六月の初めにもらった手紙に、いつ、何時過ぎだったらうちにいるから、直接電話をもらえませんか、だったか、かけていいですかだったか、そういう手紙が来た。それで六月から電話でお話をするようになりました」

「どんな話を?」

「今日、何があったとか、そんなことだったと思うんですけど」

「向こうもだんだん恋してきた」

「恋してきたかどうかはわかりませんけど、話し相手がほしかったんだと思います。だけど、美術展の時の印象はない、と言っていましたよ、私の事。私が手紙を書くまで。後になって知ったんですけど、あの人はいろんな会場でいろんなことをしていただく人には必ず礼状を出すというのが仕事だったんです」

「どういうことですか」

「だから、桜井は私にだけじゃなくて、いつも、皆さんに御礼状を書いていました。たまたまその中の一人が私だったのです、付き合ってから分かったんですけど。で、住所なんかなんでわかるのかと思ったら、関係者にちゃんと聞いていた、と言うことです」

桜井さんからの思いを込めたハガキだと思ったものは、実は型通りの礼状だった。

「でも、恵子さんが書いた手紙と言うのは、かなり、切々としたものだったわけですね」

「冤罪というものを私は何も知らなかったということ、でもテレビを見て知ったということを、多分書いたと思います」

恵子さんの早とちりから始まった文通だったが、それは夜の長電話のやり取りに発展して、やがて、

「最初のデートはいつですか」

「七月頃、夏ですね。会おうということになって」

「どこに行ったのですか」

「信州、上田」

「え、もう泊りがけですか、早いですね」

「うん、でもいいと思ったの、あの時には。なんかゆっくり話せる場所ってないじゃないですか。で、泊まるということよりも、無言館に行きたかったんです、あの時無性に」

「ムゴンカンとは？」

「戦没画学生の出征前に描いた絵が、上田に展示されているんです。生きるって何かなって、そういうことをちょっと考えていた時ですね。もう生きて帰ってこられないかもしれないという時に、愛する妻を描いたり、愛する家族を描いたり、そういうものが作品として残っているんですね」

「そこに行きたいと恵子さんが言ったんですね。桜井さんは、それでいいと言ったのですか」

「他の女性と行くつもりだったって、言いました。私が先だったみたい、あはは。なにかそういう計画があったみたい。その時ではなく、後になって聞きました。あの当時、結構、それについての報道があったんですね。で、一緒に行きたいなと」

「電車で？」

「電車です。上野で待ち合わせました。あの人は私の顔を覚えているかしら、と思いながら」

「一泊二日で？」

「泊まったのは民宿でした。愛染桂の木があるでしょ、どこだったかな、そこに行きました。

早朝散歩した時かな、そこで『人間を信じる心』と石に書かれたものを見た時に、自分に言われているような気がしました」

「重い旅ですね」

「でも、その時に彼は何かすごく悩んでいて、暗い表情をしていました。楽しそうではなかった」

「桜井さんはどんな仕事に就いていましたか、当時」

「土木作業の仕事をしていましたが……。私は（二人の交際が）終わってもいいと思っていた。その後も手紙のやり取りをしたんだけど。私もそのくらいの覚悟は持っていましたよ」

「でも、離婚も経験されて、男性を見る目もありますよね」

「なんか、それはありますよね。でもまあ、子供にも内緒で、親にだって、きっとこんな人と付き合ってと言われるでしょうし。でも、あの時には、やはり、ふたりでゆっくり話す時間を取りたいって、思ったんですね。無言館も重たかったと思います、私は行きたかったんですけどね」

「桜井さんには当時、女性の気持ちを受け止めるような余裕があったんですか」

「ほかに好きな人がいましたね。桜井を好きになった女性がいましたし、桜井が好きになった人もいました。真剣に考えられる時期ではなかったと思いますが……」

恵子さんは一九五二（昭和二七）年七月、茨城県で生まれた。父は国家公務員、兄も弟も自衛隊員という堅実な家庭である。水戸市内の県立高校に入学した恵子さんはそこで演劇部に入った。その頃、劇団民芸の「夕鶴」を観劇してその道に憧れたこともあったが、結局、県立保育専門学校に進み、二〇歳で保母になった。その後、地方公務員の男性と知り合って結婚、男の子と女の子を出産し円満な夫婦生活が続いていたが、夫がサラ金に手を出した頃から暗転した。夫は取り立てに追われて遁走し、やがて離婚。恵子さんは二人の子供を抱えながら必死にやりくりし、長女が高校を卒業するところまで漕ぎ着けた。「ほっと一安心」という感覚は「燃え尽き症候群」と表裏一体である。その頃、桜井昌司さんと出会った。

桜井昌司さんは、一九四七（昭和二二）年一月、栃木県で生まれた。父親は役場に勤めていた。中学卒業後、茨城県の県立高校に入学したが中退し、その後は職にも就かず、ぶらぶらしていた。素行不良者、いわゆる不良だったために殺人事件の容疑者リストに挙げられることになった。友人のズボンを盗んだとして別件逮捕され、後に殺人を自白させられた。因みに、杉山卓男さんは桜井昌司さんの兄の友人だったが、同じ不良仲間でも昌司さんとはまったく別のグループだった。二人が逮捕された時、不良仲間の間では「二人が組むはずがない」として、最初から警察の杜撰な捜査を見抜いていたという。

無罪を主張し続けた桜井さんは、拘置所でも刑務所でも熱心に勉強した。裁判記録を読み、陳述の書面を書いた。裁判を闘うためにも重要だったが、桜井さんの勉強は単なる読み書きを越えて、詩を書いたり作曲をしたりと、限られた空間の中で最大限に自分を磨いた。これは、桜井さんの心と体の強靭さ故であるが、死刑囚と違い、生命の保証を得た人間だからこその行動だとも言える。「死」が目前に待ち構えているか、そうでないかの違いだ。一方で「獄に閉じ込められる」という、まさに人間の自由や尊厳を否定する「罰」が、犯した「罪」の結果ではなく「冤罪」であるという点で、桜井さんの苦悩は底なしだった。行動を止めた途端に生きる気力が失せてしまう、そんなぎりぎりの日々だったに違いない。

仮釈放の日、刑務所の外では弁護団や支援の人が大勢待ち受けて、拍手で桜井さんと杉山さんを迎えた。次の日からは、挨拶回りや第二次の再審請求に向けての準備など、これまでとはまったく違う生活が待っていた。二九年ぶりの娑婆。この環境の激変を二人の男はどうやって受け止めたのだろう。そんな時に桜井さんは恵子さんと出会った。

桜井さんと恵子さんの人生には似たところが何もない。桜井さんが逮捕された時、恵子さんは中学三年生だった。全く違う二つの人生の軌道が一九九八年一月、冤罪支援の新年会の会場で偶然に交差した。

「二人の間の結婚話はいつ出るんですか」

「すぐです」

「最初のデートからどのくらい後ですか」

「半年もないと思います、一、二カ月くらいで」

「じゃ、桜井さんも惚れていたんですね」

「あはは、それは向こうに聞いてみないと」

「うれしかった？」

「うれしかったですね。冤罪被害者というよりも、この人がこのさきどんな人生を歩んでいくのかなというのは、ずっと考えていました」

「この人に関わっていきたいということですね」

「この人に必要とされる人間になれればいいなと思いました。好き、嫌いという感情よりも、もう少しこの人のそばに居たいな、そのためにはこの人に必要とされる人間になれればいいな、ということですね。支援するとか、そういうのではなく……」

「でも二人の間でそうなったとしても、冤罪はまだ晴れていないわけですね。ご両親や子供を説得するのは大変だったんじゃないですか。友人もありますね」

「まず、両親。私をここまで育ててくれた両親だから、絶対分かってくれるはずだとすごく安易に考えていました。ところが、まあ、逆鱗に触れるというような状況でしたね。母は一言も発してくれないし、父がもう青筋を立てて真っ赤な顔をして。『二人に会ってほしい人がいるんだ』と言って連れて行った時には、顔を見てくれなかったですね、父は桜井の顔を見なかった。桜井がそこにすわって、父はあっちを向いているんです。母がいて、東京から兄が呼ばれてそこにいました。兄は『結婚しなくたって、お互いに支えていくこともできるだろう』と。本人がいいというなら止められないけれども、両親の気持ちも考えろ、みたいな」

その日は進展もないまま、二人は実家を辞去した。

「二週間ほどたって、考えれば考えるほど許せなかったんでしょうか、どんどん雲行きがおかしくなって、父にこう言われました。『やってない、やってない、やってないと言ったって、その時の現場にお前がいたわけじゃないだろう。なんで、やってないとお前が分かるんだ』と。やっぱり裁判で決まった、最高裁まで行って決まったものを覆すというような、お上に逆らうような生き方をする娘は娘とは思わない、という感じでしたね。だから、行くんだったら縁を切る、その覚悟をして出ていけ、と言われました。冤罪なんてあるはずがない、という考え方です。はっきり言われましたよ、昔じゃあるまいし、と。うちの親族、本家とかには警察官がいっぱいいるんですよ。とにかく固いんです、真面目なんです。私の叔父も戦時中は警察官でしたし。警察官は、昔は町の名士でしたね。だから、そういう家からそういう娘が育つはずがない、ということですね。『でも、やってないんだから』と言うと『そんなこと、何でお前にわかるんだ』って。でも、それでも自分の考えを変えることはなかったです。そう思わせるものを桜井が持っていたんですね」

結局、両親を説得できないまま、二人は結婚した。

「二年間は絶縁状態でした。でも（この間も）桜井が実家に行って来いって言うんですね。やだ、何しに来たって言われるだけだからと言うと、顔を見せに来ましたと言えと。帰れって言われると言うと、分かりました、また来ますと言えばいいと。向こうは、あんたが元気かどうかということは常に思っているはずだから、元気な姿だけ見せてくればいいんだと言うんです。でも、行きませんでしたが、お盆だけは行きたかったので、行った時に、上がるかと言われましたが、いい、二人で来てもいいと言われるまでは上がらない、と言いました。まあ、時間が溶かしてくれるのかなと……」

この間、恵子さんの弟が病気で入院している時に、桜井さんが見舞いに行ったりしている。弟から実家に「夫婦は上手くいっているみたいだ」という報告もあがっていた。弟はガンだった。この弟が亡くなった時、遺体と一緒に病院を出るところで、恵子さんの父が桜井さんに言った。「桜井さん、こういう時に悪いけどうちまで来てくれるか」。そして、葬儀の準備のために組内の人が集まっている場所で「これが恵子の連れ合いです」と父が桜井さんを紹介した。

「子供たちにはどう説明したのですか」

「あなたたちはこれから一人一人生きていくんだけど、お母さんはもう一回、違う人生を歩いてみたい。もう一回、自分を必要としてくれる人と生きていきたいと言いました。娘は、何も結婚しなくたっていいでしょう、あの人ねえ、おしゃべりだし、脚は短いし、色は黒いし、なんであんな人がいいのと言いました。そうだよね、お母さんも一回目だったらそう思うかもしれないけど、ここは違うんだと言いました。息子は、すきにしたら、でもおいらを巻き込むなよなと言いました」

こうして桜井さんと恵子さんは二人の新しい人生をスタートさせた。ところで、人は、何によって、その人の無実を信じるのか。恵子さんの父は「やってないと、なぜ分かるんだ」と恵子さんに迫った。そこには「分かるはずがないだろう」という反語が込められている。その点を尋ねてみた。

「恵子さんは、何によって桜井さんの無実を信じたのですか」

「そうですよね」

言われて初めて気付いたような感じで、息をフーッと吐いた。言葉を変えてもう一度聞いた。

「あまり話し合わないうちから、すとんと、彼を信じて行動していますね」

「はい。疑っていないですよね」

「それはなぜ」

「……一つは獄中詩集かな」

「それを読んで?」

「うん。桜井と旅に出る前に詩集を読んで、まあ、心を揺さぶられましたね。こんな詩を書ける人がやっているはずがない、という気持ちですね。私、若いときに白鳥事件の村上国治さんの詩集を読んでいて、その本を読んだ当時と気持ちが重なってきて、それなのに、なんでこの人の詩には、怒りの言葉とか、ストレートな批判の言葉とか、そういう言葉が一切出てこないのか。それなのに、なぜ、これほど胸の中に入ってくるのだろう、衝撃的でした。村上国治さんはやはり、後になって比較すれば、桜井にも言われましたけど、俺はあの人みたいに思想性が高いわけでもないんだよって。全くの普通のチンピラで、村上さんと比較できるような人間じゃないんだ。あの人は権力と闘って、で、それを詩の前面に出しているからそういう表現になるけど、俺はそうではないんだよねと」

村上国治氏は、一九五二年に札幌市内で警察官射殺事件（白鳥事件）が発生した当時の日本共産党の札幌地区の幹部だった。捜査機関は共産党の謀略だとして村上氏を逮捕、殺人の共謀共同正犯の罪で起訴した。裁判で二〇年の懲役が確定したが、一九六九年に仮釈放となり、その後『網走獄中記』や『村上国治詩集』などを出版している。村上氏は一九六五年に獄中から再審請求を申し立てたが、一九七五年に最高裁で棄却されている。ただし、この時の「白鳥決定」は、この事件そのものについては「棄却」を決定したが、これ以後の再審請求の流れを一変させるほどの重要な判断を示した。それは、再審制度においても「疑わしきは被告人の利益に」という刑事裁判の原則が適用される、というものであった。これは従来、再審請求の要件とされる新証拠は、それだけで原判決の事実認定を覆すものでなければならないとされていたのに対し、新証拠とこれまでの全証拠を合わせて総合的に評価し（総合評価説）、それによって事実認定に合理的な疑いが生じたならば再審を開始すべきだと判示した。「白鳥決定」によって、これまで「開かずの扉」だった再審制度の門戸が少しだけ緩やかになったのは事実だ。しかし、現状を見れば、冤罪に向き合うそれぞれの裁判官は未だに確定判決の呪縛から抜け出せず、さらに総合評価説に依拠し、運用しているとは到底思えない事件があまりにも多い。

話を桜井さんの「詩」に戻す。

「スタートが全く違うんだからという言い方でした。でも、それだって……。桜井は、日常でも何かがあるとすぐにノートにメモを取っているから、何？　と聞くと、いい言葉が浮かんだから、書き留めておくんだと。要するに詩を書くためにその時間を取っているわけではなくて、日常的に、言葉をノートに書き留めておいて、それを後で詩に纏めていくみたいな。いつも、こう、胸の奥にいったん沈めて、それからもう一回、ひっぱり出してきて書くみたいな、そんな感じですね」

筆者を含めた取材者は、裁判の記録を読んだり、現場を取材したり、関係者に話を聞いたりする中で「冤罪」を確信し、執筆したりテレビ番組を作ったりする。「記録」から入るということか。弁護士も多くは同じアプローチだと思う。中には接見室で被疑者の顔を見た途端に冤罪を確信したという弁護士もいるが、これは例外だ。しかし、恵子さんは「詩」から入ったという。桜井さんの「詩」を読んで、桜井さんの無実を確信した。誤解を恐れずに言えば、こういう人には誰が何を言おうと翻意させることはできない。父や兄が何を言っても恵子さんの耳には入らなかったはずだ。「記録」に信を置く人間は別の「記録」が出てきた時点で間違いを認めざるを得ない時がある。裁判の攻防とはまさにそういうことだ。しかし「詩」は違う。心を掴まれてしまった人をそこから引きはがすことは非常に難しい。それは直感だからだ。そして、後に裁判で立証されるのだが、恵子さんの直感は間違っていなかった。

桜井昌司さんはこの結婚についてどう思っていたのか。よくしゃべる割になかなか本音を言わない人だが、ある日のインタビューでこんなふうに答えている。

「自分のほかに自分の思いを一緒に背負う人がいる、というのがすごく不思議な気がする。そういう存在が出来たというのはやっぱり大きかったですね」

自分の思いとは無論、雪冤への思いだ。限りなく遠く長い道を一緒に歩いてくれる人ができたと桜井さんは言う。短く的確にしゃべる人だな、と思った。

再審請求

無実を主張する桜井昌司さんと杉山卓男さんは、一九八三年一二月に獄中から再審請求の申立をしたが、八七年に請求棄却、即時抗告をするが翌年に棄却、さらに特別抗告をするが、九二年に棄却された。これで第一次再審請求は終わった。冤罪を主張する受刑者は「反省のない者」と見なされる。桜井、杉山の二人がかくも長き刑務所生活を送らざるを得なかったのは、こうした事情があったからだと言われている。

二〇〇一年一二月、桜井さんと杉山さんは第二次の再審請求を申し立てた。仮釈放から五年後のことである

布川事件の再審請求の闘いを一言で言えば「証拠開示」ということになる。

「証拠開示」とは検察側の手元にありながら検察が法廷に提出せずに仕舞い込んでいる証拠を、弁護側が見せろ＝開示せよ、と迫ること。事件発生と同時に捜査機関は強大な国家権力を背景に証拠を収集する。それは「物」であったり「記録」であったり「証言」であったりする。それらは被疑者を逮捕、起訴し、裁判となったときに有罪判決を得る為の証拠として使われる。しかし、収集された証拠の中には有罪の立証に有利なものばかりではなく、時には無実を明らかにする証拠もあるかもしれない。それらの証拠は法廷に出されることなく、検察の倉庫に眠っている。それを明るみに出すことを「証拠開示」という。もちろん検察は必死になってこれを隠そうとする。隠し続ける検察を相手に弁護団が持っている唯一の武器が「証拠開示の請求」である。しかし、言うほどに簡単ではない。そもそも検察がどのような証拠を握っているか、それすら弁護団には容易には分からない。証拠物や資料の表紙に「無実の証拠」と書いてあるわけではない。「普通ならこういう証拠があるはずだ。でも検察は提出していない。きっと何か隠している」という推理と勘で弁護団は開示請求に踏み切る。当たりのときもあれば外

れのときもある。また請求すれば必ず出てくる、という単純なものではない。むしろ検察はあらゆる手を使って隠蔽し続ける。それをこじ開ける手練手管がなければ証拠開示請求という手続きは錆びた刀にすぎない。法律では「出せ」と言われても出す義務は検察にはない。また裁判官が検察官に「出せ」と命令することもほとんどない。逃げ回る魚を網の中に追い込むような漁師の技が要求される、とベテランの弁護士は言う。

二〇〇一年に第二次再審請求を申し立てて以後、〇五年九月に水戸地裁・土浦支部で開始決定が出るまで、弁護団が証拠開示の請求によって検察に提出させた証拠の数は一〇〇件以上にのぼる。その数の多さにも驚くが、もし、それらの証拠が隠蔽されず、最初の裁判で提出されていれば、判決は違っていただろう。その意味では、検察の隠蔽は犯罪行為だといえる。しかし、隠蔽が明らかになっても検察がその罪を問われることはない。ここでは検察の膨大な証拠隠しのうち、特に悪質で重要なものをいくつか紹介する。

二〇〇三年九月、検察側から一通の死体検案書が証拠開示された。事件発生後、最初に現場に駆けつけた医師による報告書だ。こんな大事な書類がなぜ隠され続けてきたのか。弁護団の佐藤米生弁護士が開示までの攻防を語る。

「刑事訴訟法で、変死体があったときは検視をしなければならない、と定めている。しかし、この事件では検察側から検視調書が提出されていないのです。だから検視調書を出せと言ったのですが、検察官からは『ない』という返事でした」
刑事訴訟法二二九条は検視を義務づけている。さらに検視規則五条は検視調書の作成を義務づけている。だから、ないはずはないのだ。「ない」というのは「出したくない」という意味だが、検察官はこういう場面では必ず「不見当」という言葉を使う。フケントウとは漢字の通り、見当たらない、という意味だ。「ない」と言い切ってしまうと後で出てきた場合に、裁判で嘘をついたことになるが、不見当と言っておけば、後から出てきた場合でも嘘にはならない。要するに逃げ口上だ。

しかし、弁護団はあきらめなかった。古い裁判記録を調べるうちに、逮捕状に「死体検案書」が添付されていたという記録を見つけた。死体検案書は検視に立ち会った医師が書いたものので、捜査機関が作成する検視調書とは異なるが、内容はほぼ同じだ。そこで弁護団は「死体検案書を開示せよ」と迫った。記録にある以上、検察官も隠し通すことができなかった。

検視調書の開示を求められた時点で、検察官は、それはないが死体検案書ならある、と言うべきだ。それが公正というものだが、それを期待していたらこの闘いでは負ける。隠し続ける検察の上を行かなければ、証拠は永久に倉庫から出てこない。とりあえず、この攻防では弁護団の粘りが勝利した。死体検案書は弁護団の手に入った。

死体検案書はたった一枚の紙だ。変死体の氏名、性別、年齢から始まり、最後に検視（検案）に携わった医師のサインがある。この書面で弁護団が注目したのは「死亡の原因」の欄だ。そこには医師の手書きで「絞殺（推定）」と記されていた。佐藤弁護士はこの一行を目にして「力づけられた」と言う。何故か。それは桜井昌司さんの自白調書と比較すると明らかになる。桜井さんの調書では「両手で上からのどを押さえつけました」となっている。これが本当なら被害者の首には指や爪の痕が残るはずだ。その場合法医学者は「扼殺《やくさつ》」と書く。「絞殺《こうさつ》」とは書かない。絞殺とはひもで首を絞めて殺害することだ。この死体検案書でも「解剖の主要所見」の欄に「頸部に絞痕あり」つまり、首にひもの痕がある、と書かれていた。

自白の内容が事実に合致せず、でたらめだということをこの死体検案書が証明している。検察が何としてでも隠そうとした理由はこれだった。

証拠開示をめぐる弁護団と検察の攻防は続く。

事件発生直後の現場検証の報告書に「被害者の近くから八本の毛髪を採取した」という記録がある。こんな場合、警察は誰のものなのか、必ず鑑定をする。しかし、これまでの裁判でそんな鑑定書は出ていない。弁護団は鑑定書があるはずだと証拠開示の請求をした。

実は二〇年以上前、第一次再審請求でも弁護団は鑑定書を出せと迫っている。しかし、検察側がその有無を答えないうちに裁判所は審理を打ち切り、請求を棄却した。裁判官が時には証拠開示の壁になることもある。

弁護団は二〇〇一年からの第二次再審請求で、再び鑑定書があるはずだと粘った。そして〇三年一一月、根負けした検察は鑑定書を開示した。

警察は八本の毛髪を桜井さん、杉山さんの毛髪と比較していた。これを「形状鑑定」というもので、外見上の違いを見るというシンプルな鑑定だ。よく似ていれば「怪しい」ということになる。しかし、それだけでは同一人物だと断定することはできない。一方、似ていなければ、別人だということがかなりはっきりする。その意味では血液型鑑定に似ている。一致すれば「怪しい（でも断定はできない）」が、一致しなければ「別人（嫌疑は晴れる）」ということだ。鑑定の結果、現場にあった毛髪は二人のものとは一致しなかった。毛の太さなどがまったく違った。重要な鑑定結果だ。これだけでも弁護人にとって非常に有利な証拠になったはずだ。しかし弁護団は、鑑定書はこの一通だけではない、と推理した。検察はまだ隠している。山本裕夫弁護士が語る。

「遺体の近くから毛髪が見つかった。そういう場合、普通はまず被害者のものかどうかを調べるでしょう。だからそういう鑑定書がほかにもう一通あるはずだと検察官に言ったのです。ところが、そんなものは『ない』という答でした」

「不見当」という返事だった。しかし、弁護側の主張には逃げ切れない説得力があった。そして……やはりあった。検察はしぶしぶ二通目の鑑定書を開示した。弁護側の主張の通り、警察は八本の毛髪を被害者の毛髪と比較していた。その結果は、三本は被害者のものだが五本は違う、という内容だった。つまり、犯行現場には別の人物がいたということだ。

桜井さんは二通目の毛髪鑑定書が開示されたとき、検察官に怒りをぶつけたという。

『『あったじゃないか』って言ったんですよ。そして『どこにあったんだ』と聞いたら『ダンボール箱を開けたら出てきた』って。ふざけんじゃないよ。『おれは怒ってるよ。まだ隠してんだろ』と言ったら『もう隠してない』だって。頭にきちゃいますよ」

逮捕された桜井さんと杉山さんの毛髪でもなく、被害者のものでもないとすれば、それは真犯人の髪の毛かもしれない。そんな重要な証拠を検察は三六年間も隠し続けてきた。

目撃証言

ここまでは「開示」された証拠について述べた。

しかし、検察はもっと重要な証拠を隠し続けた。それはある女性の目撃証言だ。その証言を紹介する前に、事件当日、被害者宅の前にいた二人の男性について、ここで振り返っておく。この事件では自白以外には証拠らしい証拠はなかったが、ある男性の目撃証言が有罪の認定に使われている。

「事件当日、バイクに乗って配達中に、事件のあった家の前に二人の男が立っているのを見た。一人は杉山で、もう一人は桜井に似ていた」というものだが、弁護団はこの男性の証言は信用できないと主張した。夜、しかもバイクを運転中にそこまで確認ができるはずがないという理由だ。しかし判決は「信用できない部分もあるが、大筋では信用できる」と認定した。

この男性の目撃証言は二転三転している。事件発生から四日後に刑事が付近の全住民に対して聞き込み捜査を行った際には、クリーニング店を経営するこの男性は訪ねてきた刑事に事件のことは一言も語っていない。ところが一月余りして、桜井さん、杉山さんが逮捕され、新聞で大きく報道された後、再び刑事が尋ねた時には、事件当日の夕方、バイクで被害者宅の前を通過した時の目撃談として、

「……○○さん（被害者）の居宅の脇付近の道路上に、背の高い一メートル八○センチ位、頭髪短い、体のガッチリした男と、背は一メートル六○センチ位の低い男でガッチリした格子《かっこう》の男の二人が立っていた……」

と語った。さらに、

「一人は杉山に似ていた。もう一人はその時には分からなかったが、後で新聞を見て桜井だと分かった」

と述べている。そしてその一週間後、今度は検事に対して同じ目撃談を語り、その上に、今度は配達からの帰りに同じ道を通った時の体験だとして次のように供述している。

「……○○方（被害者）の前を通過の時、同家の方からたとえて言うと鶏を絞め殺す時の鶏の悲鳴のような物音を聞いたような気がしたので……」

さらに検事から、事件発生当時は何も語らず、何故、今になって打ち明ける気になったのか

と聞かれて、

「犯人が自白しているなら、他に証拠が余りなくても大丈夫だが、否認されると、それでは逃れてしまうのではないかと私は考えたのです」

と、あたかも検事の胸のうちを代弁するような供述をしている。そして、まさしく、裁判になって二人の被告人が否認に転ずると、この目撃証言が威力を発揮し始めるのである。

この男性とは別に、事件当日「二人の男を見た」という女性がいる。今も事件現場の近くに住んでいる。事件当時すでに結婚して子供もいた。二〇〇四年に筆者がインタビューをした時点ではかなり高齢ではあったが、記憶は明晰だった。その日、つまり事件のあった六七年八月二八日午後七時頃、この女性はちょっとした大工仕事を頼むために、自転車で被害者の家に向かった。ところが家の近くまで来たところで、先客がいるのに気付き、後で出直そうと思いそのまま家の前を通り過ぎて帰宅したと言う。先客は男二人。一人は庭先で被害者と立ち話をしていた。もう一人は玄関の脇に、隠れるようにして立っていた。二人は杉山さんでもなく、桜井さんでもなかったという。

記者「こっち（玄関脇の男）は暗いところに身を潜めている感じですか」

女性「なんだか、こう、寄っかかっているみたいな」

記者「家の塀に？」
女性「うん。ほとんど入り口だね」
記者「ここは相当暗い？」
女性「顔が分かったんだから。あれ、〇〇さんだなというのが分かったんだよ。その時よ」
記者「顔が見えた？」
女性「うん。あれっと思ったんだよ。なんでここに突っ立っているのかな、と思ってた」
記者「警察にも言ったんですね」
女性「うん。言ったことあるよ」

女性ははっきりとその場にいた人物の実名を挙げた。そしてこの目撃談は警察でも聞かれ、話をしたと言う。事件発生から間もなくのことだ。この時の記録が捜査報告書であったか、供述調書であったかはこの女性には分からない。しかし、話を聞いた刑事が事件の核心とも言えるこの証言について、一切の記録を取らなかったということは有り得ない。弁護団はこの女性の証言が残っているはずだとして証拠開示を求めたが、検察側はこれには答えなかった。

余談だが、筆者がこの取材をしたのは二〇〇四年、事件から既に三七年も経過していた。女性は、取材に訪れた筆者に対してはっきりと事件現場にいた人物の実名を挙げた。つまり、面識のある人物である。彼女はこの男を知っているし、男も彼女を知っている。そして、この目撃証言は「この男が犯人だ」と言っているに等しい。その意味では危険な証言でもある。彼女自身に危害が加えられる可能性もあるし、また、もし間違っていれば、重大な人権侵害を引き起こす。それ故にこの女性は桜井、杉山さんが逮捕されて以降、三七年間、この事実を家族以外には誰にも語らず、沈黙を守ってきた。一方、地元では、仮釈放後の桜井さんと杉山さんが冤罪を晴らすために闘っていることが人の口に上るようになり、弁護団や支援者の地道な広報活動なども奏効して、このころから少しずつだが「桜井さんと杉山さんは、本当はやっていないのではないか」との噂が広がりつつあった。この女性が、取材に訪れた記者に語る気になったのは、ちょうどそんな時と重なったのだと説明された。筆者は、この証言をテレビのドキュメンタリー番組内で紹介したが、その際には女性の顔は出さず、声のみを流し、さらに、この人物名の部分だけ音を消した。

話を事件に戻す。この女性の証言に照らせば、桜井さん、杉山さんを見たという男性の目撃証言は嘘だということになる。証言をした男性の家を訪ねた。

記者「最初から（桜井、杉山を見たと）言わなかった理由は何ですか」
男性「確信がないでしょうよ。だから言えないのよ。本当に見たわけじゃないし」
記者「間違う可能性もあると」

男性「うん。ある。完全に見たわけじゃないから。間違った場合もあるでしょうよ。人間だから、ね。申し訳ないけど、それしか言えないのよ」

「本当に見たわけじゃない」とこの男性は言っている。すぐその後で「完全に見たわけじゃないから」と言い換えているが、この発言は重い。完全な偽証である。自分の偽証が二人の男の人生を狂わせたという自覚すらないのだろうか。この男性の家には何度も足を運んだが、ある時、男性が留守で、代わりに表に出てきた奥さんが「うちの主人もこのことで随分苦しみました」とほとんど泣かんばかりの声で語ったことがある。たしかにこの男性も警察と検察に利用されただけの被害者だという側面がないとは言い切れない。しかしたとえそうであっても同情することはできない。

二〇〇五年九月、水戸地裁土浦支部は再審開始を決定した。検察が即時抗告、特別抗告をしたがいずれも退けられた。

二〇一〇年七月、再審公判が始まった。検察は桜井昌司、杉山卓男の二人を再び強盗殺人の罪で起訴したが、二〇一一年五月、二人に無罪が言い渡され、検察が控訴を断念したため確定した。六七年一〇月に逮捕されて以来四四年目の雪冤であった。

二〇一二年一二月、桜井さんは国（検察）と茨城県（警察）に対して国家賠償請求の訴えを起こした。杉山さんは長すぎる裁判はこりごりだとしてこの訴訟には加わらなかったが、二〇一五年一〇月、病気で亡くなった。無罪判決を聞いてから四年余りしか経っていなかった。国家権力に人生を奪われながらも闘い、やっと獲得した自由と家族だったが、平穏な時間はあまりにも短かった。

桜井さんと杉山さんは逮捕される前も仲がいいとは言えなかったし、二九年後に仮釈放されて以後も、あまり深い付き合いはなかった。支援集会や支援者との旅行などで一緒に行動する時以外には、二人で何かをするということもほとんどなかった。桜井さんに杉山さんをどう思うか尋ねたことがある。

「杉山がいるからここまで来れた、これは間違いない。あいつもそう思っている。俺の奥さんは、俺の無実を信じている。支援の人も俺の無実を信じてくれる。でも杉山は俺が無実だと知っている。これは大きな違いだね」

やはり、短いが的確な答えだと思った。

夫の冤罪を支えて

「土浦の再審開始決定が出て、みな、よかったよかったと言ってくれました。翌日は弁護団と一緒に検察庁に行って、抗告するなと要請したり、水戸駅で座り込みのアピールをしたり、そういうことで四、五日、水戸に泊まっていたんです。その後、桜井は一人で布川に帰ったんですけど、自宅が近づいて来たらもう涙があふれて止まらなかったって。うちに帰り着くなり、庭に車を乗り捨てるようにしてうちの中に入り、号泣した、大きな声を出して泣き続けたという話を聞きました。その時に、初めて、やっと一人になって、長い闘いに一つ区切りがついたと実感した、そう思います。あの人の中にはいつか勝てるという思いはあったんだろうけど、それでも何回も何回も裁判所に裏切られてきたから、その時の喜びって、やはり一番うれしかったんだろうなと。だから、今でも言っていますね。再審無罪判決を得た時より、再審開始決定の方が喜びは大きかったって」

「冤罪と女性」というテーマで関係者から聞き書きを始めてから、すでに何年か経つ。桜井恵子さんにインタビューをしたのは二〇一七年の夏だった。桜井さんと結婚してからすでに一八年、桜井さんは七〇歳、恵子さんは六五歳になった。桜井さんは国賠訴訟を闘う一方で冤罪の支援活動のために文字通り全国を飛び回っている。恵子さんも冤罪の支援活動で忙しい日々が続いている。七月末、水戸市内の自宅で話を聞いた。その日、桜井さんは弁護団との打ち合わせで東京に出ていた。

「ご結婚して何年になりますか」

「一八年」

「その間に変化はありましたか」

「劇的に変わったのは、土浦の再審開始決定でした。そこから落ち着きました。今は穏やかになりました。そうですね、何でも許す人になりましたね」

「新婚の頃はそうではなかった？」

「相当苦労しましたね」

「どんなことで？　言える範囲で」

「冗談が言えなかったですね。私は普通に話しているつもりで、『えー、うそ、そんなの聞いてないよ』と言うじゃないですか。『何、今なんて言った。あんたが聞いてないっていうことは、俺が嘘を言ったってことか』という感じですね。『嘘』というその言葉にものすごく敏感に反応しましたね。『そういうつもりで言ったんじゃないんだけど』と言っても、なんでこんなと思うくらいに……、切れるところまで行くんです。二〇歳までの自分の生き方というものが、やはり、人に語れるようなものじゃない、人に嘘をついて、自分に都合のいいように生きてきた、人を騙して生きてきたということがあるから、冤罪に関わってからは、絶対に、それはなし。この罪が晴れるには、まず、自分が嘘をついてはいけない、というふうに、自分で努めてきたはずなので、『嘘だ』と言われることに対しては、ものすごく、なんというんでしょうね、想像できない位に過剰な反応をしていましたね。

言った、言わないでも、そういうことがあります。言っただろう、いや、俺はそんなことは言っていない、というような、それはもう、何百回も……。皆さんも被害に遭われていると思いますが……。ある言葉の意味とか、ちょっとした食い違いとか。相手が言ったことについて、自分で解釈したことと、相手が思っていることが食い違うということが出てくると、もういいじゃないと思うのですが、それが許せない。自分が言っていないことが言ったことになっているのが我慢できない」

筆者も似たような経験がある。「言葉」については非常に敏感に反応する人だな、という印象を持っている。

「テニヲハについても言われました。意味が違う、解釈が違ってくると。桜井に何か聞いて、その言葉通りではなく、私の感覚で置き換えて、人に話している。すると、横で聞いていて『俺はそんなことは言っていない』と。かなり言われましたね。常に、それがすべての人間関係のトラブルの原因になっていました。それはつらかったですね。まわりの人に、なぜ、ここまで攻撃的になっちゃうのか、それを何度も見てきて、でも止めようがなかったですね」

桜井さんの「言葉」へのこだわりは、何回かインタビューをするなかで気付いていた。しかしそれは「的確な回答」が素早く得られるという職業的な利点として筆者は捉えていた。桜井さんの話のうまさには定評がある。支援集会などで、壇上で語る場面が多く、自然に上達した部分もあるのだと思う。その意味では杉山さんも聴衆の気持ちを上手につかむ語り口を持っていた。それとはまったく別に（外部の人には見せないが）、恵子さんに向き合った時のように「言葉」というものの持っている重さ、あるいは恐ろしさを桜井さんはいつも意識し続けていたのではないか。それは「嘘の自白」が、後に彼の人生を縛ったということと無関係ではないと思う。取調室の中で、証拠になるとも知らず捜査官に迎合して語った「嘘」が、有罪の証拠になったのである。たとえ嘘でも口から出た瞬間から「言葉」は力を持ち始め、ブーメランのように自分に返ってくるのである。この体験がその後の桜井さんの「言葉」に対する強いこだわりの底にあるのだと想像する。その意味では、これは避けられない衝突ではないのか、そんな気もする。

恵子さんの苦労話はこれで終わりではない。

「締め付けられる感覚が突然起こってきて……」

「桜井さんですね」

「そうです。一番衝撃だったのは、団地の四階にいて、もう窓に手をかけて、飛び降りようとしている姿だけは……、何が起きているのという感じでしたね。その時に桜井が言ったのは『心と体がバラバラになる、俺爆発しちゃう、俺死んじゃう』。で、あとで思うのですが、自分を全部曝け出して生きるんだ、とよく言っていたはずのその人が『もう疲れたよ、やだよ、いい子でいるのやだよ』というふうに、子供みたいに、そんなことを言ってしまう。二〇〇〇年ころのことなんですが、夜中にそういうことがあって、『もういい子で生きていくのいやだ、疲れた、ヤダヤダヤダ、死んじゃうよ』と言っているのを聞きながら、ああこの人、わたしには、さらけ出して生きれば楽だよ、とか言っていたけど、実は、ものすごく自分を追い込んで、獄中では追い込まざるを得ないような環境にいたんだけれど、(仮釈放されてからも)そうやって生きてきた人なのかなと。人前ではかなり無理して生きているのではないのか。記者会見でも『頑張ります』と元気いっぱいにしている、そういうのが本当にいいのかなって……。私の中で一人で抱え込むにはあまりに重すぎて人に相談しました」

「何と言われましたか」

「それっていいことだと思うよって、その方は言ってくれました。どうしてかと言えば、桜井さんは今まで、何もかも一人で抱えて一人で受け入れて、処理してきて、誰にも相談できなかったんだよね。だけど、恵子さんと結婚して、家庭を持って、色々なことが、自分の想いが少しずつ実現していくという中で、きっと、いままで何があっても、期待するまい、期待するまい、と思って抑え込んでいたものが、彼の無意識の中で期待感がいっぱいに膨らんで、でも、それを否定するような気持ちもあって、葛藤を起こしているんだよ。だから、今までの姿が普通の姿ではなくて、これから普通の姿に戻っていくための前兆みたいなものだよ。そういう発作的なことを起こして、普通の人になっていくんだと思うよ、と言ってくれたんですよ」

恵子さんに向かって「さらけ出して生きたら楽だよ」と桜井さんは言った。でもそれは、自分はそうしているから、という意味ではなく、自分もそうしたいという意味だったのではないか。

「児童相談所にいる他の友人にも言われました。本当は、二九年も刑務所にいた人が社会にポンと出てきて、すぐに適応できるかといったら、普通はできないはずだよ。本当だったら、ゆっくりカウンセリングを受けながら社会に適応していくんだよね。それが、いきなり支援者の前に出てきて、姿、格好がなんでもないから、それで中身まで正常だと思って、皆は接して、桜井さん自身もそうだと考えているけど、それって、ものすごく無理があることだと思うよ。ましてや、気の合った人ばかりではない支援者の前に出て、あまりにも長く過ごす、無理がないはずがない、そう言われました」

「桜井さんは人に相談したことは?」

「あのひとはカウンセリングなんて受けない。あんたが勉強すればいいと言われました。わたし自身が保育士の資格を持っていたから発達心理学とか、教育心理学とか、そういう基本的なことはやっていたので、プラス通信教育で改めてやってみたんです。で、やってみたら、そうだよね、ということが分かってきました。二〇歳から四九歳まで人生を奪われていたら、どういうことになるのか。(普通の人は)社会の中で自分が人間として他人とどう関わって生きていくか、いろいろな人間的な付き合い、いやなことも含めて、全部体験しながら、皆そうやって四九歳まで生きてくるわけじゃないですか。(でも桜井は)それが一切なくて、中にいる間は、罪を犯した人と、刑務官しかいないわけですね。やっぱりそれって異常な環境だよね」

恵子さんは、自分が出会う前の桜井さんの二九年間の環境に思いをめぐらせた時に、冤罪というものの実相に初めて触れた気がしたという。

「そういうことに気付いた時に私は、冤罪ってそうだよね、と思ったんです。（獄中では）まず人格否定から入るじゃないですか。まず、信じてもらえないというところから。だから、人間そのものを否定される環境に置かれたところから。長い拘束期間の中で、普通に発達していくべき精神発達の過程も得ることができない人間というのは、それなりに色々なものを抱え込んでいて普通だよね、そういう気持ちになりました。頭では分かった。それで、そういうものを抱え込んでいる桜井の姿を見た時に、私が知っている冤罪とはそれなんです、私は、もう、そういう姿を見た時に……」

恵子さんはその先の言葉が見つからなかったのか、あるいは辛すぎたのか、そこで沈黙した。頭では理解しているつもりでも、その時にどうすればいいのか分からず何もできなかったということなのか。「冤罪の不条理」と分析して見せても、それでは理解にならない。桜井さんの壊れた心を理解できるのは同じ体験をした人だけなのだろうか。他の人々はただただ見守るしかないのかもしれない。

恵子さんは話の方向を少し変えて語り続けた。

「私が覚えているのは、菅家さんがそのあと出てくるじゃないですか（菅家利和さん＝幼女誘拐殺人事件の犯人とされたが、ＤＮＡ鑑定で無実が証明され、二〇〇九年に釈放された）。当時は毎晩、桜井に電話があったんですよ。その時に桜井が、『菅家さん、分かるよ、分かるよ、俺もおんなじだったよ』って言っているときに、気が合うんだとは思うんです、桜井と。（でも、それ以上に）そういう者同士しか理解し合えないところをお互いに持っているんだと思うんです。桜井も一所懸命答えて、毎晩電話を受けて、寂しいんだよね、俺もおんなじだったよ、という言葉を何回も言っていました」

菅家利和さんが逮捕されたのは一九九一年の一二月、当時四五歳だった。釈放されたのは一七年半後の二〇〇九年六月だった。事件発生当時、足利市内では数年ごとに幼い女の子が誘拐され殺される事件が相次いでいた。足利事件と言われ、DNA鑑定によって菅家さんが逮捕された時には大きな話題となったが、当時の鑑定技術は未熟で、鑑定結果はまったくのでたらめだった。裁判所もその間違いを見抜けず、裁判で無期懲役が確定した。その後、鑑定技術は向上し、新たな鑑定によって菅家さんの「無実」は証明されたが、この誤認逮捕のために、連続幼女殺人事件は今も未解決のままだ。

筆者も取材で菅家利和さんには何度かお会いしたことがある。非常に穏やかで、いつもにこにこしていらっしゃるが、一度だけ、支援者のある言葉に突然反応して怒り出したことがあった。しかし五分もすると元の笑顔に戻っていた。そして、あとで知ったが、ごく少数の人にだけ、新たな環境の中で感情の制御がきかなくなることがある、という悩みを訴えていた。人との争い事を好まず、そのためにやや迎合的なところがあり、捜査官がその性格を利用して自白に追い込んだのだと言われている。

長期の拘禁状態から突然解放された時に、人はすぐには新たな環境に対応できず、混乱する。菅家さんも、そして桜井さんも。恵子さんの話は続く。

「結婚してまだ間もないころ、松本城に行った時です。パニックじゃない、なんというんだろう、ああいうの。とにかく狭い所がいけないいんですね、暗い所は好きなんだけど。松本城の中を上がって行ったら、天守閣の上に上がろうと思ったんだけど、途中、階段を上がっている時に、脂汗を流し出して、上に上がりきるまですごく落ち着かなかったです。上まで上がって、見晴らしがいいところに行って、少しほっとしたって言いました。まず一回目がそれだったんです。それから、お城が好きだということで、あるとき名古屋城に行ったんですよ。ものすごく暑い日で、エレベーターが込んでいるからって、階段で上がった。それですごく苦しかった、暑かったし。でもやっと上に上がって、開放感を味わえるかと思ったら、名古屋城って転落防止用の幕が張ってあるんですよ。それで余計苦しくなって、風のある所に行きたいと言って……、本人の表現によれば、血圧計でやるじゃないですか、あの腕を締め付けられる感覚、あれが全身に来る感覚なんですって。だから、ものすごく苦しいって。いつか、映画館で映画を見ていた時にもそれがあったんですよ。脂汗がいっぱい出てきて、どうしたの、出る？って聞いたら、うんと言って、何だと思ったらやっぱり。映画の中身だと私は思ったんですけど、本人はそうじゃないって。心理的に同じものを抱えているって思ったんですけど。表に、人に見せている部分と中に抱えている部分が全く違うとわたしには思えるんです」

獄中にいる人の拘禁症状の問題は、細々とだが古くから語られてきた。袴田巖さんが面会に来たお姉さんの秀子さんに会わなくなった時にも、拘禁症状の一つと考えられ、処遇の改善などを拘置所側に申し入れたが聞き入れられなかった。冤罪と考える弁護団と、一受刑者と考える国家との乖離は埋めがたい。一方で、雪冤を果たして（桜井さんは、仮釈放の時点では未だ冤罪は晴れていないが）拘禁状態から突然解放された人の心の問題については、語られたことがない。冤罪は国家の犯罪であるから、当然この問題にも国は積極的に関わって、社会復帰のための手立てを講じるべきだが、そのような動きは一切ない。「冤罪は存在しない」と建前通りに振る舞う最高裁や法務省の立場では、この問題もまた「存在しない」ということになるのか。

「一八年間の中で、もう別れようと思った瞬間はないですか」

両親に猛烈に反対された結婚だったが、その後に冤罪を晴らすこともできた。振り返ってみたらもうすぐ二〇年を迎える。

「二度あったかな、もうこれで終わりかなと思ったことが。でも、一度目は、二度目の結婚ということで、こっちもそう簡単に終わらせるわけにはいかないぞ、ということですね。利根町で大喧嘩になったことがありましたね。あのころ、なんかあの人いつもひとりでしゃべっているし、私が疲れちゃったんです。人の中に出るのが、私はあまり好きじゃないんですよ。ところがあの人は人が大好きだから、（人前では）結構テンション高いんです、いつも。帰り道もテンション高いんですよ。わたしは、行っただけでもう疲れているのに。あまり返事をしないとか、無視したとか、頭にきて電車から飛び降りようかと思ったとか、言われました。ドアが開いたら降りちゃおうかと思ったけど、あんたに財布預けていたから、降りなかっただけだ、なんて。後になって『有るものを無いもののように扱うなんて、人間として一番やってはいけないことだ』と言われました」

普通の夫婦喧嘩のようでもあるが、桜井さんの出所後の「冤罪活動家」的な公の時間の多さとも関係していたのではないか。桜井さんは、出所後のいずれかの時点で、「自分は冤罪で苦しむ人のために働く」という使命をはっきりと意識するようになった。全国各地の支援集会にこまめに顔を出した。なかなかできないことだ、と他人から言われて「これは慈善じゃない。今も、俺は警察、検察に怒っているんだ」と答えていた。一方、恵子さんの方では「無罪」が確定すれば、もう少し二人だけの生活が増えるだろうと考えていた。しかし、集会、裁判所、拘置所（今度は自分のためではなく、他の人のためだったが）を中心にした生活に変化はなかった。

「その時は、言いたいことがあるんだったらはっきり言え、みたいになって、水戸に帰れって言われて、ここで帰ったらこれっきりになっちゃうかな、ということがあって、それが一つです。二回目は、本当は人には言えないんですけど……。うーん、これはやっぱり、まだ人には言えませんね」

結婚してからは、ずっと裁判の日々だった。

「恵子さん自身も裁判の成り行きにイライラしたことはありますか」

「私はなかったですね。再審開始決定が出て、なぜ、（検察は）抗告するの、という思いはもちろんありましたよ。人の人生、何だと思っているの。でも、そういうところが検察だっていうところも、否が応でも知らされたじゃないですか。布川事件の前に、大崎事件でも再審開始決定が出て、福井事件でも再審開始決定が出て、でもそれが覆っているじゃないですか。だから、覆ることもあるんだということは、知っておかないといけなかった」

「私は取材者として、当時は桜井さんと恵子さんを分けて考えることはしていなかった。再審裁判に一丸となって闘っている夫婦としか見えなかった。でも、今から見ると、妻として違う考え方があったかなとも思うのです。例えば、裁判の行方よりは夫の健康面が心配だったとか、裁判の書面ばかり見ている弁護士や本人や取材者とは、すこし違う見方、動き方をしていたのではないか、と思ったりするのですが。冤罪に巻き込まれた女性、というテーマもそういう趣旨なんです」

「私、その意味では冤罪に巻き込まれてはいないかもしれない。冤罪に巻き込まれた人をそばに見ていただけかもしれない。だって、『一緒に闘おう』と言っても、夫のそばから離れない、というくらいの感覚しかなかった。よくマイクを向けられて、勝てると思いますかって聞かれた。もう、なんという質問をするんだろうと思った。『勝てるに決まってるじゃないですか』と言って笑ったりして。真剣な場面でこんなインタビューは使えないだろうなと思いました。勝てなきゃおかしいでしょ、とも言ったと思うのですが、勝つことは間違いない、その確信は揺らいだことがない。桜井から、勝てるよって言われ続けていましたから。それを疑ったことがない」

「楽観主義ですか。彼の楽観が妻にも伝染していたと」

「うん。それはね、少し違いますね。日野町事件の家族やほかの事件の家族を見ていたらそんなふうには言えませんからね。だから、そこが違うんですよ。私はどうしても家族ではないんです。家族ではなくて、単なるパートナーでしかないんです、それも仮釈放後の。いろいろなところで家族と言われて紹介されたりすると、それってすごく負担なんです。本当に苦しい時期とか、裁判官に裏切られたという場面には自分は遭遇していないので、そこは私の中には何もないんです。それこそバカみたいな話ですが、土浦で再審開始決定が出た時に、私が裁判官にお礼のお花を持って行こうとして、みなに笑われたの、怒られたの。それくらいの甘い考えしかなくて。裁判官に対して怒りの気持ちがないんです」

「じゃあ幸運を呼び込む女ですね、今にして思えば」

「そうです。だから、家族として紹介されるのは違うと思うのです。だって、冤罪に苦しむ家族の本当の怒りや闘いなんて……私には及びもつかない。感覚が違う。冤罪に対する憤りというのが、すぐには自分の中で言葉に出てこないんです。まして時間が経ってみると、大変なこともあったけど、結構充実していたという思いです」

恵子さんと結婚してからの桜井さんは、確かに裁判では勝ち続けている。再審開始決定から再審無罪まで四連勝（検察の即時抗告、特別抗告は棄却された）だった。

「四字熟語で言うと、私は奇想天外ですって、桜井に言わせると。ちょっと違うのかな、人と」

「でもいいコンビですね」

「いつもわたしが落ち着き払っているんです。両方が切れるわけにはいかないのでね。でも、私も友達のところに行って泣いたこともあります」

「今後について」

「桜井を看取るのが私の仕事だと思います。自分の人生を振り返るのはそれからですね」

終わりに

検察の隠していた証拠が何十年も経ってから明るみに出される。弁護団にとっては再審を闘うための大きな武器になった。しかし、それだけではないぞ、と強く感じる。それらは冤罪を暴く証拠であると同時に、真犯人を見つけ出すための証拠でもあったのだ。例えば毛髪鑑定書、そして真犯人を見た女性の目撃証言だ。

事件現場に残っていた第三者の毛髪。それは真犯人の髪の毛かも知れないのに、警察にとっては桜井さんと杉山さんに的を絞り込んだ時点から、むしろその存在自体が邪魔になった。だから長い間隠されてきた。目撃証言にいたっては警察と検察のしたことは異常としか言いようがない。この女性の証言こそ真犯人へ一本道でつながっている可能性が高いのに、桜井さんと杉山さんから嘘の自白を得た瞬間から、捨て去られ、隠された。本当の犯人を捕まえたいのではなく、自分たちの捜査方針に合わないものはすべて排除する。手柄の邪魔になるものは隠してしまう、そうとしか考えられない。一方、捜査機関の暴走を監視するはずの裁判所が、その役目を放棄し、検察を妄信し、冤罪の発見から逃げ回っている。一審の裁判長の訴訟指揮は偏見に満ちたものだった。しかし、控訴審、最高裁の裁判官の中の誰か一人でも、目を皿にして記録を読んだなら二人の無実を発見できたはずだ。いつも、何もしない最高裁判所。これでも法治国家と胸を張れるのだろうか。

二〇一一年五月に再審で無罪判決を受け、その翌年、桜井さんは国家賠償請求訴訟を起こした。国と茨城県を相手に「作られた冤罪」の責任を追及し続け、二〇一八年九月に最後の意見陳述が行われて結審した。難しい裁判だが、桜井さんはいつも通り楽観的である。「俺は負けない。だって勝つまでやるんだから」。

結審の一つ手前の審理（二〇一八年七月一一日）で、桜井恵子さんの証人尋問が行われた。損害賠償請求の裁判であるから、この冤罪によって桜井さんとその家族が「如何に多大な損害を受けたのか」を立証しなければならない、そのための尋問である。原告の代理人が質問をして恵子さんがそれに答える。夫の、外では決して見せない苦悩の日々が切々と語られた。傍聴席では涙をこらえている人もいた。最後に「裁判所に対して言いたいことはありますか」と問われて恵子さんが答えた。

「やってもいない強盗殺人の罪を着せられ、有罪判決を受け無期懲役の刑に服さなければならないとしたら、人はどれほどの苦しみを背負い、もがき、それでも生き延びるためにその術を得ようとするのでしょうか。私の夫は『過去を振り返ると後悔することばかり。明日以降のことを考えると、いつ出られるかわからない苦しみで頭が変になりそうだった。だから、目の前のことを一生懸命やる。今日一日、楽しいことを見つけて精いっぱい生きる。そうやって一日、一日やってきたら二九年経っていた』と、さらっと私に言いました。何と強い人だろうと私は思いました。でも、私は、夫とこの二〇年間共に歩んできて、その生き方が、人間の生活としてどれほど不自然なものだったか、ただいま述べさせていただいたように、日常のあらゆる場面で感じてきました。しかし、夫はそのように考えなければ、誤った裁判の結果を受け入れることができなかったのです。そして、苦しい、悔しい思いを、みんな心の奥底に押し込めて、敢えて考えないように生きてきたのです。表で見せてきた『明るく、元気で、前向き』な姿の裏では、いつも神経が張り詰めていて、とても荒々しい感情を持ち、再審で無罪判決が出るまでの四四年間、二〇歳から六四歳まで、まさに人生の一番いい時代を奪われたまま過ごしてきたのです。
夫は、すでに七一歳と六カ月になりました。夫が国賠裁判に臨んだ理由はすでに述べられている通りです。それに応えていただくことで、夫の精神的苦痛が少しでも報われるならと願ってやみません。裁判所には、どうか公正な判断を心からお願い致します」

この章の最後に恵子さんが愛した桜井さんの詩集から一編だけ紹介する。

「強さと優しさに」

桜井　昌司

苦しみに耐えた人が
もし強くなれるのならば
私の強さは無類だろう
自由を縛られた刑務所の中で
二十代を失い
三十代を失って
今、四十五歳
ひたすらに耐えてきた二十五年

苦しみに耐えてきた人が強くなれるのならば
私の強さは無類だ

悲しみに耐えた人が
もし優しくなれるのならば
私の優しさは底なしだろう
人間の心をも断ち切る刑務所の中で
母も失い
今、父も失って
何もできないままに
ひたすらに耐え続ける歳月
悲しみに耐えた人が優しくなれるのならば
私の優しさは底なしだ

裁判のたびに誤判が重ねられて
それでも本人はやめるわけにはいかない
負けるわけにはいかないが

私たちの真実を背負って
川の流れに砂をまくように
社会で支援してくださる人々がいる

もし私に強さと優しさがあるとすれば
それは耐え忍んだ月日によるものではない
人間の人間として強さが
人間の人間として優しさが
どこにあるかを教えてくださる人によるのだ

きっと
私に強さと優しさを与えてくれたものは
人間の祈りと願いの力だ

（獄中詩集「壁の歌」より）

第4章

青木惠子さん・東住吉事件

はじめに

青木恵子さんは一九九五年七月、三一歳の時に自宅で火災に遭い、長女を亡くした。警察はこの火事を保険金目当ての放火と断定して、恵子さんと当時一緒に暮らしていた内縁の夫を逮捕した。ここから二〇年に及ぶ雪冤の闘いが始まるのだが、その顛末に入る前に恵子さんの生い立ちを簡単に紹介しておく。恵子さんは「男運の悪い女」を自認するが、その理由にも触れておく。

青木恵子さんは一九六四年一月二四日、大阪市内で生まれた。父親は工務店を経営していた。三人兄妹の末っ子で、上の二人は男の子だった。青木家の初めての女の子で、友人からは「可愛がられたでしょう」とよく言われるが、それは間違いだった。昔気質の父親は後継ぎとなる長男を溺愛し、どこに行くにも長男を連れ歩き、次男と長女の恵子さんはほぼ眼中になかったそうだ。母親はそんな恵子さんを不憫に思い、時々阿倍野のデパートに連れて行って屋上で遊ばせてくれたが、そんな母も父の前では言いなりで、恵子さんは家の中では余計な存在だったと回想する。家庭はかなり裕福だったが、中学生のころからアルバイトをして、自分の小遣いは自分で調達するような自立心の強い子供に育って行った。高校時代はせっせとアルバイト代を貯めて、卒業と同時に賃貸マンションを借りて一人暮らしを始める計画だった。高校二年の時に友人から紹介されて、同い年の既に働いている男性と付き合い始めた。

「私が家を出ると言って、マンションを決めていたんですけど、（彼が）じゃあ、一緒に住もうと言うから、それなら経済的にも楽かなと思って……」

卒業と同時に一緒に暮らし始めたが、間もなく妊娠した。

「一九歳でめぐちゃんが出来たから、つまり『できちゃった婚』です。親なんか、世間に恥をさらしたとか、もう大変でした。おろせと言われて、逃げ回って……」

「親としては（おろさないなら）とにかく結婚しろということで、無理やり式を挙げた。結婚式の時にはまだ五カ月で、お腹は目立たなかった。とにかく世間体です」

しかし、結婚してから分かったが、夫はギャンブルが大好きだった。

「子供ができて頑張る人と、駄目になる人がいますけど、駄目になる人だったんです。まだ一九歳で、遊びたかったんですね。私は一人でも生むと決めていたので、別に責任を感じてもらうこともない。私は子供が欲しかった。この子だけいたら、いてもらわなくてもいいと思ったんだけど……」

彼は家に留まったが、もう働きには出ず、一日中パチンコに明け暮れた。惠子さんは、

「私が働くから、主夫して頂戴と言ったんです。子供を保育園に送って行って、迎えに行くだけ。パチンコしていてもいい。男にとってそんないい話ないでしょ。でも、パチンコが赤字でね、だから借金だらけになった」

二三歳の時、第二子となる長男のS君が誕生した。そして、S君の誕生から九カ月後、夫は蒸発した。

「働いていた喫茶店のその日の売り上げを持って逃げました」

その後、正式に離婚、二人の子供は惠子さんが引き取った。昼間は会社勤めをして、夜は地元の飲食店で働きながら母子三人で暮らしている時に、Bさんと知り合った。Bさんはこの飲食店の常連客だった。惠子さんは二六歳、Bさんは二歳年下で、一人で電気工事業を営んでいた。やがてBさんから結婚を申し込まれた。

「籍は入れない、子供は作らないということを受け入れてもらって、同居を始めました」

賃貸マンションでの四人の生活が始まったが、やがて手狭になって別のマンションに移り、さらに惠子さんの実家が所持する借家に移った。その後、子供たちが成長し、そろそろマンションを購入しようかと計画を立てていた矢先に自宅で火災が発生した。これがその後の惠子さんの人生を大きく狂わせることになった。

事件発生

一九九五年七月二二日、公立の小中学校では夏休みが始まったばかりだった。午後四時五〇分頃、大阪市東住吉区の青木惠子さんの自宅から出火し、木造二階建の住宅がほぼ全焼した。

そして、出火当時風呂に入っていた長女のめぐみさん（当時一一歳）が逃げ遅れて死亡した。当時、家の中にいたのは青木恵子さん（当時三一歳）、内縁の夫のBさん（当時二九歳）、長女のめぐみさん、長男のS君（当時八歳）の四人だった。火が出た時には、めぐみさんが入浴中、ほかの三人は一階の居間にいたが、めぐみさん以外は三人とも避難して無事だった。火元は、道路に面した一階の車庫兼土間で、この土間の隣にめぐみさんのいた風呂場があり、風呂の焚き口は土間に面していた。入浴中だったので当時ガス風呂釜の種火は点いていた。このため出火原因は、車から漏れ出たガソリンか、ガソリンの気化ガスが風呂釜の種火に引火した、または加熱された車の部品によって発火したのではないかと見られたが詳しいことは分からなかった。

ここで、警察が第一にやるべきことは「出火原因の特定」だった。しかし、後の裁判での検察の主張から判断すれば、初動捜査の段階で捜査本部がきちんと出火原因の究明に取り組んだ形跡はない。検察の主張はシンプルである。「車両のエンジンがオフの状態で、給油口の内蓋も閉まっており、給油口に煤も付いておらず、車両自体から出火することはあり得ず、他に火元となるようなものはないから、本件は放火以外にはあり得ない」。

「自然発火」がないとすれば「放火」しかない。外部からの侵入者はいないことが分かっていて、「放火」とすれば犯人はおのずと決まってくる。実は捜査本部内では、かなり早い時点からその結論に沿って動き始めていた。「放火説」は警察にとって非常に都合のいいものだった、なぜか。

「娘に生命保険が掛けられている」。早い段階で警察はこの事実を掴んでいた。さらに、青木さんとBさんはマンションを買う計画を立てていた（これは事実だ）が、頭金に困っていた（これは警察の想像だ）。そして、家の中には四人いたのに、娘だけが死亡した。捜査官の頭の中で小さな事実はみな同じ方向を指していた。これは「保険金目当ての放火殺人だ」

火災から五日後の七月二七日、「放火と断定」「保険金目当ての放火殺人だ」。という記事が新聞に掲載された（朝日新聞・朝刊「東住吉の小六／入浴中の焼死　放火と断定」）。警察の見立てに沿ったマスコミの報道が青木さん、Bさんを追い詰めていった。

あたかも青木さんとBさんが犯人だと言わんばかりの記事が新聞に載っていると、青木さんは友人からの電話で知った。

「火事で娘が死んだと。その娘に保険がかけてあったと。その上、たまたまマンションを買う話が持ち上がっていたから、それで、その費用がいるからという、そういう勝手なストーリーを警察は作り上げて、子供が死んでいるってことで、何が何でも犯人を、という思いでね……」

近所の人々の視線も日々、険しくなっていった。道ですれ違っても挨拶を避けるようになった。

こうして一九九五年の夏、警察はまさに「勝手なストーリー」を作り上げて、新聞社にもその見立てを意図的に漏らし、さらにこれ見よがしの尾行などをして、青木恵子さんとBさんを追い詰めていった。この時点で既に冤罪の芽は摘み取れないほどに育っていた。

自白の理由

「どうして、一一九番なんかせずに、めぐちゃんを助けなかったのか」

青木さんとBさんに対して、疑いの目が向けられた理由の一つに、家族四人が家の中にいたのに、長女のめぐみさんだけが犠牲になった、という事実がある。「一一九番なんかせずに……」という詰問調の問いは、取調べの刑事だけでなく、恵子さんの両親からも発せられた。身内からも疑念の声が上がるという事態に青木さんはショックを受けた。逮捕後から書き始めた手記から出火当日の出来事を振り返る。

一九九五年七月二二日（火）は朝から雨が降っていました。

私はいつものように午前五時半から六時の間に起き、Bさんのお弁当、娘と息子の昼食を作りました。六時四五分から七時の間にBさんを起こし、Bさんは仕事に出かける準備をして、七時一五分頃に家を出ました。

（いつもと同じ朝の風景だった。恵子さんは夫を送り出してから、自らも配達の仕事をしていたので、八時前に自宅を出た。そして午後一時前に帰宅したが、雨の中での配達作業で全身が濡れてしまったため、すぐに風呂に入った。夏休みに入り、長女、長男とも家にいて、長女の友達も遊びに来ていた。）

四時過ぎ頃に、娘の友だちが泊まらずに帰る、娘に「送って」と言うので、私は、「今日は雨が降ってるから、自転車では危ないから車で送っていくわ」と言って、娘、息子を連れて、娘の友だちを自宅の近くまで送り、再び（近所に借りている）駐車場に戻ってきたのが車の時計で四時三八分でした。そこから徒歩で自宅についたのが四時四三分頃だったと思います。

自宅の前に立った時、玄関の三枚戸のガラス部分に軽ワゴン車が映っていたので、Bさんが帰ってることが分かりました。

（青木さんの家では、家屋内の土間が玄関と車庫を兼ねていて、Bさんがこの車庫を使用していた。雨が降っていたために、この日はBさんも仕事を早めに切り上げて帰宅していた。）

私は、「お風呂とご飯、どっちを先にする」と聞きながら、すでに私はお風呂に入っていたので、「先にお風呂を片付けてしまったら」と言うと、Bさんも「そうしようか……」ということになりました。それで、私は「めぐちゃん、お風呂に入りや」と娘に言いました。もともと私の家では、全員でお風呂に入る習慣でしたし、めぐちゃんはお風呂に入るまでに時間がかかるため、先に準備をさせることから、そう言ったのです。

娘はトイレに行ったり、髪の毛のゴムをはずしたりした後、下着類を持ってお風呂場に行きましたが、着ていたワンピースを洗うかどうか聞きに戻ってきたので、私は「洗わなくていいよ」と言い、そのワンピースをBさんが受け取り、衝立に掛けました。再び娘はお風呂に行きました。

その後も、私とBさんは、一日あったことを話していたのですが、私が「もう、そろそろお風呂に入った方がいいんと違う」とBさんに言ったところ、「そうやな」と言い、左の方を向いてお風呂の方へ行こうとしたときに、Bさんが「なんや、あれ」って言って、ガラス戸を開けて玄関土間兼ガレージに下りて行きました。私はBさんの声に驚き、座っていた場所から立ち上がって衝立の向こう側に行ってみると、ガレージに止めてある軽自動車の前輪の少し後ろあたりに、二〇～三〇センチの丸い水たまりの真ん中あたりに火がついているのが見えました。

私は「なんでこんなところから火が出てるん」と言うと、Bさんは「けいちゃん、水、水」と言うので慌てて台所に行き、食器をつけておくための水の入った桶を持ち、お風呂場のところで「めぐちゃん」と声をかけて、そのまま火の出ているところへ戻り、火をめがけて桶の水をかけました。

すると、火は一瞬ボワッと横に拡がったので私は驚き、桶を放って一一九番に電話をかけました。その時、息子は衝立のところから「めぐ、めぐ」と娘に声をかけていました。

Bさんは私に「水」と言ったあと外に出て行ったようで、その後の行動はわかりません。私自身、火を消すことで精いっぱいだったため、周りのことにまで気が回りませんでした。

わたしが一一九番電話で、住所、氏名を言って、「家で火が燃えています。ガレージに止めてある車のところから火が出てます」と話してる最中に、ボーン、バーンと大きな爆発音が二回したため、私は、ビックリして「早く来て下さい」と言うと、いつの間にか側に来ていた息子も受話器に向かって「早く来て下さい」と叫んでいました。

電話を切ってからの行動については、先ほどの爆発音で驚いたことで頭の中が真っ白になり、パニック状態に陥って、ところどころの記憶しかありません。まず、私は裏庭に行き路地に出るための裏木戸を開けに行ったのか、六畳間の押し入れの所で娘が出てくるのを待っていたのか、どちらが先だったのかは記憶にないですが、すでに台所は煙で冷蔵庫も見えない状態でした。

この時私はその状態に何も考えられず、ただただ「どうしよう、どうしよう」と思い、声も出せず、その場に呆然と立ちすくんでいました。それでも母親として、心の中ではめぐちゃんが早く出てくることだけを願っていました。

もし私がめぐちゃんの所に行けば、Sちゃん（長男）もついてくるため行くこともできず、どうしたらいいのか、突然の火災で冷静に判断することができなかったのです。

その後、私はこれ以上ここにいると危ないと思い、Sちゃんを路地裏に連れて行き、そのあと、私はめぐちゃんのところに行くつもりでした。とりあえずSちゃんをおんぶして路地裏に出て、すぐSちゃんを降ろすためにその場にしゃがみこむと、力が抜けてしまい、声も出せませんでした。それだけ私は気が動転し、どうしたらいいのか分からなかったのです。

この時の行動は、その場に立たされた者、火災にあった者にしか分からないと思います。しばらくして、隣の家の屋根に立って「大丈夫?」と叫ぶBさんの声が聞こえたので、私は立ち上がって「私とSちゃんは大丈夫、めぐちゃんが中にいてる」と言うと、Bさんは表の方に下りていきました。だから私は、すぐにめぐちゃんが助け出されるものと思い、ホッとしたのです。私は消防署の人に「そこにいたら危ない」と言われたので、仕方なく息子をおんぶして路地を通り表に出て自宅の前に行く途中、近所の人に呼び止められ「お父さんの所に電話しなさい。何番」と言われましたが、私は「いい。めぐちゃんが気になるから」と言い、また、Sちゃんに「ここにおらしてもらう?」と聞くと、息子は「いや」と言うので、私は息子をおんぶして自宅の前まで行きました。そしてBさんに「めぐちゃんは?」と聞くと「まだ、中にいる」と言うので、私はビックリして、その場で「お風呂場にいてるんだから、そこの壁を破って入ったら、すぐやん」と誰に言うのでもなく言いました。

しばらくして台所の窓から娘は助け出されました。

救急車の中で、めぐちゃんは酸素マスクをつけられて、人工呼吸をしてもらっていました。私はめぐちゃんの足を擦って「めぐちゃん頑張って」と言いました。その時、めぐちゃんの足が動いていたので、私は助かると信じていました。

（青木惠子『ママは殺人犯じゃない　冤罪・東住吉事件』二〇一七年、インパクト出版会、以下引用はすべて同書から）

しかし、めぐみさんは搬送先の病院で死亡し、その直後から警察は東住吉署内に捜査本部をおいて捜査を開始した。警察はその始まりからこの火災を「事故」ではなく「殺人事件」と考えていた。

火災発生（めぐみさんの亡くなった日）から数えて五〇日目の朝、夏休みが開けて間もない九月一〇日、青木惠子さんとBさんは朝から任意同行を求められた。青木さんは東住吉署、Bさんは平野署で執拗な取り調べを受けた。この結果、二人ともその日のうちに自白を始め、夜、放火殺人の疑いで逮捕された。

してもいないことを自白する、それもその日のうちに。虚偽自白は冤罪にはつき物だ。やっていないのなら、自白などしないはずだ、と言う人もいる。筆者も取材を始める前はそう考えていた。しかし、狭い取調室の中で手練れの捜査官にかかれば「人は、ほぼ確実に嘘の自白をする」、これは過去の事件を見れば明らかだ。

暴行、偽計（でたらめな情報を伝えて自白に誘導する）、切り違え尋問（被疑者が二人以上の場合に

「相方は既に自白を始めている」と嘘を言って追い込む）などの、被疑者から自白を取るための常套手段がこの事件の取り調べでも使われた。しかし、この事件については、もう一つ、別の自白を取るための手法が使われた。

死亡しためぐみさんはBさんから性的暴力を受けていた。青木惠子さんはこの事実を取調べ室で刑事から初めて聞かされた。「家の中でそれを知らないのはお前だけだ」とも言われた。警察は捜査段階で知ったこの事実を二人に突き付けて自白を迫った。Bさんには「脅しの材料」として。青木さんには「自暴自棄に追い込む材料」として。青天の霹靂だった青木さんに向かって、「お前は娘を救ってやれなかった。お前が殺したも同然や」と刑事は追及し、青木さんはその通りだと思った、と後に語っている。

九五年九月一〇日、取調べ初日。狭い取調室で、机を挟んで前に一人、横にもう一人の刑事が座って青木さんに自白を迫り、時には大声で脅しつける状況が続いたが、途中で、前に座っていた刑事の口調が改まった。青木さんの獄中日記には次のように書かれている。

しばらくして、坂本刑事が「Bがめぐにいたずらしてたの、知ってるやろ」と言ってきました。それを聞いた私は、なにをアホなこと言ってるのかな？　と信じられない気持でしたが、さらに坂本刑事は「S（長男）でも知ってるのになんでお前が知らんのやろな」「お前知ってたやろ、三角関係のもつれで、女としてめぐを許されへんから、殺したんやろ」とか、「取り合ってたんか」などと言われ、私はその言葉にショックを受けてしまい、何も考えられなくなって、頭の中は真白になり、パニック状態でした。

このようなことを言われた時の私の気持は、とても口では言い表すことはできません。坂本刑事に「同じ部屋の中にいて、お前が知らんわけがないやろ。知ってたやろ、知ってたやろ」と言い続けられ、私は本当に知らなかった、と何度も繰り返して言い続けると、坂本刑事は「ほんまに知らんかったみたいやな」と、一応信じてくれたようでした。

その後、Bさんとめぐちゃんのことは本当ですかと坂本刑事に聞くと、「ほんまの話や」と言われました。さらに「母親なのに、気づかへんかったんか。めぐから聞かへんかったんか。なんでお前に言えへんかったんやろな。母親失格やな」などと、私が気づかなかったことについても責められました。

「本当に寝耳に水でした」と青木さんは言う。一番近くにいる青木さんですら気付かなかった事柄をなぜ捜査本部が知り得たのか。

「四人で暮らし始めて、次に引っ越したのがAプラザというマンションで、そこの管理人さんが気付いていたようです。管理人さんとめぐちゃんと仲が良かったんです。その人にめぐちゃんが何か言っていたのかなと……」

S君は、家の中で泣いているめぐみさんを見たことがある、と捜査官に語っている。そこから捜査官は青木さんの取調べの中で「Sちゃんでも知っているのに、何でお前が知らんのや ろ」とたたみ掛け、さらに混乱している青木さんに向かって激しい言葉を浴びせ続けたのである。

青木さんにとっては、火災で娘を失った悲しみ、さらに警察から疑われていることの苦悩、こうした混乱状態の中で、追い打ちのように放たれた刑事の言葉に衝撃を受け、「もう、どうにでもなれ」と思ったそうだ。

その日の取調べで、まずBさんが自白した。「Bが自白した」という情報は、（Bさんが取調べを受けている）平野署から（青木さんが取調べを受けている）東住吉署に直ちに伝えられた。青木さんの獄中日記から、その日の取調室での刑事たちの言動を見てみる。

今井刑事が坂本刑事の耳元で「こんなん、向こうは言ってますわ」などと言い、坂本刑事が「Bは吐いているぞ、全部認めているぞ」と言って、平野署で取調べを受けているBさんが書いたというファックスの紙を私の前にチラチラさせました。坂本刑事は「お前のほうが母親やのに、早く、全部話して、ファックスで送ってやらなあかんやないか」と言って、私が「やってません」と言うと、私の顔に一〇センチメートル位まで顔を近づけて「認めろ」と大声で怒鳴ったり、机を叩いたりしてきました。私は、なぜBさんがそんなことを言うのかなと、ビックリしましたが、やっていたんだと思いました。

（青木さんは、すでに午前中の取調べで、Bさんによる娘への性的暴力を知らされて大きなショックを受けていたが、昼食を口にする気力もないままに、取調べは午後も休みなく続行された。そこで、刑事は畳みかけるようにBさんの自白を告げた。典型的な「切り違え尋問」である。片方が既に「落ちた」と伝えられ、青木さんの混乱はさらに深まるが、刑事の追及はまだ終わらない）

また、坂本刑事から「ガレージにBが下りて、火をつけたところをS（長男）が見てるぞ」と聞かされて、私は、何が真実で何が嘘なのかわけがわからず、もう死のう、私が犯人やったら犯人のままでいい、めぐちゃんの所へ行って聞けば本当のことが分かる、今は、この場所から早く逃げ出したいという一心でした。

（Bさんの犯行を長男が見ていた、と刑事は青木さんに告げた。これは完全に嘘、「偽計」である。騙して自白を誘導しようとする刑事に対し、青木さんにはもう抵抗する力は残っていない。「死にたい」と念じる青木さんに、刑事がささやく）

そんな私のようすを見て、坂本刑事に「素直に認めたらええんや」と宥めるように言われて、私はうなずいて、認めてしまいました。

まさに、嘘の自白を取るための、教科書のようなテクニックの連続だった。大阪府警捜査一課の悪辣な手練手管の前に、Bさんも青木さんもその日のうちに自白調書に署名させられた。これらの自白を基に、検察は二人を現住建造物放火、殺人、さらに保険金をだまし取ろうとした詐欺未遂の罪で起訴した。

起訴状によれば、二人はマンション購入の頭金（およそ一七〇〇万円）に窮して、長女のめぐみさんに掛けていた生命保険（災害死亡時一五〇〇万円）から資金を得ようと計画し、めぐみさんの殺害を企てた。事件当日、めぐみさんを入浴させたうえで、Bさんが車から抜きとったガソリンを風呂場に隣接する車庫の床にまき、ライターで火を付け、火災を発生させた。これによって、自宅を全焼させるとともに、めぐみさんを死亡させた、ということである。

裁判

青木さんとBさんは別の裁判で審理されることになり、それぞれに弁護人が付いた。九六年一月から始まった裁判で青木さんは、自白は強要されたものだとして無罪を主張した。しかし、九九年五月、大阪地裁は「自白は信用できる」として青木さんに無期懲役を言い渡した。Bさんに対しても無期懲役が言い渡された（大阪地裁、九九年三月）。二人とも控訴し、審理は大阪高裁に移った。

警察が青木さんとBさんに放火殺人の嫌疑をかける導火線となった「マンションの購入計画」と「娘に掛けた保険金」については、裁判でも争点となった。事件の全体を見通すために、若干の補足説明をしておく。

「マンションの購入計画」はたしかにあった。仮契約はすでに取り交わしていた。検察は裁判で「本契約までにどうしても一七〇万円が必要だった」と主張した。だが弁護人の調査によれば、この残金については、住宅ローン、年金融資、販売会社のローンで支払うことになっていた。さらに販売会社から二〇〇万円の利子補給（事実上の値引き）が約束されていた。そして、本契約までに諸経費など一七〇万円が必要だったのは事実だが、一方で、Bさんは販売会社の担当者から、もし足りない分が生じたら「その時点で相談に乗る」との返答を得ていた。当時はマンションの買い手が付かず、値引き販売が常識になっていたころで、営業マンは必死だったという。結論としては、Bさんと青木さんはお金には困っていなかった、つまり、犯行の動機がない、と弁護人は裁判で主張した。

「娘に掛けた保険金」については、控訴審での青木さんの法廷供述を引用する。

「もともと子どもの保険は郵便局の学資保険というのに入っていたんです。けれども、第一生命のTさんなんですけれども、うちの保険に入ってくれないかと、うちの保険も学資保険と一緒だからということで。で、入院してもちゃんと入院費用も出るし、とにかく入ってほしい、入ってほしいと言われて、最終的に勧められて、それだったら郵便局はやめて生命保険の方に入ろうかと。だから、私は別に、めぐちゃんが死んだ（時に）死亡保険を取るために生命保険に入ったわけじゃないし。私の方は、たしかに私が死んだら、子供二人が残って困ると思うから、自分自身には五〇〇〇万円掛けて、もしこんなことになっていなかったら、ずっと金額もアップして、少しでもあの子らが生活に困らないようにと思って、入ったつもりでしたけれども。子供の（保険）は、例えば、中学校卒業して高校に入学する時のお祝い金が三〇万出たり、もしお金がない時でも、学校の制服とかいろいろ買うにも、その三〇万下りてきたらそれで子供のために使えるし、そういう考えで入っただけです」

これらの証言内容は保険会社のTさんによって確認されている。さらに控訴審での青木さんの供述は続く。一七〇〇万円のためにわが子を殺害した、という検察の主張をそのまま認めた一審の裁判所に対して、青木さんは怒りを抑えきれなかった。

「世間一般の常識で考えて、二〇〇〇万でわが子を殺す人がいますか、と。裁判所はあまりにも非常識です。考え（られ）ないです。それで、同じように、（判決文では）たかが二〇〇〇万で殺すのは不自然やと、一方で言いながら、逆に、しかしながら大金を手にするためにはあながちあり得ない（ことでもない）。この『あながち』というのはどういう意味か私には分からないです。ゼロパーセントだったら私を信用してくれるのかと。しかし、そんなことを私以外の人にも証明しろというのは、不可能なことを裁判所は言ってるんじゃないかと思います」

しかし、控訴審の裁判官たちもまた、青木さんの言葉には耳を傾けなかった。二〇〇四年一一月、控訴が棄却された（Bさんも控訴棄却、二〇〇四年一二月）。

「あながち」に関する青木さんの法廷での証言は、怒りに燃えていたとはいえ、冷静だった。しかし、判決言い渡しの日、青木さんは法廷で怒りに駆られて発言し、退廷を命じられた。

「控訴審で、私は勝てると思ったんですよ。自分も裁判と一生懸命向き合って、これまで出さなかった陳述書や上申書も何回も出したし、その時は白井（万久）裁判官を信じていたし、今度は絶対帰れると思って……」

青木さんは、控訴審での裁判長の穏やかな口ぶりに好印象を抱いていた。しかし、判決当日、青木さんの耳に届いた主文は「控訴棄却」という冷たい言葉だった。青木さんは、判決文の朗読を遮って、声を上げた。ただし、どのように叫んだかは、青木さん自身も今となっては正確には憶えていない。

「控訴棄却と言うからね、それで私は、冗談じゃないと、あんたたちに何が分かるのと。こんなことじゃあ、めぐちゃんも浮かばれないし、Sちゃんの人生はどうなるのと。それに、ずっと遅れたじゃないですか、判決が。職務怠慢だとも言いましたね。あと、何を言ったのか分からないけど……」

「裁判官は冷静でしたよ。『被告人は退廷されますか』と言うから『退廷しますよ』と。それでも私が言い続けていたら、職員が慌ててきて『本当に判決文、聞かなくてもいいの？』と言うから『いいよ』と言って、そのまま退廷しました」

激情に駆られた青木さんの行動に傍聴席はざわついた。だが、この青木さんの言動も、実は、全くのハプニングというわけではなかった。棄却された場合のことを、青木さんは事前に考えていたという。

「万が一、負けた時のことでね、黙って判決文を聞いていたら、(判決内容を納得して)受け止めた人間みたいに思うじゃないですか、裁判官も。これは許せないと。だから、わたしは控訴棄却と言われたら、その時点で言いたいことを言って退廷しますと弁護団に言ったんですよ。弁護団も一緒に退廷しようと、私は言ったんです」

もちろん弁護団は退廷はしなかった。でも、青木さんがそうすることは誰も止めなかった。また、実際に判決言い渡しのための公判は裁判官の都合で何回か延期されていた。裁判所にとっては大きな問題ではない。しかし、被告人の気持はその度に大きく揺れ動く。

「判決文が出来てなかったんですよ、裁判官が風邪を引いたかなんかで。延々延びたんですね、何回も。その度に、私、気持がこんなになってきてね。無罪判決書くのは難しいから時間が掛かるんだよと、いいように自分に言い聞かせてね。二回か三回、延びているんですよ。それに振り回されて、その度に拘置所の職員にも、もうちょっとだからって慰めてもらってね」

「(判決の日には) 職員みんなが『青木さん元気でね』とか、担当さんも『お世話になりました』と言ってくれました。本当に、『さよなら』をして拘置所を出て行ったのに……」

青木さんは自分の荷物を整理し、娑婆に帰る支度をすっかり整えて拘置所を出た。一方、弁護団も青木さんの当面の寝泊まりのホテルの手配などに追われた。一審判決の時にも同じように準備を整えたが、それは無駄に終わった。「今度こそ」という思いで拘置所を後にしたのだが、同じ結果となった。

「負けて (拘置所に) 帰った時には担当の職員さんが私を抱きしめて一緒に泣いてくれたの」

裁判官の一言で天国と地獄が決まる。そして、青木さんは再び地獄に突き落とされた、身に覚えのない罪によって。そんな理不尽に翻弄されつつ、青木さんは期待しながら、絶望しながら一日一日を生き延びてきた。

冤罪を見抜けない裁判所

大阪地裁、大阪高裁を経て、青木さんの裁判は最高裁に移った。

「やってないいんだからね」

当時、獄中で何を思いながら暮らしたか、と尋ねた。悔しさの籠った一言がまず発せられた。

「もちろん自分の無実を証明するっていうことが一番の目標だし、その信念は変わらなかった。『無罪』っていうゴールがあるからそこに向かって……。一審の時は初めて捕まって裁判というものを分かっていなかったから『弁護士さんが無罪にしてくれるだろう、裁判所は無罪判決を出すだろう』という気持ちでいたんですけど、結局負けてしまって。日本の裁判っていうものはこんなものなのかっていうことを知って絶望しました」

「控訴審からは私もできることを向き合ってやっていかないといけないなって思うようになって、だからその時その時、裁判に向き合ってできることをやってきたから、何て言うのかな、(この二〇年間を)長かったとも思わないし……。今振り返って、『あぁ二〇年経ったんだ』と、そんなふうに思うけど、その時々には『もう今度こそ勝てる、今度こそ勝てる』っていう思いでやってきた」

「あながち」の意味が分からないです、と控訴審の法廷で裁判官に向かって言い放った一言の中に、青木さんの裁判所への不信感が凝縮されている。冤罪で逮捕された人の多くはまず、取調室でじっくり話せば、捜査官はわかってくれると信じている。しかし、やがてそれが間違いだと思い知らされ、その苦しさから逃れるために「嘘の自白」をする。供述に関する心理学の研究者は、嘘の自白の背景には「絶望的な状況からの一時的な避難」があると分析している。「このままでは、自分の精神状態が持たない。一旦、嘘でもいいから自白をして、後で本当のことをもう一度訴えればいい」という「迂回する戦略」が込められているという。ところで、迂回した後に（つまり自白調書を取られた後で）もう一度、自分の無実を訴える相手とは誰なのか。検察官か、裁判官か。しかし、今の刑事裁判の実務のなかでは、自白は起訴に直結している。冤罪を防ぐという意味では検察官はまったく役に立たない。無実の罪で逮捕された人は検察官の取り調べによって二重に傷つくのである。取調室の中では、捜査官、検察官の語る言葉＝物語だけが真実であり、自分の体験は何も意味がないことを思い知らされる。そこで、最後の頼みの綱は裁判官しかいない、ということになる。こうして裁判が始まる。

青木さんもまったく同じ道筋を辿った。そして、判決の日を迎える。長い審理の末に裁判長の口から発せられた言葉は「無期懲役」。警察に突き落とされ、検察に突き落とされ、そして裁判所にも突き落とされる。逮捕から判決までに三たび突き落とされることになるのである。検察官の主張をほぼ鵜呑みにして書かれた判決文。刑事裁判に慣れた弁護人にとっては、「またか」という感想しか生まれない。しかし、生まれて初めて「判決文」を受けとった被告人、青木恵子さんにとってはどうなのか。難しい、持って回った表現の続く悪文はだらだらと長いが、よく読めば、その空疎な文章は、非常識にあふれている。「あながち」はその典型的な一例だ。

「たかだか二百万円のお金に困ったからといって、我が子に手をかける人間はいないだろう」と、まず判決文はいう。常識である。だが続きがある。「しかし、……楽な暮らしがしたいために、手っ取り早く大金が手に入ることを考えるということも、あながちあり得ない話ではない……」という。「しかし」の先はすべて検察の主張の引き写しである。証拠に基づかない非常識な推論に過ぎないが、裁判官は、常識から非常識に、「あながち」の一言を添えるだけで簡単に乗り換えてしまう。「あながち」とは辞書（『新明解国語辞典』）によれば、「（否定的表現と呼応して）一方的にそうとばかりは言い切れないと判断する様子」と書かれている。裁判官は「二〇〇〇万円で我が子を殺すということは、普通にはあり得ないが、あながち（一方的にそうとも言えず）あり得ない話でもない」と言っているのだ。そして、「あり得ない話でもない」という程度の僅かな可能性の話に対して、何ら理由を示さず、「あった」と断定して有罪判決に突き進んでしまった。「常識的にはないとしても、場合によってはあり得る」と言うのであれば、その根拠となる証拠を示さなければならないが、それは一切ない。「自白」が唯一の拠り所である。

「あながち」の一言を付け足して「あり得ない話をあったことにしてしまった」裁判官に対して青木さんは怒ったのである。しかし、被告人に常識を諭されても、裁判官の検察妄信に一切変更はない。馬耳東風である。検察の主張にケチをつけ、裁判の流れをかき回すような裁判官はこの国にはまずいない。目立たず、迅速な訴訟指揮（刑事事件なら、有罪判決まで一直線）こそが肝要である。当然ながら、最高裁から睨まれたら出世に響く。裁判所もまた厳しい縦社会である。

二〇〇六年一二月、上告棄却（最高裁）。無期懲役刑が確定した。

青木さんは深く傷つき絶望するが、しかし、その絶望させられた裁判所を動かさなければ、雪冤への道はない。迂回をして他の道、という選択は日本の司法制度にはないのだ。間違った裁判を正すところは、残念ながら裁判所しかない。

「上告審で負けてしまって、確かに、（拘置所から）刑務所に行くことになるっていうその悔しさは凄くあったし、何で無実の人間が刑務所に行くんだろうという自分の心の葛藤もあった。でも、泣いても叫んでもこの事実は変わらないんだから、じゃあまた気持ちを新たに整理して、今度は再審っていう目標に向かってまた闘っていこうと」

青木さんは法律の専門家ではない。この事件に巻き込まれるまでは、再審制度についても何も知らなかった。だが「必要」が知識を呼び寄せる。最高裁でもだめだったら、わたしはどうなるのか。そんな不安に駆られている頃にラジオを聞いた。

「私が控訴審で負けたころ（控訴棄却は二〇〇四年一一月）、名張（毒ぶどう酒事件）の第七次の再審開始決定をラジオで聞いたんですよ（二〇〇五年四月）。負けた時には再審があるんだと知り、私も再審に向かってまだ希望があるんだと思って。（最高裁への）上告で負けたら何もすることがないというんだったら、私の気持も、ねえ。でも、なるほど、まだ闘うところがあるんだと、まだ何かできるんだというふんわりした感じを持った」

ふんわりした感じ、つまり、よく理解できないが、とにかく、最高裁で上告棄却が言い渡されても、それですべて終わりではない、ということだけはこれで分かった。

二〇〇九年七月七日にBさんが、八月七日に青木惠子さんがそれぞれ大阪地裁に再審請求の申立をした。以後、二人は裁判のやり直し＝再審を求めて、再び法廷で闘うことになる。

「刑務所に行っても、『自分は無罪だ』と刑務所側にはっきり伝えたし、仮釈放も私は考えてなかった。とにかく、無実の人間になってこの刑務所から出ていくんだと。自分だけじゃなくて家族とか息子とかね、やっぱり犯罪者の息子とかそんな汚名を着たまま生きるって本当に可哀想だし、何としてもその汚名を取りたかったし、私自身も娘を殺した母親という……、何がつらいって、この罪名がね、ほかの人を殺したと言われる方がまだ楽で……。我が子を殺したと言われる、このことが本当に嫌でね」

後に、再審で無罪判決が出た日（二〇一六年八月一〇日）の記者会見でも、青木さんは「娘を殺した母」の汚名を雪ぐことができて、何よりうれしいと語っていた。青木さんの胸にはよほど深くこの言葉が突き刺さっていたのだ。この言葉の棘は、再審の無罪判決の日まで、二一年間青木さんの胸にずっと刺さったままだった。

再審への長い道のり

刑が確定した後、青木恵子さんは大阪拘置所から和歌山刑務所に、Bさんは大分刑務所に移された。また、これまで別々の裁判だったが、再審請求審の途中から二つの事件は併合された。但し、再審請求の審理では公判は開かれないので、二人が顔を合わせることはなかった。

獄中の青木さんは、支援してくれる人々に宛てて定期的に「おたより」を書いた。それは支援者の発行する『ひまわり通信』に掲載された。

……父が面会に来てくれました。高齢になり耳も遠くなった父が、「元気か」と一言。その後も会話を続けようと努力して、いろいろと話しかけてくれます。

私は、「うん、うん」とうなずき聞いているだけです。母は、体調が悪いうえに足も悪くなり、父が介護している状況ですから、心細く、気持も弱ってきたのでしょう。私に、「早く帰ってきてもらわな。生きているうちにな。もう、一五年かあ」と、しみじみ話す父の姿を目にして、私は、早く帰って面倒を見てあげたいと心が痛み、涙が出そうになりました。もともと父とは不仲だったけれども、この月日が父と私の心を変え、親子の絆を修復してくれたんだと考えた時、こんな立場になったからこそ得たものも多いと思いまし

たし、みなさまとも出会えたのですから、幸せな人間ですね。（二〇一〇年九月）

現状では、冤罪を闘う人々にとって、再審開始への一番の近道は、多くの場合DNA鑑定だ。足利事件（再審無罪・二〇一〇年）、東電OL殺人事件（再審無罪・二〇一二年）、袴田事件（再審開始決定・二〇一四年）、これらの冤罪事件ではいずれもDNA鑑定を足掛かりにして再審開始、再審無罪に辿り着いている（袴田事件は現時点でまだ審理が続いている）。しかし、この事件は違う。「放火した」という虚偽自白の核心を覆すための弁護団の度重なる実験（狭い室内では気化したガソリンは驚くほど早く種火に引火し、瞬く間に火の手は広がる）と、自然発火を裏付ける軽ワゴン車の調査と実験（ある年式のホンダの軽ワゴン車では、給油口からガソリンが漏れ出すことがある）は、これまでにはない冤罪への新しい取り組み方を示した。

以後は、Bさんの弁護団の主任弁護人だった乘井弥生弁護士に話を聞きながらこの再審請求審を振り返る。

「二〇一一年の小山町新実験が一番の山場だったと思います」

「長かったこの裁判の山場は？」という質問に、間を置かずに答えが返ってきた。

いわゆる燃焼再現実験である。この冤罪裁判の行方を決定づけた重要な実験が二〇一一年五月、弁護団によって行われた。富士山麓の静岡県小山町内の空き地で実施されたところからこの名称で呼ばれている（「燃焼再現実験」は弁護団、検察の双方が裁判中に何回か実施している）。「Bさんの自白通りの方法で放火することが可能なのか」ということを確かめるのが実験の目的である。

この実験について乗井弁護士は「無知の暴露」に絡めて説明する。「無知の暴露」とは、自白に関する心理学に詳しい研究者の言葉で、「秘密の暴露」の逆もまた真理だ、という意味である。真犯人の自白には、本人だけが知っている、本人以外の者には語ることのできない「秘密の暴露」が必ず含まれている、と言われている。一方、無実の人の虚偽の自白には、無知ゆえの矛盾、つまり実際に経験していないのだから、その中には現場の状況や事実に合致しない事柄が含まれているはずだ、というのである。

「この東住吉事件での有罪の確定判決の証拠構造は、Bさんの大量の自白だけなんですよ。ほとんどそれしかないんです。で、確定審の時はBさんの自白に任意性があるかとか、信用性があるかとか、そういうことでBさんの被告人質問とか、取り調べをした捜査官とか、立ち合い捜査官とか、検察官とか、逮捕当日に接見に行った弁護人とか、その人たちの尋問に長期間（裁判の時間が）使われたんです。でも結果として任意性もあるし信用性もあるってことで有罪になり、控訴審でもそれが維持され上告審でもそれが維持されたということで、本当に（弁護人としては）Bさんの自白に泣かされた、もう駄目だと泣かされた事件だったんですよね。で、控訴審の時に『自白の心理学』という（本を書いた）浜田寿美男先生（奈良女子大学名誉教授）という自白の心理を専門にされている方が、虚偽の自白というのは秘密の暴露がないだけではなくて、逆に無知の暴露、要するに知らない、知識がないというか、無知の暴露があるっていうことを言っておられて、それがずっと心に残っていたんです。で、本当にやっていない、体験していないことを捜査官との合作で作ってしまった自白であるがゆえに、逆にここに突破口があるんじゃないかと」

「自白の任意性」とは、(捜査官の脅迫や暴行によるのではなく)本人が自らの意思で語った供述かどうか、「自白の信用性」とは、その供述の内容が信用できるものかどうか、ということである。任意性があり、信用性があって、初めてその自白は証拠となる。この裁判では、青木さんの自白についても、Bさんの自白についても、「任意性」「信用性」はある、と判断された。

「七・三リットル(のガソリン)って、物凄い結構な量なんですよ。ポリタンクにごそっと重たいしね。それを六畳ほどの狭いところで撒いて、それを自分の手で、ライターで火を点けるなんてことをしたら、自分がやけどしないってこともないし、物凄く怖いことだし、本当にそれが出来るのかとか、あるいは撒いている途中で種火に引火しちゃうんじゃないかってことは、その無知の暴露が、実際にやってみたら証明出来るんではないかというふうに思っていて、それを実現したのが、この小山町新実験なんですね。だから、自白に泣かされたけれど、虚偽自白を逆手にとって、流れを変えるという法律的意味っていうのが、この実験にはあったと思います」

自白が嘘ならば、そこには「無知の暴露」があるはずだ。自白の通りにやっても、放火はできない（例えば、火事になる前に本人が大やけどをしてしまうとか）としたなら、その自白は虚偽（取調室で作り上げた作文）に違いない。自白の内容通りに実験をすれば、それが証明できるはずだ。しかし、「言うは易く行うは難し」である。当時と同じ部屋（車庫）を再現し、出火に至るまでガソリンを撒き続ける、そんな場所が確保できるのか。消防の立ち合いが必要になるだろう。さらに証拠とするためには専門の科学者の立ち合いと監修が必要だ。第一、そんな実験をする費用がどこにある。課題は山積していたが、弁護団はそれらを一つ一つ乗り越えて実験に漕ぎ着けた。

事件現場を再現しての燃焼実験は、二〇一一年五月、静岡県小山町の園芸会社の跡地を借りて行われた。青木恵子さんの自宅の車庫部分（とそれに隣接したした風呂の焚き口付近）が可能な限り当時のままに再現された。部屋の広さや床の傾斜、排水口だけでなく、風呂釜も当時と同等のものが設置された。弘前大学大学院・理工学研究科の伊藤昭彦教授が実験を実施、監修し、准教授、大学院生が補助に当たった。ガソリンの液温は二五度に調整され、軽ワゴン車（ホンダアクティー）が当時のままの位置に置かれ、風呂釜の種火が点いている状態にセットされて、実験が開始された。

Bさんの自白通りに「七・三リットルのガソリンをゆっくり撒く」というのは、実は非常に危険だ。そこで実験では、人がガソリンを撒くのではなく、ポリタンクの傾きを自由に調節できるガソリン撒布機を作り、これにガソリンの入ったポリタンクを設置して、Bさんがガソリンを撒いた（と自白で語った）位置に置いた。そして部屋の外から遠隔操作でこのポリタンクをゆっくり傾けながらガソリンを撒いていった。

実験は二種類、始めは三六秒間で七・三リットルを撒き切るようにセットした。しかし、実験開始から二〇・八秒で風呂釜の種火に引火した。この時点では、床に撒かれたガソリンはまだ種火まで達していなかった。室内に充満したガソリン蒸気が先に種火まで達し、引火したのである。引火後、わずか一・六秒で火炎はポリタンクに達し、さらに引火後二秒で車庫全体に火炎が行きわたり、室内は「火の海」となった。

二回目の実験は六〇秒でガソリンを撒き切る予定であったが、ほぼ同じ結果となった。撒布開始から二〇・一秒で種火に引火、引火の四秒後には室内は「火の海」となった。

まさに、弁護団の予測通りの実験結果を得ることができた。もし、本当にそんなことをしたら、つまり自白通りのことをBさんがしていたら、自らが大やけどを負うか焼死することになる。自白は明らかに事実と矛盾している。文字通り、この実験は自白の中にある「無知の暴露」を証明していた。

費用と時間を掛けてやっと漕ぎ着けた実験で予想通りの結果を得ることができた。乗井弁護士は喜びより先にそのことにまず安堵したという。

「正直に言うとね、あんまり感動してないのね。私自身はもうホッとしたって感じ。確定審の時から、ずっと実験をやりたかったんですよ。確定審は青木さんもBさんも、地裁、高裁、最高裁と三戦三敗、三戦三敗で、（二人の裁判結果を合算すると）六戦六敗じゃないですか。そんな中でもやりたかったんだけれども、場所が探せない、監修をやってくれる専門家がいない、お金もない、いろいろなハードルが高くて出来なかったんですね。で、再審請求審で裁判官がこの実験……自白に基づいて（ガソリンを）撒いてみたら途中で種火に引火してしまって、実際には実行行為は不可能だという、そういう検証をする実験をやりたいということを言った時に、裁判官が関心を示してくれたんです。やっぱり良い裁判官の時にちゃんと決めないといけないっていうのは確定審のときから凄く思っていたので、ここでちゃんと成功させなきゃいけないと。でも実際、（種火に）点くかどうか分からないでしょ。検察官の側も見ている場所だし、裁判所にも、いつどこでやるのか事前に伝えている実験だから、失敗をすると逆にマイナスになるわけでしょ」

「Bさんのお母さんも来ておられたし、青木さんの息子さんも立ち会っておられたし、いろいろな人が、それこそ二〇人以上が見ている中で弘前大学の大学院生が『イチ、ニ、サン、シ』とカウントしてくれるわけですよ。その中で、あぁいつ点くんだ、いつ点くんだという時に、二〇秒くらいで点いた時に、皆が『あぁ、点いた』『点いた、点いた、点いた』『良かった』と言ったのは覚えています。でも、私自身は『はぁ、ホッとした』って感じ。検察事務官がずっとビデオをね、撮っているわけですよね。だからそれはもう逐一裁判所にも検察官にも伝わるわけだから……。私自身はただホッとしたって感じです」

「燃焼再現実験」の結果は、獄中の青木惠子さんの元にもすぐに報告された。

私が捕まって九月一〇日で一六年となりました。普段は、何も考えないのですが、節目の時は、どうしても考えてしまいます。今年は休日のため、目が覚めた時に「Sちゃん(長男)の手を離して、別々の車に乗せられて、あれから一六年。あの子も二五歳かあ……」と涙が出ました。

どうしても九月は当時の辛かった日々を思い出してしまいます。でも八月にSちゃんが面会に来てくれて、「再現実験」と「当時の火災」とは全然ちがうと言ってくれました。Bさんの自白に基づく再現実験と、Sちゃんが自分で体験した実際の火災が全然違うということは、Bさんの自白が嘘だということです。Sちゃんもしっかりと確認してくれたのです。(『ひまわり通信』二〇一一年九月)

再審開始とその後の停滞

この実験結果が再審開始を引き寄せた。弁護団にとっての逆転ホームランと言っても過言ではない。しかし、少し横道に逸れるが、乗井弁護士は「良い裁判官の時にちゃんと決めないと……」と言っている。その意味を訊ねた。

「良い裁判官、悪い裁判官って、まぁそんなに極端に黒白をつけられる簡単なものかどうかというのはあるんですけど、ザクッとした言い方をした時に、今の日本の刑事裁判って自白偏重なんですよ。自白というのは基本的に密室、要するに誰も検証できないし、誰も（取調室の中で）何があったか分からない。ただ対面させられている被疑者と、取り調べで自白をとろうと思っている捜査官によって密室で行われたものが、そのあと絶大な力を発揮する。で、それが起訴の根拠になり、裁判官が有罪の事実認定をする力になるんですよね。その怖さを知っている裁判官と、それをあまり疑問に感じない裁判官（がいる）。その人間の怖さって言うのかな……」

「全然話は違うんですけど、家の中でも、一番強いお父さんに（悪いことをしたとは思っていなくても）ごめんなさいって言うとかね。殴られそうになったら、私が悪かったと言って謝っちゃうっていうのは、自分の色々な行動とか色々な人生とかを誰かに委ねている時の弱い人間というのは、その人に迎合するとか、自分の身を守るためにある程度の嘘をつかざるを得ない、そ

う い う状況を弁護士はよく見ているんだけど、まさに取り調べ中の捜査官、国家権力である捜査官と被疑者はそういう関係にある」

「そうやって作られた自白は、怖いものだということを分かっている人と分かっていない人がいる。だから、分かっている人は、動かしがたい客観的事実からまず事実を詰めていって、そこに自白を当てはめるということをするんだけれども、そうでない人というのは、まず自白でストーリーを作って、それだけで何とか説明する。裁判官も二通り（の人がいる）。だから、どの裁判官にあたるかは運です。運なんですよ。で、弁護士としてはその運なんてものをじっと待っていたら良いというわけじゃないから。ある一定の確率で良い裁判官が来るわけですよ。で、その時に、良い時にちゃんと決めなきゃいけない。ダメな時にはいくらやってもダメなんです。そこは怖いと言えば怖いですよね。良い人に当たるか当たらないかによって、人の人生が変わってしまう。多分、構造自体を変えないと……ただひたすら良い裁判官にあたってくださいというふうに思っているなんて。やっぱり、構造自体を変えないと」

ここでは、現在の刑事司法の抱える大きな問題点がふたつ同時に語られている。問題点の第一は取調室の実態とその可視化。そして、第二は裁判官の自白偏重、検察追従をどう克服するか。どちらも冤罪を生む最も大きな要因である。可視化については少しずつだが動いている。しかし、裁判官の問題については手つかずの状態である。そこで現状では「良い裁判官に当たること」が唯一の回避策となっている。それが本当の解決に繋がらないことは誰もが分かっている。だが、この論点に深入りすると話は際限なく広がっていくので、ここで、話を元に戻す。

二〇一二年三月七日、大阪地裁は再審開始を決定した。

『ひまわり通信』に青木さんの喜びの声が掲載された。

私は平成二四年三月七日という日を一生忘れません。弁護団、支援する会、日本国民救援会のみなさまのお力で、「再審開始決定」を勝ち取れました。ありがとうございます。二月二九日の午後に決定日を聞き、「いよいよ私の運命が決まる」と思うと、胸が高鳴りました。その後は、一日一日を強い気持で、なんでもプラスに考え、ただただ勝利の日を待ち望んでいました。ですが緊張のあまり、下痢、食欲不振が続いてもいました。当日（三月七日）は、胸がドキドキして面会室に入るのに勇気がいりましたが、弁護士さんが両手で「〇」を作って下さっているのが見えた瞬間、肩の力が抜けて「良かったあ」と思い、涙があふれてきました。社会で、みなさんと共に喜び抱き合えればどんなに良かったでしょう。でも面会やお手紙を頂き、「勝ったんだよね？」と実感できるようになりました。検察官は「即時抗告」しましたが、負けません!!

大阪地裁は「再審開始」を決定すると同時に、「刑の執行停止」を併せて決定した。このため、青木さんは釈放に向けて準備を始めた。四月二日午後一時三〇分に「執行停止」となり、青木さんは晴れて自由の身となる、という予定であった。当日は弁護人数人が刑務所に迎えに来てくれた。ところが直前になって、既に着替えを済ませて待機していた青木さんに対して、「釈放の書類が届いていないので、あなたを釈放することが出来ません。詳しいことは弁護士さんに聞いてください」と職員が告げた。青木さんは刑務所の服に着替え、差し入れの服は片付けられた。弁護人も寝耳に水だったのだが、大阪高裁が検察の異議申し立てを認めて「執行停止を取り消した」という。

「人間がすることじゃない！　私の気持をもてあそばないで！」

と青木さんはノートに綴っている。少し落ち着いたところでこうも書いている。

「悪夢の一日。天国から地獄に落とされたってこういうことだと思う。

裁判官は、私のこんな気持をわかっているのかナ？　あなたは血のかよった人間ですか？

一生忘れません」

青木さんは、その日のうちに作業に戻された。「やっぱり刑務所だ」とその冷徹さに驚きながら急いで作業着に着替えた。青木さんが自由の身になるまでに、そこからさらに三年半の月日を要した。

燃焼再現実験が裁判所を動かしたことは間違いない。検察が即時抗告して再審請求の裁判は大阪高裁に移ったが、燃焼実験の結果ははっきりと「自白は信用できない」ことを証明していた。つまり、自白以外に証拠のないこの事件では、この実験結果は「無罪判決」までまっすぐに続いているように見えた。検察の抗告は簡単に退けられると思われた。しかし、審理はここでぴたりと止まってしまう。この不可解な停滞の理由は何なのか。乗井弁護士が語る。

「地裁の再審開始決定というのは、まさに自白の信用性が崩れて、(自白の内容が)不自然不合理である以上、やはり(有罪判決に)合理的な疑いが生じてきたということで再審開始決定が出たんですよ。抗告審で小山町新実験を弾劾するために、検察官が、これは愛知県小牧市のある民間の施設内で、小山町新実験と同様の実験と多少実験の条件を変えたものを三回やって、それでもやっぱり、結局(ガソリンを)撒いている途中で火が点いちゃって、要するに弁護人の小山町新実験を弾劾するどころか、逆に裏付ける形で出たんです」

「その時に弁護人としてはもう十分でしょ、弁護人がやっても検察官がやっても一緒、自白が不可能だということになったなら、自白しか有罪の証拠がないのにこれ以上の審理は不要でしょう？ だからもう結論を出してくださいと言ったにもかかわらず、(裁判長が検察官に対して)いやいや、自然発火、いわゆる火災原因論についての検証を検察はしないのですかと水を向けたんですね。あの、水を向けたのはどういう意味があるのかということは弁護団の中でも議論をしました。善意に解釈すれば、確定審で六戦六敗、最高裁が二回とも有罪だというお墨付きを与えてしまっている事件をひっくり返そうと思うんだから、とことんまでやらないといけないということで言ったのか。(もう一方では、このままいくと)やっぱり無罪だと、しかし、抗告棄却を出すためにまだ迷いがある、ということで(火災原因論の話を)出したのかということで凄く議論が分かれました。悲しいかな、裁判官って後で聞きに行っても教えてくれないのね。本当は聞きたいんですよ。聞きたいんですけど、教えてくれないから、それはどういうことでああいう訴訟指揮をしたのかというのは未だに分からない部分があります。でも、弁護人としては、理屈の上では、そこまで、つまり真犯人を捕まえてくるところまでは被告人、弁護人の仕事ではないと。本件で言えば、真の火災原因、具体的な危険性があって、今回の火災はこうなって、こういう状況で起こったのですよという説明義務は私たちにはないと。でも青木さんとBさんを刑務所から出すには、それが必要だということを今、目の前の裁判官が言っている以上、これはとことんまで付き合うしかないでしょうというふうに腹をくくって……」

「自白の信用性」を崩すことによって、最も重要な証拠が消え、「有罪判決に合理的な疑いが生じた」時点で、裁判は終わるはずだ。それで再審開始となり、再審で無罪判決となる。真犯人は誰か、(この事件でいえば)本当の火災原因は何だったのか、というところまで立証する責任は弁護人にはない。乗井弁護士の言う通りだ。しかし、実際には大阪高裁の米山正明裁判長は審理を引き延ばし、つまり、すでに大阪地裁で出ている再審開始決定を宙に浮かせたまま、ぐずぐずと先延ばしにした。

その真の理由は未だに不明だと、乗井弁護士は言う。筆者はここで、法律家ではない一取材者としての私見を述べたい。抗告審の裁判官が考えていたことと関係があるのではないかと考えるからだ。

これまで多くの冤罪を取材してきた。一〇件は超える。それにもかかわらず、地元の関西で発生した東住吉事件を当初は取材しなかった。それには理由がある。一言に詰めて言えば「冤罪」だという確信が持てなかったからである。それは裁判所が下した判断とは全く関係がない。これまで取材してきた冤罪の多くはすでに最高裁で有罪が確定している事件がほとんどであった。裁判官が間違えるのは日常茶飯事だという確信さえ持っている。では、この事件で、なかなか「冤罪」の確信が持てなかったのはなぜか。事件の記録を一読した時に以下のように考えた。放火ではない、とすれば自然発火だ。しかし、そうだろうか。自宅の中に車庫がある、という構造の家は大阪の下町や京都の古い町家にも多くあり、特別な構造ではない。もし、自然発火なら他にも同じような火災が発生しているはずだ。だが、そんなニュースは（少なくとも筆者は）あまり聞いたことがない。放火と自然発火を天秤にかけた時、放火の確率の方が断然高いのではないか、というのが第一の疑念だった。恐らく、捜査官も同じように考えたのではないだろうか。

燃焼実験の結果を見た後に、ある雑誌向けに初めてこの事件の原稿を書いた。この時にはかなりきちんと書面にも目を通し、冤罪を確信もした。しかし、第一の疑念は、実は消えていない。「自白がでたらめだ」ということは実証された。だから法律的には「再審開始」以外の道はない。どうせ捜査官の作文であるから、その捜査官のミスが明るみに出ただけだ、というのがその時点での正直な感想である。しかし、火災の原因は何かという点は、この実験では解明されていない。ガソリン蒸気がガソリンよりも早く種火に達する、というのは「目から鱗」だった。自分の無知を恥じるしかない。しかし、ガソリン蒸気にしろ、ガソリンにしろ、現場にはガソリンそのものが存在した、という事実が厳然としてある。ガソリンはなぜ、そこにあったのか。それはBさんではないと信じても（いや、信じればこそ）、事件は未解決のままだ。外からの侵入者などの不審人物は確認されていないのだから。

このような状態が続き、この事件についてはどこかで深入りを避けるような気分になっていた。だから、米山正明裁判長が「火災原因論についての検証はしないのですか」と検察官に水を向けたこの一言は、筆者の素朴な疑問を言葉にしたものでもあった。

繰り返すが、裁判は「燃焼再現実験」によって自白の信用性が崩れた時点で、実は決着している。検察は敗北し、弁護団が勝ったのだ。しかし、その火災の真相は未だ分からない。弁護人が言うようにそれは「弁護人の仕事ではない」。だが、裁判官の心証はどうだったのか。火災原因を究明しないまま、検察官の抗告を退けて「再審開始」を支持することに躊躇を感じたのではないか（たとえそれが裁判官の訴訟指揮の範囲を超えていたとしても）。抗告審の長すぎる遅延について、筆者はそんなふうに想像している。

そしてこの結果、弁護団は裁判長の発言に答える形で新たな証拠を提出するのである。それが「軽ワゴン車からのガソリン漏れの実験」であった。ガソリンが何故そこにあったのか、その理由がこの実験によって解明されたのである。

軽ワゴン車からのガソリン漏れ実験

弁護団が、本来は提出する必要のない証拠、と位置づけるこの実験結果が、裁判を前進させることになったのである。筆者の疑念をも打ち砕いてくれたこの実験について、乗井弁護士は次のように語る。

質問「実験では、事件と同じ型の軽ワゴン車を使ったということですが、そんな旧型の車を見つけるのは大変だったのではないでしょうか」

乗井弁護士「確定審の時点では、他のメーカーの車から（ガソリンが）漏れるという情報はポソッポソッとあってね。それを、その所有者にお話を伺いに行ったりとか、写真を撮ったりとか、漏れた原因を消防に問い合わせたりしていたんですけど、（ホンダの車でなければ）本件との関係性がないということで検察官が同意せず、裁判所もそれ（＝検察の主張）を聞き入れて結局、証拠にならなかったんですよ。だから、同じメーカーの同じ型の車の、特に給油口から漏れるという情報は本当に知りたかったんですよ。でも実際はね、これも運なんですよ。探して、出てきたんじゃないんですよ、向こうから来たんです。再審開始決定が二〇一二年の三月七日に出て、流れが大きく変わった。大阪地裁が再審開始決定を出して、六戦六敗が七戦一勝になったわけでしょ。そこで大きく流れが変わるわけなんだけど、この事件が全国の人の関心を呼ぶ事件になって報道されたんですよ。それこそNHKとか色々な民間の各局も。で、それを見た千葉のある方が、『あ、同じ車だ』と。『僕のところにも同じ車があるけど、漏れますよ』と。『満タンに給油して、しばらくするとポトポトポトポトと何百ccか漏れますよ』という情報を向こうから弁護人に連絡してくださったんですよ、再審開始決定が出た翌日か翌々日くらいに。それで、二人の弁護人がその二日後くらいに千葉の方に飛んで行って、話を聞いて、証拠化するためにビデオで撮り、みたいな形で始まったのがガソリン漏れの証拠化です」

しかし、この証拠はすぐには裁判所には提出されず、弁護団の手元にあった。

「むやみやたらに土俵を広げて時間が掛かってしまうと、（刑務所の）中にいる人は本当に一日も早く出たいわけだから、無駄に土俵を拡げるのはやめておこうということで出さなかったんですけど、裁判官の訴訟指揮があって、やっぱり自然発火説とか火災原因論についても、裁判官が心証形成のためにほしいと言っている以上はとことんやりましょうということで、その千葉の方の（証拠）も出し、他に色々探して寄せられた情報提供の方のも出し、（最終的に）四台の車をメーカーの関連施設に集めて、メーカーの技術者と検察官の前で、『漏れる』という検証をしたと、そういうことです」

「ガソリン漏れ実験」は二〇一四年六月、大阪にあるホンダの関係施設で行われた。全国から四台のホンダ・アクティーが集められ、弁護団のほか、検察官、ホンダの技術者数名が立ち会った。ガソリンを満タンにしてから給油口の蓋を閉めて、その後一〇分間、エンジンをかけて暖機運転した後、エンジンを止めた。

この結果、A車は、暖機運転を始めて三分後からガソリンが漏れ始めた。初めはポタポタという程度だったが、その後、糸を引くように漏れた。計測は一五分間で中止したが、この間に漏れ出たガソリンの総量は三四六 ccであった。同様にB車、C車とも暖機運転中からガソリンが漏れ出し、一五分間で漏れ出した量は、B車が二五三 cc、C車が二三五 ccだった。D車のみ一〇分間の暖機運転中には漏れ出さず、その後、車の左後方を四・五 cm、ジャッキで持ち上げたところガソリンが漏れ始めた。五分間で漏れ出した量は約三〇 cc、更に蓋を開けたところ六六 ccのガソリンが漏れ出した。

四台の車において、ガソリンが給油口から漏れ出る様子はそれぞれの間近に据え付けられたムービーカメラによって克明に撮影された。

燃焼実験と共に、この「ガソリン漏れ実験」はテレビのニュースでも大きく取り上げられた。ガソリンが漏れ始める瞬間の映像は迫力があった。視聴者は、この冤罪事件を解決に導くためにあたかも探偵団のような活躍を見せた弁護団の、その象徴的な手柄としてこの映像を見たはずだ。しかし、弁護人の心境はそこからは遠かったようだ。

「なぜガソリンが漏れて、それがどうやって点いて、どうやって火災が起こったのか。基本はね、(そのようなことは)家で火事が起きて、家族を亡くした人が説明する義務があることではないんです。だって、世の中には原因の分からない火災もあるわけだし、実際に被災した人は火災の専門家でも、燃焼の専門家でも、ガソリンの専門家でもないわけだから説明する義務なんかないんですよ。ところが、日本の刑事裁判では自白を取られてしまって、それに重きを置かれて有罪判決になったということから、事実上、被告人というか弁護人というかこちら側に、なぜ火災が起きて、なぜその娘さんは死んでしまったのかということを説明する義務が課せられてしまった」

「同じメーカーの車からそれも大量に、何百ミリリットルが漏れ出るということが証明出来たっていうのはまさに無罪を勝ち取るために凄い力になった。それは間違いない事実です。でもやっぱり強調しておきたいのは、本来はそこまで被告人、弁護人がやるべきではないし、それをやったから勝てたんだというふうに結論づけるのはおかしいと思います」

無罪を勝ち取った裁判について語ってきたはずなのに、ここでは、乘井弁護士の口調が少し怒りを含んでいる。

「刑事裁判の理想形はね……」

と言ったところで、乗井弁護士はしばし沈黙した。この展開は理想の形ではない、ということか。

「目の前の事件をどう終わらすかっていう苦しさが弁護団の中でもあって。凄く葛藤があった時期です」

有罪、無罪は裁判官の心証で決定される。その分水嶺が偏り過ぎていないか。公平ではない、と乗井弁護士は考えている。しかし、そこまで踏み込まなければ、請求人の身柄は刑務所の中に置かれたままだ。「ガソリン漏れの実験映像」は弁護団の議論の末に、苦渋の選択として裁判所に提出されたものだった。

有罪の証拠がなければ無罪だ。しかし、裁判所は動かない。「無実」の証拠が今、求められている。この弁護団の苦渋こそ、「疑わしきは被告人の利益に」という大原則を忘れ、「疑わしきは罰する」に固執する日本の裁判官の実態を如実に示しているのではないだろうか。

再審無罪

二〇一五年一〇月二三日に検察の即時抗告が棄却され、同時に青木恵子さんとBさんの刑の執行停止が決定された。三日後に二人は釈放され、一方、検察は最高裁への特別抗告を断念した。

二〇一六年四月二八日にBさん、五月二日に青木さんの第一回再審公判が開かれ、即日結審した（再審では再び、青木さんとBさんは別の裁判となった）。検察は「無罪論告」をせず、「裁判官に判断をゆだねる」とした。唯一の証拠である自白が「燃焼再現実験」によって崩壊し、「無罪」以外の結論がない中で、自ら「無罪」を口にすることの屈辱に耐えかねた検察の最後のあがきとも見えた。「真っ白な無罪」を求めていた青木さんは、検察のずるいやり方に怒りを隠さなかった。その日、青木さんが法廷で読み上げた文章がある。

検察官へ！　私は無罪論告が当然だと思っていましたが、検察官は自ら無罪と言わずに「裁判所の判断に任せる」と言って逃げました。責任のがれですか？　おかしいじゃないですか。今も、私が犯人だというのですか？

じゃあ、なぜ、有罪主張しないのですか？　立証すればいいじゃないですか。無期懲役と言いなさいよ‼　あまりにもバカにしていますよ‼　今頃、風呂釜に煤がついてないって、何を言っているのですか。即時抗告審で、自ら三回も実験をやったことを忘れたのですか。いい加減にしてくださいよ‼

（青木さんの言う通り、検察は即時抗告の間に燃焼実験を三回している。しかし、いずれも弁護団の主張を裏付ける結果が、つまり、Bさんの自白通りの放火は不可能だという結果が出ている）

裁判は、有罪か無罪かを決めるところです。灰色なんて、ありえませんよ‼　私は、やっていません‼　この服のように真っ白、無実です。なに一つ、真実を明らかにできな

かったくせに、いつまで私を犯人だと言い続けるのですか。（中略）

私が犯人、灰色だと言うのなら、私にそんな言葉を吐いたことを、一生忘れないでください。人に対してひどい仕打ちをすれば、必ず自分に返ってきますので、私はその日が訪れることを待ち続けます。検察の組織は腐っていますよ。こんな、反省もしないで平気でいられるんですから、冤罪はなくなりません。（中略）

裁判所には、検察官の論告について、私の「自白」について、正しく、正義に反しない、だれもが納得のできる「真っ白な無罪判決」を言い渡して下さるように、重ねてお願いします。

二〇一六年八月一〇日、大阪地裁は青木さん、Bさんにそれぞれ無罪を言い渡した。検察が控訴を断念して、判決が確定した。乗井弁護士は判決の内容について、「自白の信用性」だけでなく「自白の任意性」についても認めず、証拠排除したのは画期的な判断だったという。

「私はほぼ一〇〇点だったと思っています。無罪という結論を出すのに、逆にそれ（自白の任意性）を回避してもその結論を出そうと思えば出せるわけです。自白の信用性がないから、ほかに証拠がないので有罪の立証が出来てなくて、無罪だということにして書けたわけです。そうではなくて、そもそもこの自白そのものの取られた経緯にこれこれの問題がある、と言って自白の任意性にまで踏み込むというのは、結論を出すにあたって不可欠でもなかったわけですよね。ほかの言い回しで結論を出すことも出来たのに、そこまで言ったということは、私は踏み込んでくれたということで、凄く意義のある判決だと思っています」

「真っ白な無罪判決」を願った青木惠子さんにとっても、満足のいく判決だったと言える。

一方で、火災原因と見なされた軽自動車の問題点については、今後に残されたままだ。裁判でも、ホンダは、出火原因の解明から逃げ続けた。

質問「ホンダに対して、不誠実だという思いはありますか」

乘井弥生弁護士「あります。はっきり言ってあります。やっぱりね、専門家と素人の力の差を本当に如実に知らされた。天下のグローバル企業じゃないですか。彼らは多分、全部知っているんですよ。でも自分たちに不利なことは、そっちが知らないんだったら教えてあげないよ、みたいな感じがあって。そういう意味では、この刑事裁判の中での対応は凄く不誠実だと思った部分があります。高裁の裁判官も、それをある時期から分かり始めたと思うんです」

「私たち素人が一生懸命勉強して色々言ったところで、(ホンダ側は)設計図面も見ていないのにどうしてそんなことを言うんですかという。いや、では設計図面を見せてくれるんですかと言っても見せないわけでしょ。やっぱり不誠実であったと思いますよ。その不誠実さを裁判所もそうだというふうに(認識し、それを)味方につけたところが良かったのかなと」

こうして裁判は終わった。乗井弁護士は、この弁護団の活動について「少年探偵団のような気分でした。真実が次々に解明されていくのを間近に見ることができた。苦しかったけれど、充実していた」と振り返った。この冤罪での弁護活動は、独自の燃焼実験をしたり、ガソリン漏れの軽ワゴン車を探し出したり、まさに走り回り、行動する探偵団であった。特に「軽ワゴン車のガソリン漏れの実験」は、出火原因を特定する上で決定的な役割を果たしたと言える。しかし、乗井弁護士がすでに語ったように、「燃焼実験」ではなく、この「ガソリン漏れの実験」によって再審開始が決まるという裁判の実態が、逆に日本の司法の問題点を明らかにしている、とも言える。単純化すれば、いくさの勝敗は既に決していたのに、公平でない裁判官がぐずぐずして軍配を上げなかったので、仕方なく、弁護団としては使いたくない大砲を使ってまでも追い打ちを掛けざるを得なかった、ということになる。だが、おそろしい仮定だが、もし、弁護団がこの大砲（「ガソリン漏れの実験」という重要な証拠）を持っていなかったら、裁判の行方はどうなっていただろう。そして、実際には、ほかの冤罪事件を眺めてみれば、どう見ても勝敗が決しているにもかかわらず、裁判官が軍配を上げない事件が、この国にはたくさんある。停滞している冤罪裁判のほとんどがそうだと言っても過言ではない。その意味では、やはり、この大砲は勝利の要だったのであり、青木さん、Bさんを「無罪」以上の「無実」に導いた原動力だったといえるのではないか。

実は、再審請求より前に「無罪」だと考えた裁判官が一人だけいた

最高裁が青木恵子さんの上告を棄却したのは、二〇〇六年一二月一一日だった。これにより無期懲役が確定した。この時の最高裁の裁判官は、津野修、中川了滋、今井功、古田佑紀の四名だったが、棄却決定が出る直前の二〇〇六年一〇月までは、滝井繁男判事が裁判長としてこの事件を担当していた。滝井氏は一〇月に定年退官して最高裁を去り、その後、二〇一五年二月に亡くなっているが、実は、この事件について「無罪」の意見を書き残していたことが分かった。

「滝井裁判官の意見」は二四ページに及ぶ書面で、滝井氏の死後、親しい関係者に引き継がれたものを共同通信の記者が手に入れ、記事として配信した。この関係者によると、書かれたのは在職中のことだったが、最高裁内部で受け入れられず苦悩していたという。そして、滝井氏の退官から一か月余り経ってから、残った裁判官四人の全員一致で青木恵子さんの上告棄却を決定した。

滝井裁判官の書いた意見書面、つまり幻の無罪判決を見てみる。

滝井裁判官は、一審、二審判決を子細に検討したうえで、唯一の証拠である二人の自白について、

「果たして真実が述べられているかどうかの検討をおろそかにしてはならず、とりわけ本件のような特異な事件では、動機として示されていることの合理性とそこに示されていることが客観的状況に合致しているかの解明は自白の信用性を判断するに当たって何よりも重要なことであったと考えるのである」

と述べている。まさに、乗井弥生弁護士が「自白が怖いものだと分かっている裁判官とそうでない裁判官がいる」と言った通り、滝井裁判官は「自白が怖いものだ」と分かった上で、「真実が述べられているかどうかの検討をおろそかにしてはならず」と釘を刺したのである。こうして、自白の信用性、任意性を安易に認め、有罪判決に突き進んだ一、二審判決に「待った」をかけ、事実の積み重ねの重要性を説く。

例えば、犯行の重要な動機とみなされた「家計の逼迫度」について、

「記録によれば、被告人はガレージ代として毎月四万円を母親に遅滞なく支払っており、このことは被告人の家計がさほど逼迫した状態ではなかったことを示すだけでなく、いざとなれば母親から借りることができたという被告人の弁明も一概に否定することはできないことを示すものである。現に、被告人は火災後、葬儀費用など必要となった費用も友人から借りているのであって、借り入れるあてが全くなかったというBの供述は明らかに事実に反するのである」

また例えば、Bさんの自白にある、青木さんの「浪費癖」について、

「Bの供述中に被告人に浪費癖があるということが再三出てくるのに、そのことを示す証拠は見当たらないのである。確かに被告人はクレジットやカードローンを利用しており、そのことは浪費と結びつけて考えられやすいものである。しかしながら被告人がそれを利用したのはBの収入が給料生活者のように定期的なものではないため、不足時にこれを利用したというのであって、その利用を直ちに浪費と結びつけることのできるものではないのである。

むしろ、記録によれば、被告人は毎日三食の食事内容と出費を克明に記録する家計簿を付けており、これを本件火災後も付け続ける几帳面な性格の持ち主であることが窺えるのである。そして、この家計簿によれば、被告人は、毎月、項目別に支出を整理し、支払いの予定を立てた上、必要によって生じた借金の返済も計画的に行おうとしていたことが窺われるのであって、これによってみる限り、被告人が浪費癖の持ち主であるとは到底認めることができないのである」

事実を積み上げ、自白の綻びを発見していく。一審の裁判官が「たかだか二〇〇万円で殺すのは不自然である」と認めながら、「あながち」の一言を付け足して「犯行の動機としてあり得ないことでもない」と逆転させ、最後には「自白は信用できる」と断定してしまった、そのずさんな論法＝詭弁とは全く正反対の方法で自白の中にある嘘と本当を見極めようとしている。

この意見書面を読んだ青木さんは、

「これまで、こういう裁判官には出会ったことがなかったので、感慨深いと同時に驚きです」

と感想を語った。しかし、その一方で他の裁判官への怒りを感じたという。

「最高裁のほかの四人の裁判官は、滝井さんが定年で辞めるのをじっと待っていたんでしょうね。そして、いなくなってから棄却決定を出したんです」

青木さんの弁護団は、上告中に、五人の裁判官の意見が割れているという情報を掴んでいた。上告棄却の決定が出た時期と滝井裁判官の退官の時期を考えれば、青木さんの推測は間違っていないはずだ。

滝井裁判官は最後に、

「（原判決が）無意識的にしろ自白が信用できるものであるとの前提に立ってそれを検討したため、自白と離れてもその内容が合理性を持っているかの検討作業を十分にしていないため、その内容の持っている問題点を軽視し、その核心部分については信用性に疑問を抱かなかったのではないか考えるのである。しかしながら、自白を離れてその内容が当時の具体的状況のもとにおいて自白にかかる犯行が行われたと考え得るかを検討すれば、不自然さや非合理さが目立ち、信用性の疑問を抱かざるを得ないものが少なからずあることが分かるのである」

として、自白の信用性について疑問を投げかけた。一審、二審の裁判官が「無意識的に」、つまり深く考えず、不自然なところも、事実と合わない不合理な点も（実際にはたくさんあったのに）それを軽視して見過ごしてしまった、と言っている。

「無意識的に」というのは意味深長だ。ここには、裁判官の日頃の自白偏重と検察妄信への批判、皮肉が込められているように思えてならない。

滝井裁判官は、続けて次のように言う。

「そうであれば、そのような自白が任意になされたのか、取調過程において不当なことがなかったかについて再考を迫り、核心部分についての自白の信用性への疑問にもつながったのではないかと考えるのである」

つまり、「家計の逼迫」「青木さんの浪費癖」などの、事実に合わない事柄をBさんが自白するということは、その自白が本人の意思ではなく、捜査官によって無理やり作られたものだということを示している。そこから「自白の任意性」に疑いが生じ、次には当然、「自白の信用性」も怪しくなってくるという。そして、

「……これを破棄しなければ著しく正義に反すると考えるべきである。よって、更に上記疑問点を解明するため、原判決を破棄し、原審に差し戻すのが相当であると考える」

と結論付けた。事実上の無罪判決である。

滝井裁判官の定年退官が一年先だったら、と考えることに意味はないだろう。棄却決定が一年先延ばしされただけかも知れないのだから。

再審請求の過程で行われた二つの実験によって、青木さん、Bさんの無実は目に見える形で

立証された。そして、再審無罪判決を得た。しかし、振り返ってみると、それ以前の裁判では、地裁、高裁、最高裁において二人とも三戦三敗、合わせて六戦六敗だった。関わった二〇人以上の裁判官が全員、間違っていたのである。定年退官した滝井裁判官だけが、ただ一人、正しい答にたどり着いた。但し、それは表には出なかった。これが今の裁判所の現実である。

青木惠子さんの新たな日々

二〇年を越える獄中生活を終えて、青木惠子さんの新しい生活が始まった。

「娘のお墓に行くことが一番の望みだったから、それが叶って、本当に嬉しかった。息子とも再会できた。何よりも、両親が生きている間に帰ってこられたということで、両親も喜んでくれた。それが一番の親孝行だったなと……」

両親が健在のうちに家に戻りたいという願いは叶ったが、二〇年の間に「娑婆」はすっかり変わっていた。

「とにかくコンピューター。機械の世界。私らの時には携帯電話もそんなに出てなかったから使い方もわからないし。食事に行っても昔は注文を言うだけだったけど、今はお店で機械を押して注文するとかね、何もかもこうなんだと思うと本当に社会が怖くてね。初めの頃は怖くて刑務所に帰りたいという思いもあった。何が怖いのかって聞かれるけど、何が起こるかわからないでしょ。外に出たら、分からないことがその時に出てくるものだから、それに直面した時に一人だったら怖い。初めの頃はずっと弁護士さんが一緒で、電車の乗り方から、切符を買わずにICOCAっていうカードでね、こうやるんですよって教えてもらって。今もまだ分からないことがいっぱいあるけど、それなりに八か月過ぎて、全部が出来なくても私は私のペースで生きていったらいいかなって。今はもう無理して慣れようと思わず、わからないことは支援者や皆さんに教えてもらって生きていくしかないなと……」

出所後は実家に戻ったが、今は市内のマンションで一人暮らしをしている。そこから、ほぼ毎日、近所の実家まで出掛ける。年老いた両親の身の回りの世話や、通院の運転手役をしていると一日が終ってしまうという。

出所して実家に戻ったばかりのころには、どうしても風呂に入ることができなかったという。シャワーを浴びるまでは何とかできる。しかし、湯船につかることができなかった。

「お風呂はやっぱり怖いですよね」

火事でめぐみさんが死亡した直後は、（この時もしばらくは実家に世話になっていたが）風呂場に行くだけで吐き気がしてきたという。その後、刑務所では職員に見張られ、二〇分で何もかもしなければならず、考える暇もなく、それがかえって良かった。ところが、出所してみると、二〇年以上経っているというのに、

「開けっ放しでシャワーだけ浴びる。とにかく一五分で出てくる。それ以上入っていると吐き気がしてくる」

一人暮らしのマンションに変わっても、同じ状態が続いていたが、ある時、支援者の一人から柚子を頂いた。食べてもいいが、残ったら柚子湯にしてくださいい、体が温まりますからと言われたそうだ。それがきっかけとなって、初めて湯船につかってみようかという気になった。今は五分程度なら入っていられるという。そうやって少しずつ娑婆の暮らしに慣れていく。


事故当時八歳だった長男はすでに社会人となり働いている。息子との付き合いについても、「難しいですよね、八歳で別れているから。その子がもう急に二九歳になっているっていうことが。私の中では八歳のままで止まっているし。二九歳なんだっていうことはわかっているけど、どう接して良いか、どういう言葉を言ったら良いのか、会話が出てこない。向こうは向こうで、（私が）出てきたことは喜んでくれているけど、どういうふうに私に接したらいいのかわからないし、お互いに分からないまま上手くコミュニケーションが取れないっていう……。もちろん会話もそんなに弾まないし、何を話していいかわからないからね。凄く、何か、嬉しいけど戸惑って余計に気を遣うというか……」

そんな時、両親も入れて四人で旅に出た。それが転機になったという。

「両親と息子も一緒に、城崎温泉に旅行に行った。両親は早めに寝て、息子と二人になってその中で少し話をした。テレビの番組のこととか。刑務所では二一時には寝るから、その生活のリズムがあって、やっぱり社会に出ても二一時には眠たいんですよ。眠たくて長く起きていられなくて、でもせっかく息子と二人きりになったんだからと思って、その中で刑務所の話も出てきて、こんな時間には寝ているとか友達のこととか、それを一、二時間くらい話した」

「民宿みたいなところで皆が一緒に布団をひいて寝た。隣に息子が寝ているというそんな普通の人が見たら当たり前のことが私にとっては二〇年ぶりのことだったので嬉しかった。そこからちょっと会話も出るようになって。最近、息子が一人暮らしで引っ越すことになって、引っ越しの手伝いとか、一緒に車に乗って電化製品を買いに行くとか、そういうこともして、少しずつ、無理をしてやるんじゃなくて、自然のままでお互いにもう大人だし。私も正直、自分の生活のリズムを作っていくのと親の面倒を見るだけで精いっぱいで、息子の面倒までは……。だから自分のことは自分でやってほしいということも言ってある。私は私でやっていくし、お互いに迷惑をかけずに、何かあったら相談する、そういう親子っていうか友達みたいな、そんな関係でいられたらいいなって、私は思っています」

「娘を殺した母親」という汚名は雪がれた。しかし、長女はなぜ、性的な暴力を受けていたことを自分に打ち明けてくれなかったのか、この疑問が長く青木さんを苦しめていた。「家の中でそれを知らないのはお前だけだ」と刑事は言い、さらに「母親失格やな」とまで責められた。

それは、自白を引き出すための刑事の嫌がらせに過ぎなかったが、青木さんの心の中にはその言葉がいつまでも残っていた。なぜ、娘は私に相談してくれなかったのか。

獄中には、長女のめぐみさんと似たような体験をした若い女性が多くいた。彼女らとの会話が青木さんの苦い疑問を解くヒントになったという。

「みんな言わないんだってね。わたしはそういう体験をした子から、直に話を聞きました。言えないんだと言いました。自分が悪いと思うんだって、そう言いましたね」

「自分が言うことによって、この生活が崩れると。めぐちゃんと私とBさんがいて、自分が要らないことを喋ることによって、お母さんと男の人の関係がおかしくなる。子供なりのそういう考えがあって、だから、お母さんには言えない。みんな、そういいます。今もお母さんには何も言えないといいます。何人もいましたよ、そういう子が。ビックリするような世界です、獄中は……」

彼女らの言葉を聞いたとき、青木さんは、長女がなぜ何も語らなかったのか、当時の娘の胸の内が少し理解できたという。

最近は、少しずつアルバイトをしながら社会復帰を目指しているという青木さんだが、今後はほかの冤罪者の支援についても、できる限り関わっていきたいという。

「色々なところから来てほしいという声が掛かってくる。声が掛かれば私はどこへでも行って、自分の体験を話すという、そういうことをしていこうと思っている。で、今もやっているんですけど、獄中で同じ冤罪で苦しんでいる人たちとの手紙のやりとり、励ましの手紙、逆に私もその人から手紙をもらって励まされた部分もありますし……。だからそういう人たちを一人でも多く助けるための力にね、私一人では力もないし何もできないけど、自分の体験を語って、やっていない人間でも自白をしたりするんだよ、ということを伝える運動っていうか、活動をしていこうかという思いはあります。桜井さんたちと一緒にやっていけたらなって考えています」

青木さん自身が裁判中に元受刑者の桜井昌司さん（冤罪・布川事件で殺人犯人とされたが、その後雪冤を果たした）から励ましを受け、支えられたという経験がある。判決に絶望して、獄中で一生を過ごすのかと悲嘆に暮れている時に、ふらりと面会に訪れた桜井さんが「あなたもいつか必ず出られるから」と明るい口調で言ってくれた。文字通り「地獄で仏」だったという。冤罪で苦しむ人に手を貸すことは先に雪冤を果たしたものの使命だ、というのが桜井昌司さんの口癖で、青木さんもこの考え方に共鳴している。冤罪の苦しみを誰よりも知っているのは冤罪被害者自身であるから、雪冤を果たそうとする人にはこれほど力強い味方はない。

戦後の新刑事訴訟法の下で、重大事件の犯人とされながら、再審によって無罪となった女性は、徳島ラジオ商事件の冨士茂子さん（再審無罪・一九八五年）以来だが、冨士さんの場合は死後再審での無罪判決だった。「娘を殺した母」からの雪冤を果たした青木惠子さんの存在とその発言は今後の冤罪の支援活動の中で異彩を放つに違いない。

以後、青木さんのこれまでの動向を時系列で紹介しておく。

二〇一六年一二月二〇日、青木惠子さんは国と大阪府を相手取って一億四五九七万円の国家賠償を求めて大阪地方裁判所に提訴した。青木さんは「なぜ、冤罪が起きたのか。真相を明らかにしたい」と裁判に踏み切った動機を語っている。

さらに二〇一七年一月三〇日、青木さんは本田技研工業（＝ホンダ）を相手取って、「重大な注意義務違反があった」としておよそ五二〇〇万円の損害賠償を求める裁判を起こした。青木さんは「ホンダのアクティ（事件当時、Bさんが乗っていた軽ワゴン車）には燃料タンクの圧力が上がりやすい欠陥があり、ガソリン漏れへの対策が不十分だった」と主張している。そのうえで「再びこのような事故を起こさないために、ホンダはリコールをすべきだ」と訴えた。

二〇一七年一〇月に青木さんの母の章子さん（八六歳）が、一人で家を出たまま行方不明になった。認知症の症状もあり、青木さんは警察に捜索願いを出したり、自らもチラシを作って実家の周辺を尋ね歩いたりしたが、見つからなかった。

一カ月後、実家から五〇キロメートルも離れた海岸で章子さんの遺体が発見された。自宅付近の川に転落し、流されたとみられている。

二〇一八年一〇月二六日、青木さんがホンダに損害賠償を求めていた訴訟で、大阪地裁は、

「火災から提訴までに、損害賠償請求権が消滅する二〇年の除斥期間が経過した」として請求を棄却した。青木さんは「冤罪により服役するなどして、権利が行使できない状態にあり、除斥期間は過ぎていない」と主張していたが、認められなかった。青木さんは控訴し、裁判は続いている。

終わりに

事件発生から青木惠子さん、Bさんの無罪判決まで二一年がかかった。世界中を見渡しても例のないほどの人権侵害だが、日本のほかの冤罪事件に比べて特に長期間とも言えない、という実情にさらに驚かされる。戦後の新しい刑事訴訟法（一九四九年より施行）の下でも、日本ではずっと冤罪が生まれ続け、その構造は旧刑事訴訟法の時代とまったく変わらない。警察は見込み捜査で「怪しげな人物を取り調べ」、「無理やり自白を取り」、検察は「無罪を示す証拠を隠して」起訴に踏み切る。成績第一主義がその背景にある。そして裁判所は「検察を妄信して」、きちんと調べないまま「疑わしきは罰する」。ここにも、最高裁を頂点とする狭い縦社会の中での成績第一主義と、有罪判決さえ出していれば目立たず、睨まれることもないという事なかれ主義がある。これらの悪しき構造、あるいは司法に携わる者の精神構造は、旧刑事訴訟法から続く弊害である。そして、それを断ち切るための法律の改正だったはずだが、新刑事訴訟法の下でも、ごく初期の段階から（例えば免田事件は改正の年に発生している。再審無罪判決は三四年半後の一九八三年）冤罪は発生し続け、「冤罪を防ぐ」という理念は結局、日本の刑事司法の仕組みの中では定着しなかった。

東住吉事件もまた、延々と続くこの国の冤罪史に新たな一行を加えることになった。

振り返ってみると、徳島ラジオ商事件の冨士茂子さんと東住吉事件の青木惠子さんには多くの共通点がある。二人とも結婚し、離婚している。夫からの収入が期待できず、いわゆる水商売に就いていた。そして、事件に遭遇した時に一緒にいた男性は戸籍上の配偶者ではなかった。これらの事実が、警察官、検察官、裁判官という男性社会の中でどのように作用するのかは、冨士茂子さんの事件（第一章）ですでに見た通りだ。同じことが青木惠子さんの場合にも起きていたのではないか。

大阪府警の捜査官は自白を取るために、青木さんの長女が性的な虐待を受けていたことを告げた上で、「男を取り合ってたんか」と詰問した。検察官は、青木さんの性格について「見栄っ張り」「浪費癖」などと断定的に言い切った。

最高裁の滝井繁男判事が書いた「差し戻し＝事実上の無罪」意見は、記録を精査した後に「被告人が浪費癖の持ち主であるとは到底認めることができない」と判断した。これだけが、ここまで見てきた冤罪裁判の中では唯一の例外だ。集められた証拠によって、かつそれだけで判断せよ、とは刑事裁判の基本中の基本だ。滝井裁判官は、偏見と先入観による身勝手な判断を許さなかったのである。

しかし、滝井判事の意見は、結局、他の判事らによって葬り去られることになる。そして青木恵子さんの裁判は、捜査機関の主張する通りの有罪判決が地裁、高裁を経て、さらに（滝井判事のいなくなった）最高裁でお墨付きを得て確定してしまうのである。

東住吉事件の発生が一九九五年、徳島ラジオ商事件はその四二年前に起きている。気の遠くなるような年月だが、この国の刑事裁判は（この間、数えきれない冤罪事件を経験しながら）何も変わらず、何も学ばなかったということになる。

ところで、冨士茂子さんを取材した斎藤茂男記者は、当時、茂子さんに注がれていた眼差しについて、検察官、裁判官らの「冷たい目」と同時に、地域社会の「白い目」があったと書いている。この東住吉事件では、「白い目」、つまり「世間の目」は変化したのだろうか。インターネットに踊る青木恵子さんへの不当な中傷を見る限り、こちらも四〇年以上が経過しても、何も変わっていないように見える。根拠のない噂や偏見に満ちた言説が事実をねじ曲げていくのである。

そして、冤罪は無くならない。

参考文献

徳島ラジオ商殺し事件

『恐怖の裁判・徳島ラジオ商殺し事件』瀬戸内晴美・冨士茂子、読売新聞社、一九七一年
『片隅の迷路』開高健、角川文庫、一九七二年
『月蝕の迷路・徳島ラジオ商殺し事件』小林久三・近藤昭二、文藝春秋、一九七九年
『徳島ラジオ商殺し事件』渡辺倍夫、木馬書館、一九八三年
『無実』「ニュースと写真で綴る徳島ラジオ商事件闘いの記録」編集委員会、第一出版、一九八六年
『われの言葉は火と狂い』斎藤茂男、築地書館、一九九〇年

袴田事件

『自白が無実を証明する―袴田事件、その自白の心理学的供述分析』浜田寿美男、北大路書房、二〇〇六年
『裁かれるのは我なり―袴田事件主任裁判官三十九年目の真実』山平重樹、双葉社、二〇一〇年
『袴田再審から死刑廃止へ―年報・死刑廃止2014』年報・死刑廃止編集委員会、インパクト出版会、二〇一四年
『死刑冤罪―戦後6事件をたどる』里見繁、インパクト出版会、二〇一五年

布川事件

『獄中詩集―壁のうた』桜井昌司、高文研、二〇〇一年
『冤罪をつくる検察、それを支える裁判所―そして冤罪はなくならない』里見繁、インパクト出版会、二〇一〇年
『冤罪放浪記―布川事件元・無期懲役囚の告白』杉山卓男、河出書房新社、二〇一三年

東住吉事件

『ママは殺人犯じゃない―冤罪・東住吉事件』青木惠子、インパクト出版会、二〇一七年

冤罪その他

『続・再審』日本弁護士連合会編、日本評論社、一九八六年
『自白の研究』浜田寿美男、三一書房、一九九二年
『全員無罪―一二二人の選挙違反事件を追う』平田友三、ぎょうせい、一九九二年
『幼稚園バス運転手は幼女を殺したのか』小林篤、草思社、二〇〇一年
『えん罪入門』小田中聰樹ほか、日本評論社、二〇〇一年
『裁判官はなぜ誤るのか』秋山賢三、岩波書店、二〇〇二年
『刑事証拠開示の分析』松代剛枝、日本評論社、二〇〇四年
『日本司法の逆説　最高裁事務総局の「裁判しない裁判官」たち』西川伸一、五月書房、二〇〇五年
『DNA鑑定　科学の名による冤罪』(増補改訂版)、天笠啓祐ほか、緑風出版、二〇〇六年
『最高裁の暗闘』山口進・宮地ゆう、朝日新聞出版、二〇一一年
『証拠開示と公正な裁判』指宿信、現代人文社、二〇一二年
『検察　破綻した捜査モデル』村山治、新潮社、二〇一二年
『絶望の裁判所』瀬木比呂志、講談社、二〇一四年

あとがき

冤罪を取材する過程で多くの個性的な女性に出会った。しかし、これまで事件の内容や複雑な裁判をレポートすることに追われ、これらの女性の活動や言葉を十分に紹介してこなかった。いつかこれらの女性を中心に据えた一冊を書きたいと考えていた。

二〇一〇年にテレビドキュメンタリーの仕事を辞めて、大学の教員になった。現場まで出かける機会が激減し、新しく発生する冤罪（この国では、冤罪は毎日のように発生している）にはついていけないという苦しい状況が続いているが、その分、今回のテーマである「冤罪と女性」について少しずつ資料を調べ、時にはご本人から話を聞くことも出来た。但し、ほとんど夏休みと春休みだけの活動であるから、思い立ってから既に二年余りが経ってしまった。

今回紹介した女性のほかにも、この人のことは知ってもらいたい、と思う女性がまだまだいる。第二弾も考えたいが、多分筆者の体力と出版社の忍耐が続かないと思うので、ここで演奏会のアンコールのように一人だけ、短く紹介したい。

足利事件の菅家利和さんは既に雪冤を果たしている。一九九〇年五月、栃木県足利市で四歳の女の子が誘拐され殺害された。幼稚園の運転士だった菅家利和さん（当時四四歳）の逮捕の決め手は科学警察研究所のＤＮＡ鑑定だった。後に、この鑑定法はいい加減で、鑑定結果も全くのでたらめだったと分かるのだが、菅家さんは取り調べ段階で自白し、裁判でも自白を維持した。

一審の弁護人さえも有罪だと考えていたこの事件で（当時は誰もがＤＮＡ鑑定の前にひれ伏した）、菅家さんの無実を最初に見抜いたのは裁判官ではない、一人の主婦だった。

西巻糸子さんは、当時四〇歳。臨時雇いで幼稚園の送迎バスの運転士をしていたが、別の幼稚園で運転士をしていた菅家さんとは、時々道路上ですれ違うことがあり、眼であいさつを交わす程度の知り合いだった。ある日、新聞で事件を知り、その後、菅家さんの逮捕を知った。つまり、事件についても裁判についても、普通の足利市民と同じ程度の知識しかなかった。第六回の公判で、菅家さんがそれまで犯行を認めていたのに否認に転じた、という新聞記事を読んだ時に「あれ」と思った。次に、再び犯行を認めた、と知って胸騒ぎがした。

西巻さんは拘置所の菅家さんに手紙を書き、菅家さんからは感謝の返事が来た。西巻さんは二通目の手紙でこう書いた。「もし、やっていないのならはっきり言って下さい。もし犯人だったらとことん反省してください」。菅家さんからは「もう手紙を送らないでください」という返事が来た。次に西巻さんは拘置所まで出掛けて行って、お菓子とコーヒーと現金二千円の差し入れをした。菅家さんは二千円を返してきた。

「冤罪」ではないのかという思いが募り、いろいろな人に相談したり、事件現場を見に行ったりした。裁判は進み、検察が論告に続いて無期懲役を求刑した。今度は菅家さんから「面会に来てほしい」という手紙が来た。初めて面会室であった時に、菅家さんが「やってません」というのを聞いて、西巻さんはその言葉に嘘はないと直感したという。

その後、西巻さんの勧めで菅家さんは弁護人に宛てて「私は犯人ではありません」という手紙を出す。裁判は既に結審していたが、再び弁論が開かれた。しかし、裁判官は二転三転する菅家さんの言葉には耳を貸さず、求刑通り、無期懲役を言い渡した。だが西巻さんはあきらめなかった。すぐに控訴審の弁護士探しに奔走し、DNA鑑定に強い東京の佐藤博史弁護士を見つけ出して、菅家さんの弁護人になってほしいと懇願した。

すさまじいばかりの行動力である。佐藤弁護士が引き受けて以後、足利事件は「冤罪」としての闘いを開始した。もし、この女性の行動力がなかったら、足利事件は再審無罪という結末を迎えられたかどうかまったく分からない。

目の前にいる人物が「無実」かどうか、裁判官は見抜けなかった。弁護人も見抜けなかった。DNA鑑定が何かも知らず、新聞の情報しか持たない主婦が「無実」を見抜いたのだ。そして、菅家さんの無実を見抜けなかったのは一審の裁判官だけではなかった。再審開始まで最高裁を含めて一〇人を超える裁判官全員が「誤審」を続けた。彼らの人を見る目は、普通の主婦の眼差しに遠く及ばなかったのだ。

二〇一〇年、菅家さんが無罪判決を言い渡された時、西巻さんは還暦を迎えていた。

今回、冨士茂子さんの冤罪に関して、ジャーナリストの近藤昭二さんに話を聞いている。本題に入いる前、雑談で「冤罪と女性」というテーマで書こうと思っています、と話したところ、近藤さんがすぐに語り始めた。

「日本の冤罪事件、女性がいなかったら晴れていない事件ばかりですよ。たいてい、女性が支えていますね。加藤老事件の加藤新一さんなんかも娘さんがいないと、駄目だったでしょう。弘前大教授婦人殺しも、あれもお母さんがいなかったら……。松山事件もお母さんがいなかったら……」

「まさにそうですね」

「大抵、女性がいますね。袴田さんも、お姉さんがいますね。三島の丸正事件は途中で止めてしまいましたけど、やはり女性が支えていましたね……。冤罪につきものと言ってはなんだが、男性というのはいろいろなしがらみがあって、ずっとできないことがあるが、女性というのは一生をかけて支えている人が多いですよ」

それぞれの事件ついての説明は省くが、筆者としては大先輩からお墨付きを貰ったような感慨があったので、付記しておきたい。

なお本書の執筆について、第一章「冨士茂子編」は書き下ろしである。第二章「袴田秀子編」は拙著『死刑冤罪』から、また第三章「桜井恵子編」は拙著『冤罪をつくる検察、それを支える裁判所』から大幅に引用し、それに関係する方々のインタビューを加筆した。第四章は青木恵子『冤罪・東住吉事件』所載の拙稿「雪冤への歩み」を基に本書のテーマに合わせて再構成した。

今回の取材と執筆に関しては多くの方々にお世話になりました。出版の予定すら立たないうちから、長時間のインタビューにご協力いただいた方々には感謝を申し上げます。日本国民救援会の瑞慶覧淳さんと伊賀カズミさんには資料の発掘などで支えて頂きました。内藤眞理子弁護士には刑事法だけでなく、種々の助言を頂きました。インパクト出版会代表の深田卓さんには、事前の相談もいい加減なまま、取材が進み始めてからもきちんと報告せず、二年も経った頃に「できました。一度見てください」とは、無礼千万、ここでお詫びと感謝を申し上げます。「冤罪を知った者」は行動しなければならない、という勝手な主張を振り回して、いつも人々を巻き込んできました。ありがとうございました。

二〇一九年 正月

著者

里見繁（さとみしげる）
1951年生まれ。民間放送のテレビ報道記者を経て、2010年から関西大学社会学部教授。
著書
『自白の理由—冤罪・幼児殺人事件の真相』インパクト出版会、2006年
『冤罪をつくる検察、それを支える裁判所』インパクト出版会、2010年
『死刑冤罪—戦後6事件をたどる』インパクト出版会、2015年

冤罪　女たちのたたかい

2019年 2月20日　第1刷発行

著　者　里　見　　繁
発行人　深　田　　卓
装幀者　宗　利　淳　一
発　行　インパクト出版会
〒113-0033　東京都文京区本郷2-5-11　服部ビル2F
Tel 03-3818-7576　Fax 03-3818-8676
E-mail：impact@jca.apc.org
http:www.jca.apc.org/~impact/
郵便振替　00110-9-83148

モリモト印刷